国家出版基金项目

RESEARCH ON JURISPRUDENCE AND RULE OF LAW

11

孟庆瑜 主编

案外人权利救济民事诉讼制度研究

Research on Civil Litigation System of Right Relief for the Outer Parties

柯阳友 肖建华 肖建国 著

法律出版社 LAW PRESS·CHINA

《国家治理法治化研究文丛》

编　委　会

作者简介

柯阳友 男,1967年生,河南省光山县人。河北大学法学院教授、博士研究生导师。1997年毕业于西北政法学院,获法学硕士学位;2009年毕业于西南政法大学,获法学博士学位。兼任中国法学会民事诉讼法学研究会理事、河北省法学会诉讼法学研究会副会长。出版学术专著《起诉权研究》《民事公益诉讼重要疑难问题研究》,发表学术论文50余篇。主持国家社会科学基金1项、教育部人文社会科学规划基金1项。学术成果获省部级奖励3项。

肖建华 男,1966年生,河南省信阳市人。中国政法大学诉讼法学研究院教授、博士研究生导师。1991年毕业于西南政法大学,获法学硕士学位;1998年毕业于中国政法大学,获法学博士学位;2003~2004年为美国富布赖特学者,美国西北大学法学院高级访问学者。兼任中国法学会民事诉讼法学研究会常务理事,中国行为法学会理论研究分会副会长、执行行为专业委员会常务理事。对民事诉讼法、证据法等领域有较深研究,在报纸杂志发表论文百余篇。

肖建国 男,1969年生,河南省信阳市人。中国人民大学法学院教授、博士研究生导师,第七届全国十大杰出青年法学家,教育部新世纪优秀人才。兼任中国法学会民事诉讼法学研究会副会长、中国行为法学会执行行为专业委员会副会长。著有《民事诉讼法》(第8版)、《民事诉讼程序价值论》、《证明责任》等著作40多部,在《中国法学》《法学研究》等期刊发表学术论文百余篇。主持国家社会科学基金,最高人民法院、教育部、中国法学会课题等多项。

总　序

“完善和发展中国特色社会主义制度，推进国家治理体系和治理能力现代化”是党的十八届三中全会确立全面深化改革的总目标。在达致这一总目标的过程中，法治发挥着至关重要的作用。《中共中央关于全面推进依法治国若干重大问题的决定》进一步深刻指出，“依法治国，是坚持和发展中国特色社会主义的本质要求和重要保障，是实现国家治理体系和治理能力现代化的必然要求”。因此，将国家治理的现代化目标与全面推进依法治国的战略布局相结合，实现国家治理的法治化，不仅是党和政府需要全面推进的重大改革任务，而且是广大社会公众，特别是广大法律法学工作者必须积极参与的重大系统工程。正是在这样一个特定的时代背景下，河北大学国家治理法治化研究中心适时成立和运行，并成功获批为河北省高等学校人文社会科学重点研究基地。

河北大学国家治理法治化研究中心是依托河北大学人大制度与地方立法研究中心、河北省政府法治研究中心等学术机构，整合法学、政治学、经济学、社会学等多方面的科研力量创建的，与河北省人大常委会法制工作委员会、河北省人民政府法制办公室、河北省人民检察院和河北省高级人民法院等国家机关和法律实务部门之间已建立交流与合作长效机制。中心拥有一支政治素质高、业务能力强、富有团队协作和创新精神的专兼职相结合的学术队伍，主要围绕人大制度与地方立法、政府法治与政府执行力、社会治理与法治创新、京津冀协同发展与地方法治等方向开展科学研究、人才培养和社会服务等工作。迄今,中心在课题研究方面,承担国家社会科学基金项目近10项,其中,中心负责人孟庆瑜教授主持的国家社会科学基金重点项目《京津冀区域生态环境协同治理政策法律问题研究》填补了河北省在该领域的空白;在决策咨询与服务方面,接受省人大常委会法制工作委员会、省政府法制办公室、省人民检察院等部门委托,承担委托起草、专家论证、立法后评估、检察公信力测评等工作40余项;在学术交流方面,承办或协办第三届海峡两岸能源经济与能源法学术交流会、第六届中国农村法治论坛、第九届中国财税法前沿高端论坛、中国经济法学研究会2015年年会、中国宪法学研究会2016年年会、第七届法治河北论坛等多次全国性或区域性学术会议。

"国家治理法治化研究文丛"是河北大学国家治理法治化研究中心创设的,由法律出版社负责的研究成果转化平台,着力对在国家治理及其法治化方面具有创新性、应用性的学术研究成果予以资助出版,以期能为推进国家治理体系和治理能力现代化这一总目标的实现做出应有的贡献。

河北大学国家治理法治化研究中心

"国家治理法治化研究文丛"编辑委员会

2015年12月

目录

导　　论

没有救济就没有权利。"人类的权利自始就是与救济相联系的。当人类脱离了盲动或依附而获得了一定的权利时,也必有与之相适应的救济手段相随。没有救济可依的权利是虚假的。"〔1〕在法律的运行机制上,大陆法系以权利体系为主线,呈现出对权利保护的各种救济方法;而英美法系则通过救济呈现权利的内容。在给予救济的机制方面,大陆法系的救济被当作权利的内容,法官只能按照实体法的规定给予救济;而英美法系中的救济方法显得灵活多样,法官针对新的案件发展出的救济方法不断出现。然而,无论在何种法律运作机制下,对救济的研究都是十分有意义的。〔2〕毕竟,给予救济是法律体系中的"前沿阵地",救济的充分性是推动救济方法发展的动力,司法总是最先触及社会生活中不断涌现出的新的纠纷和问题。

民事诉讼制度的发展一方面是扩大裁判上救济的范围,另一方面是追求程序的合理化。从国外和有关地区民事诉讼法的角度看,案外人权益保护的民事诉讼程序包括事前保障程序(诉中的第三人参加诉讼)和事后保障程序(如另诉、诉后再审、第三人撤销之诉、执行异议和异议之诉)。我国民事诉讼法对案外人权利的保障是一个不断发展与完善的过程。1982 年《民事诉讼法(试行)》第 48 条和第 162 条分别规定了第三人参加诉讼制度、案外人执行异议制度,1991 年《民事诉讼法》第 56 条、第 208 条对其进行了一定的完善,2007 年《民事诉讼法》第 204 条增设案外人异议、异议之诉,2008 年《最高人民法院关于适用〈中华人民共和国民事诉讼法〉审判监督程序若干问题的解释》第 5

〔1〕 程燎原、王人博:《权利及其救济》,山东人民出版社 1998 年版,第 368 页。

〔2〕 参见沈达明编著:《比较民事诉讼法初论》,中国法制出版社 2002 年版,第 219 ~ 223 页;冀宗儒:《民事救济要论》,人民法院出版社 2005 年版,序。

条明确了两种案外人申请再审的方式,2012 年《民事诉讼法》第 56 条增设第三人撤销之诉,2015 年《最高人民法院关于适用〈中华人民共和国民事诉讼法〉的解释》(以下简称《民事诉讼法解释》)对第三人撤销之诉和执行异议之诉作了专章规定,2019 年《全国法院民商事审判工作会议纪要》(以下简称《九民纪要》)专门规定了“十一、关于案外人救济案件的审理”(第 119 ~ 127 条),包括案外人申请再审、案外人执行异议之诉和第三人撤销之诉。[1]

在我国民事诉讼的司法实践中,侵害案外人权益的现象时有发生,当事人从不自觉到恶意利用诉讼侵害第三人合法权益的情形越发严重,亟须制裁恶意诉讼行为,纯化民事诉讼秩序,保障案外人权益。例如,在物权纠纷中,本诉判决处分第三人财产的行为;在债权纠纷中,本诉当事人恶意串通转移资产,逃避债务,增大第三人债权受偿风险的行为;在婚姻诉讼中,假离婚真逃债的行为;在股东诉讼中,股东代表侵害其他股东利益的行为等。在加强民事调解工作后,案外人合法权益遭受危害的现象日益突出。

在民事诉讼法的修改过程中,民事诉讼理论界和实务部门普遍认为应当进一步完善案外人权利救济制度,但对救济的方案与选择争论激烈,主要有以下几种观点:一是主张由再审程序解决,该路径存在的主要问题是救济的范围太窄,对于虚假诉讼、恶意诉讼打击力度不够;二是主张由另诉解决,其问题是按照一事不再理原则难以立案,即使立案了,出现两个生效判决难以执行,甚至会出现一审裁判替代原二审裁判的现象;三是主张规定撤销之诉,该路径的问题是有可能破坏既判力、导致滥诉,原裁判若被撤销后案外人提出新主张还需要新的诉讼予以进一步解决。立法机关经过反复研究,规定了第三人撤销之诉。[2] 第三人撤销之诉与案外人异议之诉、案外人申请再审是何关系？其间如何衔接？如何正确适用？案外人权利救济的民事诉讼制度有哪些共通性原理？这些问题都亟待进一步研究。

德国、日本对案外人的程序救济通过另行起诉解决,但理论基础不同。德国学者认为,判决的效力具有相对性,只在原被告双方当事人之间产生效力,

---

〔1〕 参见最高人民法院民事审判第二庭编著:《〈全国法院民商事审判工作会议纪要〉理解与适用》,人民法院出版社 2019 年版,第 44 ~ 48 页。

〔2〕 参见王胜明主编:《中华人民共和国民事诉讼法释义》,法律出版社 2012 年版,第 120 页。

案外人如果主张对该诉争标的具有利益,可以重新提起诉讼解决,不能通过再审或其他程序撤销已经发生法律效力的既有判决。而日本学者提出另诉的理论基础是自然遮盖理论,即后诉遮盖前诉。另诉则可能出现两个都发生法律效力但内容不同的判决。意大利对案外人的救济通过再审解决,即为了免除生效判决、裁定对自己的不利影响,案外人向原受案法院提请重新审判。第三人撤销之诉源于法国。法国学者认为,案外人在受到对其有直接对抗效力的判决的威胁时,只有一种方法可以摆脱该项判决的直接或间接效果,那就是提出第三人取消判决的异议,即第三人撤销之诉。我国台湾地区在设立第三人撤销之诉时存在很大的争议。否定设立这一制度的学者的主要观点是,我国台湾地区与法国制度不同,我国台湾地区"民事诉讼法"不承认程序权,设立第三人撤销之诉会影响裁判的安定性,故而认为扩大再审原告适格即可;支持设立第三人撤销之诉的学者主要理由是,扩大再审原告适格不足以提供案外人充足的程序保障,应当平衡裁判安定性与案外人程序保障,程序权是民事诉讼规范的法理基础。[1]

本书的写作具有以下价值和意义:第一,涵盖了诉讼和执行中案外人权益保护,对案外人权利救济各制度的共性进行理论提炼、概括,价值较高,也有挑战性。第二,我国民事诉讼法规定了专门的案外人权利事后救济制度,广义上还包括法院审查时发现而依职权提起再审、案外人申诉后检察机关向法院提出检察建议或者抗诉,属于程序供给过剩,且兼跨诉讼理论与司法实务、实体法与程序法,因而亟须研究第三人撤销之诉、案外人异议之诉、案外人申请再审各自如何正确适用以及它们相互之间的衔接。第三,从程序法与实体法相结合的角度具体分析民事纠纷中案外人权利救济制度的法理和适用,有助于指导司法实践。

本书的研究思路是以诉讼理论为主线,以案外人权益保护为目的,从程序法与实体法相结合的视角,对我国民事诉讼法中确立的各种案外人权利救济制度进行深入分析,提炼、概括各制度的共通性原理,并着眼于解释论、司法论对第三人撤销之诉、案外人异议之诉、案外人申请再审的正确适用,以及它们

---

〔1〕 参见全国人大常委会法制工作委员会民法室编:《民事诉讼法立法背景与观点全集》,法律出版社 2012 年版,第 338 ~ 342 页。

相互之间的衔接等方面，提出可操作性强的意见和建议。

本书采取基本理论与具体制度相结合、理论分析与实证调查相印证、历史的方法与比较的方法并用、实体法理论与程序法理论相融合等研究方法，力求比较深入、全面地分析、探讨在我国如何正确地适用各种案外人权利救济制度。

本书的基本观点包括以下方面：(1)2017 年《民事诉讼法》实施后，应从案外人权利救济的立法论转向解释论、司法论，作好解释，使相对模糊、概括的条款能够满足司法实践的需要。(2)案外人权益保护的理论基础是权利救济理论和程序保障理论。各种案外人权利救济制度具有不同的适用范围和功能，但具有共通性原理。(3)以辩论主义和处分权主义为核心的民事诉讼程序构造具有防范法院滥用职权的作用，但无法应付当事人相互串通的恶意诉讼及虚假诉讼侵害案外人权益的行为，必须建立健全案外人权利的司法救济机制，弥补民事诉讼制度的漏洞和自身缺陷。(4)以大陆法系的诉讼第三人制度为基本模式，并适当借鉴美国的引入第三人制度，对我国的诉讼第三人制度进行重构。(5)第三人撤销之诉、案外人异议之诉、案外人申请再审具有不同的制度价值、适用条件和诉讼程序，应正确处理它们相互之间的关系，做到衔接得当，避免冲突，构建一个体系化、相互协调的案外人权利救济系统。

本书的创新之处主要有以下四个方面：一是对案外人权利救济各制度的共性进行理论提炼、概括；二是在制度体系上构建一个体系化、相互协调的案外人权利救济系统；三是从案外人权利救济的立法论转向解释论、司法论，指导司法实践；四是从实体法与程序法相结合的角度，分析民事纠纷中案外人权利救济路径。

第一章　案外人权利救济民事诉讼制度之原理

一、民事诉讼法的自身缺陷与案外人权利救济的必要性

各个国家和地区设置民事诉讼的目的在于保护当事人的合法权益、解决当事人之间的纠纷并提供相应的程序保障。诉讼程序的启动、进行和结束,是以对立的双方当事人并在中立的法官主持下展开的,诉讼结果一般也只对双方当事人的权利义务造成影响。但是,在当事人之间权利义务纠纷的解决过程中,却有可能涉及案外人的权益。案外人合法权益受到侵害在民事诉讼中并不少见,这既有民事诉讼理念上的共性原因,也有我国民事诉讼制度设计缺陷的个性原因。[1] 因此,案外人权利救济的必要性可以从民事诉讼法的自身缺陷展开论述。

民事诉讼程序可以分为审判程序和执行程序。审判程序和执行程序各有其特点,审判程序具有相对性和封闭性,执行程序具有形式性。从当事人的角度来说,审判程序和执行程序的特点较好地反映了民事诉讼的规律并保障了当事人的权利。但是从另一个角度来说,审判程序和执行程序的特点则可能对案外人合法权益造成威胁或者损害。

(一)审判程序的相对性和封闭性

审判程序通过当事人诉权和法院审判权的分配,在法院、原告和被告之间形成等腰三角形的结构。其中,法院处于居中裁判者的地位,独立于作为当事人的原告和被告,并对当事人之间的争议进行裁判;而作为对立双方的原告和被告,体现了审判程序中的当事人主义,该程序具有相对性的特点。

在审判程序中,作为审判客体的民事争议或者民事纠纷是双方当事人之

---

〔1〕 参见肖建国:《论案外人申请再审的制度价值与程序设计》,载《法学杂志》2009 年第 9 期。

间的权利义务关系,法院居中对原告、被告之间的争议和主张进行裁判,这样就构成一个封闭的法的空间。[1] 因此,审判程序还具有封闭性的特点。

当事人主义的主要优点在于,通过平等地保障受判决影响的双方当事人享有为获得对自己有利的判决而提示证据与论据的机会,从而使当事人各方产生一种能与对方当事人以对等的立场、主体的身份参加与自己利益有关的判决作成过程,通过参加庭审等活动,使当事人意识到裁判是法官和当事人共同作用的结果,据此,当事人对裁判正当性的承认程度能够得以提高。[2]

当事人主义以辩论主义和处分权主义为核心的民事诉讼程序构造固然具有防范法院滥用职权的作用,但无法应付当事人相互串通的虚假竞技行为,也难以充分遏制利用诉讼实施损人(案外人)利己(当事人)行为的发生。[3]

就辩论主义而言,其包含以下三层含义:第一,直接决定法律效果发生或消灭的主要事实只有在当事人的辩论中出现才能作为判决的基础,法院不能将当事人未主张的事实作为判决的基础。第二,法院应当将双方当事人无争议的主要事实当然地作为判决的基础,法院受当事人自认的约束。第三,法院能够实施调查的证据只限于当事人提出申请的证据。[4] 如此,一方面,法院不能将当事人未主张的事实作为裁判的基础;另一方面,其裁判要受当事人自认事实的约束,并且法院能够实施调查的证据也只限于当事人提出的证据。由此容易造成当事人与法院之间信息的不对称,相互串通、捏造事实进行虚假诉讼的当事人居于优势地位,在"你给我事实,我给你法律"的辩论主义外观下,一方面,法官作出的裁判并没有实现正义,只是保护了互相串通的当事人的利益;另一方面,其极大地损害了案外人的合法权益。例如,在物权纠纷中,当事人通过恶意串通将案外人的物权确认或者变动至一方当事人名下;在债权纠纷中,当事人通过虚构债权债务转移自己的责任财产,从而侵害债权人的利益,使债权人的债权无法得到偿还;在家事纠纷中,债权人与夫妻一方恶意串

---

〔1〕 参见崔玲玲:《民事诉讼中第三人利益保护系统论——以诉为中心》,载《河北法学》2012 年第 4 期。

〔2〕 参见汪振林:《程序保障第三波探析》,载《云南大学学报》(法学版)2002 年第 3 期。

〔3〕 参见肖建国:《论案外人申请再审的制度价值与程序设计》,载《法学杂志》2009 年第 9 期。

〔4〕 [日]高桥宏志:《民事诉讼法制度与理论的深层分析》,林剑锋译,法律出版社 2003 年版,第 329 页。

通侵害配偶权益或者是夫妻恶意串通侵害债权人合法权益的现象也并不罕见。

就处分权主义而言，其具体内容包括三个方面：第一，民事诉讼只能因当事人行使诉权而开始，因当事人自主的撤诉行为而结束；第二，诉讼程序开始后，原告可以放弃诉讼请求或者变更诉讼请求，被告可以承认、反驳诉讼请求，有权提起反诉，双方可以进行和解和调解；第三，由当事人决定提出什么样的诉讼请求及诉讼请求的范围。[1] 根据处分权主义，当事人处分自己的实体权利和诉讼权利时，法院不应进行干涉。因此，当事人若不当处分其权利，则有可能威胁或者侵害案外人的合法权益。尤其是在诉讼调解和诉讼和解制度中，调解和和解本就注重形式，而不注重寻求事实真相的查明。如此，在双方当事人恶意串通的情形下，由于当事人之间缺乏实质性的对抗程序，导致其达成的调解协议或者和解协议常常损害了案外人的合法权益，这也是对案外人合法权益受到侵害时提供救济的重要原因。

（二）执行程序的形式性

执行程序要求执行迅速、经济和高效。就执行请求权的理论，存在具体执行请求权说和抽象执行请求权说两种不同的观点。具体执行请求权说认为，强制执行是为满足实体法上之请求权为目的而存在之制度，债权人之请求而为强制执行时，不仅需在形式上审查债权人有无合法执行依据存在，而且还需要债权人实体法上请求权切实存在；而抽象执行请求权说认为，强制执行机关受债权人之请求而为强制执行时，仅需在形式上审查债权人有无合法执行依据存在，而不论债权人实体法上请求权存在与否。[2] 通过两种学说的比较，抽象执行请求权说更符合强制执行程序的要求和特点，执行机关开展执行活动不需要也不可能对债权人实体法的请求权再次进行判断，其只需审查债权人有无合法的执行依据即可。

需要注意的是，执行程序只需要具备程序上的合法性即可执行，但是只有同时具备程序上的合法性和实体上的正当性才能认为整个执行程序是正当的。执行程序的形式审查，其有可能导致执行机关在实体权属判断上的偏差，

---

〔1〕 参见肖建华主编：《民事诉讼立法研讨与理论探索》，法律出版社2008年版，第395页。

〔2〕 参见陈荣宗：《民事程序法与诉讼标的理论》，台北，台湾大学法学丛书编辑委员会2003年版，第4～5页。

从而错误地执行原本属于案外人的财产，侵害其合法权益。此时就有必要救济案外人，赋予其对抗程序上合法执行但在实体上属不当执行行为的救济途径，如案外人异议之诉。

此外，由于执行情况的复杂性，难免有的执行机关出现违法执行行为，进而影响案外人的合法权益，此时也需要赋予案外人提出异议要求执行机关改正其执行行为的权利和途径。

（三）裁判效力的扩张

裁判的效力，是指裁判生效后所具有的权威作用，这种权威作用可以产生使人遵从的效果。[1] 所谓效力，即效果，亦为对某一事物之影响力。[2] 确定裁判效力包括形式上的效力和实质上的效力两个方面。形式上的效力是指判决的拘束力和形式上的确定力，而实质上的效力则包括既判力、执行力和形成力。一般而言，确定裁判仅在对立的双方当事人之间具有约束力，此即裁判效力的相对性原则。除裁判的形成力具有对世性外，其他裁判效力在一定的条件下会扩张至当事人以外的案外人，从而影响案外人的权益。裁判效力的扩张主要包括既判力主观范围的扩张、执行力主观范围的扩张以及反射效等。现代诉讼体现了从单独诉讼到多数人诉讼，从二面结构到三面结构，尽量利用一个诉讼程序解决相关的尽可能多的纠纷的发展趋势。[3]

第一，形成力的对世性。所谓判决的形成力，是指依判决的宣告而引起法律关系发生、变更或消灭的效力，又称判决的创设效力。[4] 形成判决与给付判决、确认判决最大的不同之处在于其具有对世效力，能够对当事人以外的案外人产生影响。形成判决的对世效力是形成判决的自然属性，不同于既判力主观范围的扩张。“有关原告胜诉的判决是形成判决，即使其效果及于第三人，也是形成力直接的效果，并不具有既判力扩张的含义。”[5]形成判决多产生于身份诉讼和公司诉讼。因此，在身份诉讼和公司诉讼中，如果裁判结果涉及案

---

〔1〕 参见吴英姿：《判决效力相对性及其对外效力》，载《学海》2000 年第 4 期。

〔2〕 参见吕太郎：《第三人撤销之诉所谓有法律上利害关系之第三人》，载《月旦法学杂志》2003 年第 8 期。

〔3〕 参见肖建华：《民事诉讼当事人研究》，中国政法大学出版社 2002 年版，第 2 页。

〔4〕 参见江伟主编：《中国民事诉讼法专论》，中国政法大学出版社 1998 年版，第 148 页。

〔5〕 肖建华：《民事诉讼当事人研究》，中国政法大学出版社 2002 年版，第 167 页。

外人的合法权益,则有必要对案外人提供相应的救济途径。

第二,既判力主观范围的扩张。所谓既判力,是指通过终局生效的判决产生的通用力拘束法院和当事人在后诉讼中提出与该判决相反的主张或矛盾的判断。[1] 既判力所具有的相对性使其主观范围仅限于诉讼当事人,但是基于实体法律关系的复杂性[2]和一次性解决纠纷的需求,既判力的主观范围能够扩张及于案外人。既判力主观范围的扩张主要有以下情形:(1)口头辩论终结后的诉讼承继人,包括一般继承人和特定继承人;(2)请求标的物的持有人,该持有人是指在请求返还特定物的诉讼中,对特定物的持有不具有固有的利益,但为了当事人利益而专门持有该特定物之人;(3)诉讼担当时的利益归属主体。[3] 因此,既判力的作用一旦及于案外人,其合法权益难免会受到侵害或者威胁,此时则有必要对案外人提供相应的救济途径。

第三,执行力主观范围的扩张。所谓执行力,是指通过国家强制执行来实现确定裁判所定内容的效力。执行力为给付判决所特有,确认判决和形成判决都没有执行力。原则上,执行力只及于执行依据上所载明的当事人。但是在一定条件下,基于执行债权实现的迅速、经济,实体权利义务关系的依存性、实体利益归属的一致性,第三人的程序保障、权利人对特定债务人享有权利的高度盖然性等因素的考量,执行力的主观范围会产生扩张,从而及于案外人。[4] 在执行力主观范围扩张至案外人的情形下,案外人的权益必然受到影响,此时需要对案外人提供相应的程序保障和救济途径。

第四,反射效。在民事诉讼中,德国学者瓦伯(Wach)最早提出了"反射效力"的概念,他认为因为当事人之间的生效判决的反射作用,使与当事人相关

---

〔1〕 参见田平安主编:《民事诉讼法原理》,厦门大学出版社 2005 年版,第 135 页。

〔2〕 实体法律关系的复杂性主要表现为:(1)在相同的主体之间存在多种实体法律关系,这些法律关系既有可能存在密切的联系,也有可能是相互独立的;(2)在不同的主体之间存在多种实体法律关系,不过这些实体法律关系之间联系密切,是一种互为因果的垂直式关系,不可分割;(3)围绕同一个客体,存在多种实体法律关系。参见刘东:《回归法律文本:第三人撤销之诉原告适格再解释》,载《中外法学》2017 年第 5 期。

〔3〕 参见[日]高桥宏志:《民事诉讼法制度与理论的深层分析》,林剑锋译,法律出版社 2003 年版,第 570 ~ 575 页。

〔4〕 参见肖建国、刘文勇:《论执行力主观范围的扩张及其正当性基础》,载《法学论坛》2016 年第 7 期。

的第三人的权益发生了一定的变化。[1] 具体来说,反射效是指第三人虽非确定判决之及,但因与当事人之间存在一定之特殊关系,致使当事人因受既判力拘束,而反射的对该三人发生利或不利之影响之效力。[2] 特殊关系一般是指实体上的依存关系或者从属关系。承认反射效力是因为民事实体法与民事诉讼法之间存在一定的差异,民事诉讼法律关系一般仅涉及当事人,而民事实体法律关系则更为复杂。例如,在保证关系中,保证债务从属于主债务,债权人与主债务人之间的诉讼结果将对保证人产生影响,该影响即为反射效。在案外人受到反射效的不利影响时,有必要对其提供相应的救济途径。

二、案外人权利救济的路径

要探讨案外人权利救济的路径,首先要确定案外人的内涵与外延。案外人可以有广义和狭义之分。广义的案外人包括受审判程序和执行程序影响的除当事人之外的主体,而狭义的案外人则特指某一程序或制度中的非当事人。我国民事诉讼法基于不同的审判或者执行程序,有第三人、利害关系人和案外人三种不同的概念。[3] 我国《民事诉讼法》第 56 条第 1 款、第 2 款规定的是诉讼中的第三人,即我国民事诉讼中的有独立请求权的第三人和无独立请求权的第三人;第 3 款规定的是未参加诉讼的第三人,即案外人,但是该案外人必须与之前的诉讼有一定的利害关系,受到之前确定裁判的一定影响。此外,我国《民事诉讼法》第 225 条规定的利害关系人,是指对执行行为违反法律规定提出异议的人;第 227 条规定的是案外人有权提起执行标的异议,被驳回的还可以提起执行异议之诉或者申请再审。本书采用的是广义的案外人概念,其包括了审判程序和执行程序中除当事人以外的受到该程序影响的主体。判断案外人的标准有二:一是该案外人不属于审判或者执行程序中的当事人;二是该案外人需与审判或者执行程序有法律上的利害关系,审判程序的结果或者执行程序的进行对案外人的权利产生影响。

民事诉讼中案外人权利救济有不同的路径,每种路径对案外人权利救济

---

〔1〕 参见吴英姿:《判决效力相对性及其对外效力》,载《学海》2000 年第 4 期。

〔2〕 参见吕太郎:《民事诉讼之基本理论》(一),中国政法大学出版社 2003 年版,第 362 页。

〔3〕 我国《民事诉讼法》第 56 条使用了"第三人"的概念,第 225 条使用了"利害关系人"的概念,第 227 条使用了"案外人"的概念,此三种概念的内涵各有所指,也有重合的地方。

的侧重有所不同，按照民事诉讼案外人权利保护的进程、方式等，案外人权利救济的路径有着不同的分类。以确定的裁判结果为界点，可以将案外人权利救济路径分为事前的保护路径和事后的救济路径；以是否进入执行程序为节点，可以将案外人权利救济路径分为执行中的救济途径和执行外的救济途径；以是否采用诉讼的方式，可以将案外人权利救济路径分为诉讼的救济途径和非讼的救济途径。

(一)案外人权利事前的保护路径和事后的救济路径

在当事人诉讼程序开始、裁判确定之前赋予案外人参与当事人之间诉讼的权利，此种方式属于事前的保护路径。一般来说，对案外人合法权益保障最有效的方式就是让受到原诉讼程序影响的案外人参与诉讼程序，以一并解决各方当事人之间的争议或者纠纷。当然第三人参加诉讼需要建立在第三人知悉他人间诉讼的基础之上。由此引出的一个问题是当事人如果要侵害第三人的合法权益，其不可能主动向第三人披露诉讼，这就为第三人参加诉讼造成了障碍。因此，对案外人来说，仅有事前保护路径是不够的，还需要提供事后的救济路径。

关于事前的保护路径，大陆法系的国家和地区一般均设置了第三人参加制度保障与诉讼有利害关系的案外人参与诉讼的机会。例如，德国规定了主参加和辅助参加(从参加)制度，[1]日本规定了独立当事人参加和辅助参加制度，[2]我国台湾地区规定了主参加和辅助参加制度。[3] 而英美法系的国家和地区则更加注重案外人早期参加诉讼，形成了具有自身特色的第三人制度，包括“权利参加”“许可参加”“引入第三人诉讼”等方式，尽量将对第三人利益的

---

〔1〕 德国《民事诉讼法》第64条规定：“某人对于他人间已系属的诉讼标的(物或权利)的全部或一部，为自己有所请求时，在该诉讼受到确定裁判前，有权在该诉讼所系属的第一审法院，对诉讼双方当事人提起诉讼而主张自己的请求。”第66条规定：“在他人间已系属的诉讼中，因当事人一方的胜诉而有法律上的利益的人，可以为辅助该当事人而参加诉讼。”

〔2〕 日本《民事诉讼法》第47条规定：“主张诉讼结果侵害其权利或者诉讼标的的全部或者部分为其权利的第三人可以该诉讼的当事人双方或者一方为相对方，作为当事人参加该诉讼。”第42条规定：“与诉讼结果有利害关系的第三人为了辅助一方当事人，可参加该诉讼。”

〔3〕 我国台湾地区“民事诉讼法”第54条规定：“就他人间之诉讼，有下列情形之一者，得于第一审或第二审本诉讼系属中，以其当事人两造为共同被告向本诉讼系属之法院起诉：一、对其诉讼标的全部或一部，为自己有所请求者；二、主张因其诉讼之结果，自己之权利将被侵害者。”第58条规定：就两造之诉讼有利害关系之第三人，为辅助一造起见，于该诉讼系属中，得为参加。

侵犯在萌芽状态就予以解决。[1] 我国则确立了有独立请求权第三人参加诉讼和无独立请求权第三人参与诉讼制度。

总而言之,尽管各个国家和地区的第三人参加诉讼制度有所不同,但是在很多方面具有相同之处,包括:第一,第三人参加诉讼的目的都是维护自身的合法权益,并且以自己名义加入当事人之间的诉讼之中;第二,第三人参加诉讼的主要依据在于第三人与案件的审理有着或大或小的利害关系;第三,第三人参加诉讼具有明显不同于普通诉讼的特殊性,往往在第三人与原当事人之间形成多重法律关系。

诉讼告知制度和法院职权通知制度为受程序影响的案外人提供了事前参与程序的机会。诉讼告知是大陆法系国家和地区普遍规定的一种制度,它是指当事人将诉讼系属之事实告知可以参加诉讼的第三人。[2] 法院职权通知制度是我国台湾地区在增强对第三人程序保障时新增加的规定。[3] 此外,我国《民事诉讼法》第 56 条规定的人民法院通知有法律上利害关系的第三人参加诉讼,也可以被认为是一种法院职权通知制度。

在赋予案外人参与当事人之间诉讼权利的前提下,相应的会出现两种结果:一种结果是,案外人实际参与了当事人之间的诉讼程序,此时其权利得到了相应的救济,程序保障也得以实现。通过在对立的双方当事人的基础上引入第三方加入诉讼,形成三面甚至多面诉讼关系,能够让法院在一个诉讼程序中解决多方主体之间的争议,减少甚至避免相关纠纷进入事后救济程序。事前的保护路径和事后的救济路径相较,事前的保护路径对第三人来说更为有效。另一种结果是,案外人并未实际参与当事人之间的诉讼程序,此时,在案外人合法权益受确定裁判影响之下,对其进行救济则属事后的救济方式。对此,英美法系国家并未设置单独的程序为案外人提供救济,而是针对既判力的规则,允许其进行直接抗辩或者附带抗辩,使其权益不受前判决效力的作

---

〔1〕 参见张兴美:《我国第三人事后程序保障模式》,载《国家检察官学院学报》2015 年第 5 期。

〔2〕 参见[日]中村英郎:《新民事诉讼法讲义》,陈刚、林剑锋、郭美松译,法律出版社 2001 年版,第 98 页。

〔3〕 我国台湾地区“民事诉讼法”第 67 条之 1 规定:诉讼之结果,于第三人有利害关系者,法院得于第一审或第二审言词辩论终结前相当时期,将诉讼事件及进行程序以书面通知该第三人。

用。[1] 相较而言,大陆法系国家和地区采用了单独的程序为案外人提供救济,主要有以下两种方式:第三人撤销之诉和第三人再审之诉。第三人撤销之诉赋予的是第三人在没有参加当事人诉讼程序时,对损害其合法权益的确定裁判进行争执的诉权。虽然审判程序具有相对性和封闭性,但是确定裁判却能够影响第三人的权益。[2]

法国、[3]我国台湾地区、[4]我国澳门特别行政区[5]通过第三人撤销之诉对案外人提供程序保障和权利救济。

第三人再审之诉则以意大利[6]与日本的立法和实践为代表。日本立法者认为区分撤销之诉与回复原状之诉没有太大的实益,删除了因诈害申请再审的有关内容,[7]而合并适用再审之诉。对此,一些学者认为这是立法上的漏洞与不足。[8] 学界通说认为,"基于扩张性解释,当判决的效力涉及第三人时,对撤销判决具有固定利益的第三人可以提起再审之诉"。[9]

---

[1] 参见张妮:《第三人撤销之诉研究》,西南政法大学法学院 2012 年博士学位论文,第 55 ~ 57 页。

[2] "以为可以将所有的个人孤立出来,可以将某一合同或者判决的效果仅限制在两个人之间,这完全是一种人为的想法。任何法律事实,任何法律行为,即使表面上仅仅涉及一两个人,但都可以有更大的辐射范围。如同合同的相对效力一样,既判事由的相对效力都是试图限制联系两个法律主体之自然连带关系的后果,但是这种相对性并不能阻止任何判决、任何合同以其本身之存在而在复杂与连续相续的社会关系网中占有其地位,并且应当得到每一个人的遵守。一项具有对抗效力的行为有可能引起损害,这丝毫不令人感到奇怪。"参见[法]让·文森、塞尔日·金沙尔:《法国民事诉讼法要义》,罗结珍译,中国法制出版社 2001 年版,第 1284 页。

[3] 法国《民事诉讼法典》第 582 条规定:"第三人异议目的请求为攻击判决的第三人本人的利益取消或变更该判决。第三人异议是使受到攻击的已判决争点相对于提出异议的第三人来说重新受到争议,使之在法律上与事实上重新得到审理裁判。"

[4] 我国台湾地区"民事诉讼法"第 507 条之 1 规定:有利害关系之第三人,非因可归责于己之事由而未参加诉讼,致不能提出足以影响判决结果之攻击或防御方法者,得以两造为共同被告对于确定终局判决提起撤销之诉,请求撤销对其不利部分之判决。

[5] 我国澳门特别行政区《民事诉讼法》第 664 条规定:"如争议系基于当事人间的虚伪行为且法院因不知悉有关之欺诈行为而无行使第 568 条赋予其之权利,则在有关终局裁判确定后,受该裁判影响之人得透过基于第三人反对而提起之上诉对该裁判提出争执。"

[6] 意大利《民事诉讼法》第 404 条规定:"第三人的权利受到已经针对他人获得既判力的终局性判决或具有执行力的判决的损害时,可以对上述判决提出异议。判决处于恶意或串通给其利益造成损害时,继承人(包括潜在的继承人)或债权人可以对判决提出异议。"

[7] 日本的旧《民事诉讼法》第 483 条规定,案外第三人因原、被告之间的诈害诉讼行为利益受损的,可以准用请求回复原状之再审规定。

[8] 参见[日]三谷忠之:《民事再审的法理》,法律文化社 1988 年版,第 38 ~ 39 页。转引自张兴美:《我国第三人事后程序保障模式》,载《国家检察官学院学报》2015 年第 5 期。

[9] [日]兼子一、竹下守夫:《民事诉讼法》,白绿铉译,法律出版社 1995 年版,第 251 页。

我国在2007年修改《民事诉讼法》时规定了案外人申请再审制度，又在2012年修改《民事诉讼法》时确立了第三人撤销之诉制度。因此，在案外人权利事后救济路径上，我国兼有第三人撤销之诉和第三人申请再审两种制度（如表1所示）。关于案外人申请再审与第三人撤销之诉的关系问题，存在不同的观点：一是认为应优先适用案外人申请再审，在不能适用案外人申请再审时，才适用第三人撤销之诉；二是认为第三人撤销之诉与案外人申请再审之诉可同时进行，并行不悖；案外人可在第三人撤销诉权和案外人申请再审诉权中择一行使，但选择其中之一后就不能再选择另一诉权。[1] 具体探讨将会在下文展开。

表1 我国案外人权利救济的路径

事前的保护路径	有独立请求权第三人参加之诉	《民事诉讼法》第56条第1款
	无独立请求权第三人参加之诉	《民事诉讼法》第56条第2款
事后的救济途径	第三人撤销之诉	《民事诉讼法》第56条第3款
	案外人申请再审	《民事诉讼法》第227条

（二）执行中和执行外的案外人权利救济途径

在执行程序外，案外人的合法权益受到侵害，一般均应通过诉讼的方式进行救济。例如，第三人参加之诉、第三人撤销之诉和第三人申请再审（如表2所示）。

表2 我国案外人权利救济的途径

执行外的案外人权利救济路径	有独立请求权第三人参加之诉	《民事诉讼法》第56条第1款
	无独立请求权第三人参加之诉	《民事诉讼法》第56条第2款
	第三人撤销之诉	《民事诉讼法》第56条第3款
	案外人申请再审	《民事诉讼法》第227条
执行内的案外人权利救济路径	执行异议复议	《民事诉讼法》第225条
	案外人异议之诉	《民事诉讼法》第227条

在执行程序中，案外人的合法权益的救济可以区分为程序上的执行救济和实体上的执行救济。程序上的执行救济，是指债权人、债务人或者有利害关

---

〔1〕 参见谢勇：《案外人和第三人民事诉权保护制度》，载《人民司法·应用》2015年第17期。

系的第三人因为执行机构有违反法定程序的执行行为，在执行程序终止前向执行机构声明不服，并请求其予以纠正，从而加以补救的方法。而实体上的执行救济，是指债务人或者第三人对于执行债权人的执行请求权存在实体上的权利争议，或者第三人认为被执行的财产自己享有实体权利且不在执行名义的范围内，向法院起诉，请求法院对实体权利义务关系重新予以判定，从而请求执行机构不得执行或变更执行的救济方法。[1] 就案外人而言，程序上的执行救济，包括执行异议、执行复议和执行监督等。实体上的执行救济即案外人异议之诉，也可称为第三人异议之诉。所谓第三人异议之诉系指“第三人请求排除对于特定标的物之强制执行为目的之强制执行救济方法，亦即第三人就执行标的物有足以排除强制执行之权利，而求为宣示不许就该物执行之判决”。[2]

（三）案外人权利诉讼的救济途径和非讼的救济途径

在案外人权利救济途径中，如果涉及的是案外人与审判程序或执行程序中当事人实体权利义务的争议，那么就需要采用诉讼的方式最终解决案外人与当事人之间的纠纷或者争议。例如，第三人参加之诉、第三人撤销之诉、案外人申请再审和案外人异议之诉等均是因案外人与当事人之间的实体权利义务存在争议，从而采用诉讼的方式对案外人的权利进行救济。除此之外，在不涉及案外人与当事人实体权利义务争议时，例如，在执行程序中因执行机关的违法执行行为侵害案外人的合法权益时，赋予的是案外人提出执行异议、复议和监督的非诉救济途径，此种方式即可实现对案外人权利的救济（如表3所示）。

表3　我国案外人权利救济的途径

案外人权利诉讼的救济途径	第三人参加之诉	《民事诉讼法》第56条第1款、第2款
	第三人撤销之诉	《民事诉讼法》第56条第3款
	案外人申请再审	《民事诉讼法》第227条
	案外人异议之诉	《民事诉讼法》第227条
案外人权利非讼的救济途径	执行异议复议	《民事诉讼法》第225条

〔1〕 参见马登科：《程序上的执行救济与实体上的执行救济》，载《湖北社会科学》2001年第8期。
〔2〕 杨与龄编著：《强制执行法论》，中国政法大学出版社2002年版，第169页。

三、案外人权利救济的理论基础

对案外人权利予以救济的理论基础包括权利救济理论和程序保障理论。权利救济理论和程序保障理论共同为架构案外人权利救济体系提供坚实的基础。

(一)权利救济理论

没有权利就不存在救济,权利是救济得以存在的依据和前提。同样,“没有救济就没有权利”,一种无法诉诸法律保护的权利,实际上根本就不是什么权利。在英美法系国家,奉行的就是“救济先于权利”的观念,法律制度的重点不在于有一套法典化的权利体系,而在于一种公平意识。在法学家眼中,实行公正的审判,有一套公正的审判程序比一部宏大的法典更重要。权利的实现不仅是法律的事,更重要的是通过救济程序把“权利”放置于法官工作中重要的位置。而在大陆法系国家,所持的是“权利先于救济”的观点,更重视的是规定权利义务体系的法典。实现权利的最好方法是制定各种明确的法律规则,只有当权利因侵权行为而无法实现时才寻求法院救济。虽然“救济”在英美法系与大陆法系的地位有所不同,但是它们仍具有共同点:它们都是通过消除权利纠纷或者冲突,通过对侵权行为的规制以保护权利。随着时代的发展,两大法系在权利与救济的关系方面相互借鉴,取长补短,朝着相互融合的方向发展。

在我国,“救济”的意义也越来越受到关注,法律制度也应发生一定的变化。在立法上,不仅应宣示权利,还应具体规定“正当法律程序”“受法律保护”“获得公正审判”等条款;在司法上,权利救济的范围和途径也应加以扩张。因此,可以说救济与权利是一个事物的正反面,互为表里,相得益彰,同时构成一个不可分割的整体。

权利为什么需要救济?这是权利救济理论首先需要回答的问题。如果每一种权利都能够按照其规定的轨道运行,那么就无须救济;但是权利的实现常常受到各种因素的阻碍,要消除这些阻碍,那么实现救济就是必要的。现实中,权利的实现受制于政治、经济、文化和社会中的各种不利因素。法律不仅应宣示权利,而且还应同时配置救济的各种程序。〔1〕权利的冲突为权利的救济提供了根据,没有冲突也就没有救济,救济就是为解决权利之间的冲突而存在的。“没有办法为所有人的法定权利划出固定不变的界限,以便当冲突发生之后,我们能够消除审判就可判决是非。”〔2〕因此,权利产生冲突是行使的权利在行使过程中必然伴生的现象。〔3〕权利冲突的解决过程就是对各种利益的选择保护与否以及如何保护的价值再选择和再评价的过程。权利的冲突是恒常性的,救济权利只是解决特定权利之间的冲突,并非消除冲突。

在现代社会中,权利体系之中的实体权利与程序化的救济权利是两种相互依存的权利实体。就两者之间的关系而言,救济性权利服务于实体权利,以实体权利的实现为己任。因此,实体权利的实现是设置相应救济程序的目的,救济能够使实体权利的实现或者是实体义务的履行成为可能。正如法国1789年《人权和公民权宣言》第16条的规定,“凡权利无保障和分权未确立的社会,就没有宪法”。此外,在法律已为权利规定了相应的救济措施和程序时,仍然是不够的。法律还必须保障权利主体双方或者多方在救济程序中能够平等地参与并受到平等的对待。可以说,权利救济的关键在于以一种公平公正的方式、步骤、程序作用于权利的冲突之中。对权利最为重要的就是一种真实、公平和有效的救济体系。

何为救济?救济通常是指法律救济,即通过法律的方式解决权利冲突。〔4〕一般来说,“救济”有如下几方面的含义:第一,救济意味着当事人之间权利冲突或者纠纷的解决;第二,救济意味着解决当事人之间冲突或者纠纷的目标是

〔1〕参见程燎原、王人博:《权利及其救济》,山东人民出版社1998年版,第349~350页。

〔2〕[美]乔尔·范伯格:《自由、权利和社会正义》,王守昌、戴栩译,贵州人民出版社1998年版,第106页。

〔3〕参见徐显明主编:《公民权利义务通论》,群众出版社1991年版,第40页。

〔4〕《牛津法律大辞典》认为:“救济是纠正、矫正或改正已发生或业已造成伤害、危害、损失或损害的不当行为。权利和救济这样的普通词组构成了对语,更准确的分析可以这样表述:法律赋予特定关系中的当事人以两种权利和义务:第一与第二权利和义务,前者如取得所购买的货物和取得货物的价款,后者如强制对方交货,或强制对方就未交货一事给付赔偿;或在另一方面,强制对方支付货物的价款或强制对方就拒收货物而给予赔偿。虽然只有在第一权利未被自愿或未被令人满意地满足的情况下,第二权利或救济权利才能发生作用,但要求对方履行义务的权利却都是真正的法定权利。相应的,救济是一种纠正或减轻性质的权利,这种权利在可能的范围内会矫正由法律关系中他方当事人违反义务行为造成的后果。”参见北京社会与科技发展研究所组织编译:《牛津法律大辞典》,光明日报出版社1988年版,第764页。

权利的实现和义务的履行;第三,救济意味着将法律上规定的权利转化为现实权利,救济的过程是将法定权利转化为现实权利的过程。

对权利施以救济可以有不同的方法。所谓救济方法,是指救济可以采用的各种形式。[1] 救济方法主要包括私力救济、社会救济和公力救济三类。私力救济,是指当事人认定权利遭受侵害,在没有第三方以中立名义介入纠纷解决的情形下,不通过国家机关或法定程序,而依靠自身或私人力量,解决纠纷,实现权利。[2] 社会救济,则是第三方以中立名义介入纠纷解决的机制,由国家法律所赋予或者确认的第三方在双方都同意的前提下通过劝导作出有拘束力的裁决,并不具有国家性质的强制力。这类救济主要包括仲裁与调解。公力救济,是指由国家介入纠纷的解决,并由国家强制力保证裁判执行的一种机制。就法律许可范围内的私力救济和社会救济方法来说,它们能够产生一定的作用,很大程度上与公力救济存在关联。[3]

从公力救济和私力救济的关系来说,采取的是公力救济优先原则,一般情形下禁止私力救济。公力救济,需要公权力的介入和干预,救济也就成了当事人权利之间有冲突或者受到侵害时请求司法机关进行解决的权利。从结果上来看,救济是权利之间冲突或者当事人之间纠纷的解决,通过救济的程序使原

---

〔1〕《牛津法律大辞典》对救济方法的解释是,"主要有宽厚的行为,如权利要求的撤回或出自恩惠的给付;政治救济方法,如向下议院议员或地方议员提出申诉,向议会或其他政治机关提出申诉;还有法律救济方法,也就是须依法律规则获得的救济。法律救济方法可以依次采用行政或民事救济方法。行政救济可以通过向更高级的行政官员或大臣申诉取得,也可以通过向特殊的行政机关或法庭、仲裁庭(本身可以受、也可以不受一般法院诉讼的控制)提出申诉而取得。民事救济可通过在民事法庭中进行诉讼取得,也可以在可能的情况下通过当事人之间的磋商取得,还可通过对他方威胁要提起诉讼的方式取得。刑事诉讼一般不能向受害人提供救济,而是强制实施国家的社会政策。不过,刑事诉讼可以间接地提供救济。在法律救济制度中,向更高级的法院或机关上诉,本身也可以称作是一种救济方法"。参见北京社会与科技发展研究所组织编译:《牛津法律大辞典》,光明日报出版社 1988 年版,第 764 页。

〔2〕参见徐昕:《论私力救济》,中国政法大学出版社 2005 年版,第 103 页。

〔3〕法院为解决诉讼发挥作用可以有如下方法:"一是明确规定影响或控制个人协商解决诉讼的规范;二是认可个人协商解决诉讼的法律效力,为协议的履行提供法律保障;三是适当地提高诉讼费用,以增加个人协商解决的可能性;四是为诉讼双方熟悉对方的案件提供便利,尽量减少相互猜疑的因素,增加个人协商解决的可能性;五是允许法院工作人员以调解人的身份活动,促使双方自愿地解决纠纷;六是法院先行解决案件中某一因其争议的问题,让当事人双方在其他问题上达成协议;七是当诉讼双方无法协商解决时,法院强制解决争讼。"参见[英]科特威尔:《法律社会学导论》,潘大松等译,华夏出版社 1989 年版,第 245 ~246 页。

权利得以实现或者当事人之间的秩序得以恢复。[1] 救济具有双重特性：在本质上，它是权利主体所取得的一种合法权利，一个人若被剥夺了救济权，也就意味着他已经丧失了"第一权利"；在功能方面，它是"第一权利"实现的保障，通过冲突的解决，为权利提供一种程序对话的机制。[2] 在公力救济中，诉讼是其最主要的方式。这意味着：一方面，权利救济只能是国家通过法律实施，未经法律认可或者与国家立法相抵触的其他规范和规则都无法对冲突权利提供救济；另一方面，由诉讼所确立的冲突权利的处置和补偿的救济方式是通过国家强力或由这种强力所产生的威胁而得以实现的。[3] 诉讼救济的优势在于：它把权利之间的冲突纳入了法律规制之下，通过法律在实现权利救济的同时，也恢复了既有的秩序。

就平等主体之间的纠纷或者权利冲突的解决而言，其主要路径则是民事诉讼。"无诉求便无诉"，民事诉权是当事人享有的请求国家给予民事诉讼保护的宪法性权利，兼有程序内涵和实体内涵。[4] 诉权发挥了当事人启动民事诉讼程序获得司法裁判，从而保障并实现其实体权利的作用。案外人认为正在进行的诉讼或者已经确定的诉讼结果威胁或者损害其合法权益时，可以通过行使诉权与诉讼程序中的当事人进行攻击防御或者争执诉讼结果。

综上所述，根据权利救济理论，在案外人的合法权益受到不当侵害时，必须为其提供相应的救济途径，尤其在案外人与当事人之间存在实体权利冲突时赋予案外人诉权，否则案外人的合法权益就没有相应的保护。

（二）程序保障理论

"现代司法程序应当尊重当事人的程序主体地位，国家在司法程序运作过

---

〔1〕 "公权的存在必须以个人权利为基础和前提，个体在私人领域的一定范围内的基本自由权利必须得到绝对保障，任何公权力的行使只能是为了并实际上促进个人权利，而不允许为了或实际上导致个人权利的削减；公共领域及公权力的存在必须唯一地以促进私人领域与私权的发展为目的。"参见［英］以赛亚·伯林：《自由论》，胡传胜译，译林出版社 2011 年版，第 56 页。

〔2〕 参见程燎原、王人博：《权利及其救济》，山东人民出版社 1998 年版，第 358 页。

〔3〕 同上书，第 366 页。

〔4〕 参见邵明：《现代民事诉讼基础理论——以现代正当程序和现代诉讼观为研究视角》，法律出版社 2011 年版，第 113～125 页。

程中应确保当事人的主体性。"[1]程序保障理论[2]可以进一步分为"发现实体真实的程序保障"和"防止诉讼突袭的程序保障"两种。"发现实体真实的程序保障"理论主要在以下三种情形适用:(1)保障公民有接受审判和获得正义的权利。其重心在于保障社会上的经济贫困者获得国家和社会的援助,能够进入审判程序,以保护自己的权利。(2)保障既判力的正当化。也就是为了防止无休无止的诉讼,必须使判决的既判力得以正当化。而要使之正当化,又必须保障当事人在程序中进行主张和举证的机会,以强调其自我责任。(3)应在程序中平等地分配当事人的行为规范。其实是对当事人在民事诉讼中的行为平等地加以分配和保护。[3] 而"防止诉讼突袭的程序保障"理论具有以下两方面的含义:"其一,有关追求发现真实即达成慎重而正确的裁判之程序保障,程序主体得借此防免遭受发现真实的突袭,而有机会获得更慎重正确之裁判,以追求实体利益;其二,有关促进诉讼即达成迅速而经济的裁判之程序保障,程序主体得借此防免遭受促进诉讼的突袭,而有机会获得更迅速经济之裁判,以追求程序利益。"[4]

通过程序一方面保障当事人的诉讼权利,或者说保障当事人在这些权利中体现出来的主体性和自律性;另一方面又保障诉讼、审判本身的正当性,或者说是保障法官的审判活动以及作出的决定本身的正当性。[5] 在这两方面中,程序保障的重点应当是保障当事人的主体性和自律性。因此,应赋予对程序的进行有利害关系之人相当的程序保障,尤其应当从立法论的角度,增加关涉该人利益、地位、责任或权利义务之审判程序的制度供给,以便从实质上保障其有参与纠纷解决之救济渠道。[6]

---

〔1〕 刘敏:《当代中国的民事司法改革》,中国法制出版社 2001 年版,第 51 页。

〔2〕 在民事诉讼法学中,程序保障是指使一个人之私法上权利地位受特定判决之某种拘束力所及,其正当性之基础原则上均应奠基在受该判决拘束之人,已被赋予参与该关涉其权利义务程序的机会,并能合理地预测该程序所将发生拘束力之内容及范围,借以提出足以影响该程序最后发生拘束力之判断事项之有关之攻击防御方法及事实、证据,此即必须赋予诉讼当事人程序保障之基本概念及要求。参见黄国昌:《民事诉讼理论之新开展》,北京大学出版社 2008 年版,第 265 页。

〔3〕 参见刘荣军:《程序保障的理论视角》,法律出版社 1999 年版,第 35 页。

〔4〕 邱联恭:《程序选择权论》,台北,三民书局股份有限公司 2000 年版,第 5 页。

〔5〕 参见[日]谷口安平:《程序的正义与诉讼》(增补本),王亚新、刘荣军译,中国政法大学出版社 2002 年版,第 11 页。

〔6〕 参见邱联恭:《程序选择权之法理——着重于阐述其理论基础并准以展望新世纪之民事程序法学》,载《民事程序法论文选萃》,中国法制出版社 2004 年版,第 494 页。

程序公正是程序保障的核心价值。程序公正,也称为程序正义,与实体正义相对应,是一种"过程的正义",是指一个司法裁判过程要符合正义的要求。[1] 英国学者戴维·米勒把程序正义的基本属性概括为四个方面:第一,平等,即要求给予那些参与程序的人以应有的同等对待。第二,准确,即"即使裁决是显而易见的,诉讼双方的声音也应当被倾听"。第三,公开,即程序之中所适用的规制和标准对于参与其中的人们来说,必须是透明的,并尽可能地向参加者们解释,以便后者能够理解他们为什么得到或没有得到待裁决的利益。第四,尊严,一种公正的法律程序不得有损于每位参加者的尊严。[2] 美国学者罗尔斯则把程序正义分为纯粹的程序正义、完善的程序正义和不完善的程序正义三种类型。纯粹的程序正义是指不存在对正当结果的独立标准,而是存在一种正确的或公平的程序,这种程序若被人们恰当地遵守,其结果也会是正确的或公平的,无论它们可能会是一些什么结果;完善的程序正义是指在程序之外存在决定结果是否合乎正义的某种标准,其同时也存在使满足这个标准的结果得以实现的程序;不完善的程序正义是指尽管有一种判断正确结果的独立标准,却没有可以保证达到它的程序。[3]

要实现程序保障的价值,关键在于相关主体的程序参与,即那些利益或者权利可能会受到民事裁判或诉讼结局直接影响的人应当有充分的机会富有意义地参与民事诉讼的过程,并对裁判结果的形成发挥其有效的影响和作用。[4] 程序参与有两项基本要求:第一,当事人对诉讼程序的参与必须是自主、自愿的,而非受强制的、被迫的;第二,当事人必须具有影响诉讼过程和裁判结果的充分的参与机会。[5] 程序参与,从权利的角度来说,是当事人及相关第三人所享有的"程序参与权",包括诉讼知情权和诉讼听审权。[6] 诉讼知情权的主要内容包括:诉讼当事人及相关第三人有权充分及时了解与己相关的诉讼程序

---

[1] 参见陈瑞华:《法律人的思维方式》,法律出版社 2011 年版,第 149 页。

[2] 参见[英]戴维·米勒:《社会正义原则》,应奇译,江苏人民出版社 2001 年版,第 108～109 页。

[3] 参见[美]约翰·罗尔斯:《正义论》,何怀宏、何包钢、廖申白译,中国社会科学出版社 2009 年版,第 66～67 页。

[4] 参见陈瑞华:《刑事审判原理论》,北京大学出版社 1997 年版,第 61 页。

[5] 参见肖建国:《民事诉讼程序价值论》,中国人民大学出版社 2000 年版,第 184 页。

[6] 参见邵明:《现代民事诉讼基础理论——以现代正当程序和现代诉讼观为研究视角》,法律出版社 2011 年版,第 68 页。

进行情况；法院必须平等、及时地告知受到诉讼结果影响的当事人及相关第三人，使其能够充分、及时地了解诉讼程序的进行情况，以便其能够充分、及时地参加诉讼，行使诉讼听审权或者适时适式作出诉讼行为。而诉讼听审权的主要内容是，在诉讼中，受到诉讼结果影响的当事人及相关第三人有权提出程序请求或程序异议、主张事实和提供证据，即便是法院依职权收集的事实和证据，当事人及相关第三人均有权充分表达意见。[1]

民事诉讼为作为当事人的原告和被告提供了充分的程序保障，因此当事人受到确定裁判的约束，须遵守裁判所确定的当事人之间的权利和义务。为保护在本诉讼中的案外人所享有的源自程序主体权的程序处分权和实体处分权，应当对该案外人就本诉讼提供事前的或者事后的程序保障。因此，就案外人而言，若不对其提供相应的程序保障，案外人受裁判效力约束或者对案外人权利的调整就不具备正当性基础。反过来说，程序保障也是为案外人权利提供救济的理论基础。程序保障要求赋予受到裁判影响的案外人事前参与诉讼或者事后争执诉讼结果的机会。当然对案外人适用何种类型及何种强度的程序保障，应当考虑案外人就系争诉讼所持利害关系的种类及程度、案外人与第三人之间的实体法律关系以及纠纷事件本身的特性等因素。

如果案外人在事前实际参与诉讼，其受到了充分的程序保障，是否应赋予其事后争执诉讼结果的权利？就程序保障的一般要求而言，在赋予了案外人参与程序的机会后，因案外人自身的原因而未参与程序，其受到诉讼结果的约束具有正当性。当然参与诉讼通常被认为是给案外人带来相当负担和痛苦的事情，应考虑能够让第三人承担诉讼负担的原因。也就是说，不能仅因为赋予了案外人程序参与的机会，就一概地将裁判效力及于案外人，应进一步考虑当事人让案外人卷入诉讼是否有正当的依据。

在非因案外人自身的原因而未参与诉讼时，是否赋予以及赋予何种事后的程序保障？从理论上来看有以下几种方式：第一，不论前诉判决有何瑕疵，一律不许第三人事后争执；第二，限于前诉判决有再审事由之瑕疵，允许第三人提起再审之诉；第三，即便该判决无再审事由之瑕疵，如果前诉当事人之间

---

[1] 参见邵明：《现代民事诉讼基础理论——以现代正当程序和现代诉讼观为研究视角》，法律出版社 2011 年版，第 68 页。

存在勾结串通诈害第三人的情形,则第三人可以基于该事由提起再审之诉或者撤销之诉;第四,只要前诉判决存在瑕疵,包括再审瑕疵或者诈害事实瑕疵,第三人以此为事由,在独立后诉中主张排除前诉判决之拘束力。[1] 第一种方式未对案外人提供相应的救济途径,第二、三、四种方式对案外人提供了相应的救济途径,并且程序保障的程度后者较前者逐步得以加强。

四、案外人权利救济制度的共通性原理

第三人参加诉讼、第三人撤销之诉、案外人申请再审、案外人权利的程序性执行救济和案外人权利实体性执行救济等案外人权利救济制度存在不少共同之处,这些共通性原理是研究案外人权利救济制度的基础和出发点。

第一,从制度目的上来看,各种案外人权利救济制度都是案外人因自身合法权益受到损害后寻求司法救济以维护自身合法权益的途径,包括以提起、参加诉讼的方式或者提出异议复议的方式参与审判程序或者执行程序。有独立请求权第三人参加诉讼、第三人撤销之诉、案外人申请再审和案外人异议之诉均是以提起诉讼的方式维护自身的合法权益;而无独立请求权第三人是以参加诉讼的方式维护自身的合法权益,程序性执行救济则是以提出异议复议的方式维护自身的合法权益。

第二,从主体上来看,各种案外人权利救济制度均涉及多方主体,诉讼程序中或者执行程序中存在三方或者三方以上的当事人。在第三人参加诉讼中,不仅存在原诉讼中的原告和被告,还包括有独立请求权第三人或者无独立请求权第三人;在第三人撤销之诉中,存在作为原告的第三人和作为被告的原诉讼的当事人;在案外人申请再审程序中,存在作为再审原告的案外人和作为再审被告的原诉讼的当事人;在案外人权利的程序性执行救济中,除申请执行人和被执行人外,还存在利害关系人等提出异议的主体;在案外人权利的实体性执行救济中,包括了案外人、申请执行人和被执行人三方主体。

第三,从内容上来看,各种案外人权利救济制度所涉及的法律关系都是较复杂的,存在两个或者两个以上的法律关系,其中的实体问题或者程序问题比普通的诉讼程序或者普通的执行程序更复杂。在第三人参加诉讼中,除原诉

---

[1] 参见黄国昌:《民事诉讼理论之新开展》,北京大学出版社2008年版,第297~298页。

讼当事人之间存在的法律关系外,还存在第三人与原告或者被告之间的法律关系。同样地,在第三人撤销之诉和案外人申请再审中,案外人也与前诉的原告或者被告存在某种法律关系。在案外人异议之诉中,由于案外人与被执行人存在某种法律关系从而引发了案外人与申请执行人关于执行标的争议。至于执行异议复议程序,执行机关违法执行行为不仅影响了被执行人的权益,还影响了案外人的权益。

第四,从结果上来看,各种案外人权利救济方式均要求对案外人和原程序中的当事人之间的权利义务关系作统一的处理。就有独立请求权第三人参加诉讼、第三人撤销之诉、案外人申请再审和案外人异议之诉而言,其裁判的既判力及于案外人和其他参与诉讼的当事人。而无独立请求权第三人参与诉讼,其也受到确定裁判效力的约束。

五、案外人权利救济制度的基本原则

所谓原则,是指法律的根本规则、精神、理念和真理,是具体法律规则产生的共同根据。[1] 原则中最重要的即为基本原则。设置案外人权利救济制度应当遵循以下基本原则:公正原则、对应性原则和比例原则。

(一)公正原则

设置案外人权利救济制度的目的,在于救济其权利并最大限度地实现公正。公正包括程序公正和实体公正。就程序公正而言,要求案外人权利救济的程序设置是公正的,应平等地对待当事人和案外人,程序设置应当合理、恰当。就实体公正而言,其要求案外人权利救济机制能够充分有效地救济权利受到损害的案外人,解决案外人与当事人之间的权利冲突。

(二)对应性原则

所谓对应性原则,是指案外人权利救济机制应当与救济的权利内容、救济的时间相适应。民事诉讼程序由民事审判程序和执行程序两大部分组成,因此案外人权利可能受到审判程序或者执行程序的侵害。如果案外人的实体权利受到侵害,与诉讼的当事人之间的实体权利存在冲突,那么就需要采取诉讼

---

〔1〕 参见李双元、温世扬主编:《比较民法学》,武汉大学出版社 1998 年版,第 45 页。

的方式对案外人进行救济。如果案外人的权利是因执行机关的违法执行行为而受到影响,与当事人之间并无纠纷,那么就无须采用诉讼的方式进行救济,而应采用异议复议的非讼方式。这体现的是案外人权利救济机制与救济的权利内容相对应的方面。

按照诉讼的进程,可以将案外人权利救济途径分为事前的救济途径和事后的救济途径。当诉讼还在进行之中,确定裁判还未作出时,案外人权利救济机制应当采用的是第三人参加诉讼这样事前的路径;而当诉讼已经结束,裁判已经确定时,案外人权利救济机制就只能采用第三人撤销之诉、案外人申请再审等事后的路径。这体现的是案外人权利救济机制与救济的时间相对应的方面。

(三)比例原则

比例原则包括适当性原则、必要性原则和狭义比例原则。适当性原则要求手段有利于目的的达成,必要性原则要求在能够达成目的的手段中选择最佳手段,狭义比例原则要求手段造成的损害要比目的获得的利益更小。配置救济机制应当考虑作为救济对象的权利的重要性程度、救济路径的可行性和实效性、不同性质救济方式相互间的关系以及当事人意思的作用等因素。[1]案外人权利救济制度遵循比例原则主要体现为三点:一是救济的力度与救济权利的重要性相匹配,救济机制应当有助于案外人权利的保护目的的实现;二是适用顺位与救济机制的类型相匹配,即在能够救济案外人权利的机制中应当采用更优的救济方法;三是救济案外人权利的机制支出的成本不能太大,以至于大大超出了案外人救济机制所能获得的利益,这体现为狭义比例原则或者效益原则。

就救济的力度与救济权利的重要性相匹配而言,案外人的权利越重要,就越应当适用更为完善的救济机制。例如,有独立请求权第三人与无独立请求权第三人,其与案件的利害关系的重要性程度不同,适用的救济机制就有所不同。有独立请求权第三人是以提起诉讼的方式参与原诉讼,其居于原告地位,与其他当事人权利相同,有着完善的保障机制。而无独立请求权第三人只是以申请或者被通知的方式参与原诉讼,其享有的权利比当事人要少,程序保障

---

〔1〕 参见潘剑锋:《论建构民事程序权利救济机制的基本原则》,载《中国法学》2015 年第 2 期。

也相对较弱。再如,程序性执行救济机制与实体性程序救济机制,实体性程序执行救济力度大于程序性执行救济力度是因为其救济的权利更重要。

就适用顺位与救济机制的类型相匹配而言,案外人权利救济机制有着通常救济机制与特殊救济机制之分。特殊救济机制的启动条件要比通常救济机制更加严格,通常救济机制优先于特殊救济机制适用。第三人参加之诉属于通常救济机制,而第三人撤销之诉和案外人申请再审属于特殊救济机制。如果案外人能够寻求通常救济机制,则应否定其寻求特殊救济机制的权利。例如,案外人知悉他人之间的诉讼,因自身原因而未参与时,则不再享有寻求事后救济的权利。此外,像第三人撤销之诉和案外人申请再审这样的特殊救济机制,其诉讼要件相对普通的诉讼而言要求更高。

就效益原则而言,其要求案外人权利救济机制的成本与收益要相适应,其支出的成本一般不能超过获得的收益。民事司法程序中所包含的权利种类繁多,法律不可能为所有的权利设立救济机制,也不可能为所有具备救济必要的权利均提供最充分、最高效力的救济,而是需要在综合考量救济的急迫性和必要性程度、支出的救济成本以及可能的救济收益等多方面因素的基础上,作出相应的、区别化的制度设计。[1] 因此,针对案外人权利救济制度,如果案外人权利缺乏救济的现实可能性或者救济支出的成本大大超出了救济所能获得的收益,则不应对案外人权利设置救济路径。

综上所述,因民事诉讼中审判程序的相对性、封闭性和执行程序的形式性,加上裁判效力的扩张等原因,导致案外人的权利容易受到威胁或者侵害。根据权利救济和程序保障的要求,需要为案外人提供事前的或者事后的救济途径。各种案外人权利救济制度,其目的、主体、内容和结果方面存在共通之处。在设置案外人权利救济制度时,应当遵循公正原则、对应性原则和比例原则。

---

〔1〕 参见潘剑锋:《论建构民事程序权利救济机制的基本原则》,载《中国法学》2015 年第 2 期。

第二章　第三人参加诉讼

民事诉讼中原被告双方当事人对立的诉讼构造是法院裁判案件的最典型的程序结构，法院在此程序结构中只需对原被告双方当事人之间争议的法律关系作出裁决。但是，随着社会利益格局的多样化，民事法律关系愈加具有复杂性，这在民事诉讼上表现为原被告双方当事人所争执的法律关系往往会涉及或影响案外第三人的民事权益。在此意义上，如果把民事诉讼程序结构局限在解决原告与被告双方当事人之间的纠纷，会将有关联的纠纷分割为不同的诉，这不仅难以使纠纷获得根本性解决，也有发生矛盾裁判的危险。为保护案外第三人的合法权益，提高诉讼效益以及避免相互矛盾的裁判发生，域外民事诉讼法中普遍规定了第三人诉讼参加制度，以使案外第三人能参加正在进行的诉讼，进而维护自己的合法权益。但是各国立法上对第三人的称谓并不一致，德国、日本民事诉讼中采用“诉讼参加人”这个概念，[1] 苏联和我国民事诉讼中则采用“诉讼第三人”这个概念。

虽然苏联和我国民事诉讼同时使用“诉讼第三人”一语，但在具体范围上存在不同。依《苏俄民事诉讼法典》的规定，参与诉讼程序的原告、被告、第三人、检察长是案件的参加人。[2] 我国民事诉讼法学者一般将诉讼参加人解释为当事人及与当事人诉讼地位相同的人，包括当事人、法定代表人、共同诉讼人、群体诉讼中的代表人、第三人和诉讼代理人（但不包括人民检察院）。[3] 我

---

〔1〕 比如，德国《民事诉讼法》第 64 条规定，“某人对于他人间已系属的诉讼标的（物或权利）的全部或一部，为自己有所请求时，在该诉讼受到确定裁判前，有权在该诉讼所系属的第一审法院，对诉讼双方当事人提起诉讼而主张自己的请求”；日本《民事诉讼法》第 60 条规定，对他人之间的诉讼标的全部或一部为自己请求的人，可以于其诉讼系属中，以本诉当事人双方为共同被告向受诉法院提起诉讼。

〔2〕 《苏俄民事诉讼法典》，梁启明、邓曙光译，法律出版社 1982 年版，第 10 页。

〔3〕 参见柴发邦主编：《民事诉讼法学新编》，法律出版社 1992 年版，第 172 ~ 173 页。

国《民事诉讼法》没有就诉讼第三人设定专门章节，但在当事人章节中第 56 条有关于有独立请求权第三人诉讼参加制度和无独立请求权第三人诉讼参加制度的规定。本章主要分析有独立请求权第三人和无独立请求权第三人诉讼参加制度的架构，并在程序操作层面上对其参与诉讼的若干论点予以探讨。

一、有独立请求权第三人的内涵、诉讼地位和诉讼功能

法院在对原被告双方当事人间的私权纠纷裁断时不可避免地会触及对第三人权益保护的问题。根据《民事诉讼法》第 56 条第 1 款的规定，如果第三人认为对原被告双方当事人争议的诉讼标的有独立请求权，则有权以有独立请求权第三人的身份提起参加之诉，从而参加正在进行的本诉程序来维护自己的合法权益。在参加之诉中，有独立请求权第三人是以独立实体权利人资格针对本诉的原被告提起诉讼请求，因而本诉与参加之诉间具有实体法上的牵连关系。正是这种牵连关系使本诉与参加之诉构成了诉的合并审理，这不仅能使纠纷获得一次性根本解决，扩大诉讼的解决纠纷能力，又能避免发生矛盾判决的危险。

（一）有独立请求权第三人的内涵

有独立请求权第三人，是指认为对本诉双方当事人之间争议的诉讼标的有独立请求权，从而对该诉讼标的提起诉讼请求而参加正在进行的诉讼的人。由于民事诉讼法学界通说认为，诉讼标的是双方当事人之间争议的并请求法院对其作出裁判的实体法律关系，那么，有独立请求权第三人所提起的独立请求权是基于对本诉双方当事人争议的法律关系而提出的。根据对争议的诉讼标的享有请求权的不同，有独立请求权第三人具体可分为有全部独立请求权第三人和有部分独立请求权第三人两种类型。例如，甲与乙因五间房屋的所有权归属问题发生争议，并诉诸诉讼程序，在法院对本诉审理过程中，丙提出其对该五间房屋拥有所有权，并请求法院确认其为该五间房屋所有权人，此际，丙为有全部独立请求权第三人；若丙认为这五间房屋中的两间房屋为他所有，并请求法院确认其为该两间房屋所有权人，丙就为有部分独立请求权第三人。

有独立请求权第三人之所以能参加诉讼，是因为其对当事人间争议的诉讼标的有独立请求权，从而有权请求他人为一定行为或不为一定行为。而现

行民事诉讼法上对“独立请求权”的具体指涉没有作出明确的规定和解释,民事诉讼法学界对“独立请求权”内涵的认识也尚未达成一致,这给司法实践带来了诸多不便。因此,恰当地界定“独立请求权”是准确理解有独立请求权第三人含义的基础。请求权是关联着实体法与诉讼法的概念。实体法请求权一般是指民事主体对另一民事主体提出的权利请求,而权利请求是指因本诉双方当事人争议的民事法律关系发生、变更、消灭的法律事实而产生的实体法上的权利。由于实体法上的独立权利能够产生诉讼法上独立的请求权,那么有了实体法请求权就具备了诉讼法上的权利保护要件,从而才能请求法院保护其民事权利。应当说明的是,实体法上的请求权是以“权利的作用”作为划分依据的权利类型之一,即除请求权以外,抗辩权、支配权、形成权也是与之相并列的权利形式。[1] 比如,形成权是法律赋予当事人一方依其单方意思干预他人之法律关系的权利,即权利人可依其单方意思使民事法律关系发生、变更或消灭。实体请求权与形成权所不同的是,形成权的形成应通过诉讼或仲裁程序为之,而仅向对方当事人为之,并不能发生权利变动的效果。由此,产生诉讼请求权的实体权利根据并不仅限于实体请求权,还包括形成权在内的任何一种民事权利。[2]

(二)有独立请求权第三人的诉讼地位

有独立请求权第三人是在本诉开始之后,诉讼尚未终结之前提起诉讼参加的,故参加之诉是以本诉的存在为条件,因而,有独立请求权第三人不可能完全享有原告的诉讼权利。比如,本诉与参加之诉的管辖法院可能并不相同,但本诉与参加之诉需合并审理,那么有独立请求权第三人不能对业已进行的诉讼程序提出管辖权异议。[3] 需要注意的是,有独立请求权第三人提起参加之诉后,本诉中的原被告可能会因某些法律事由而丧失诉讼地位,这将会引发有独立请求权第三人的诉讼地位发生转换。比如,倘若本诉中的原告撤诉,或者被告承认对方的诉讼请求,又或者双方自行和解,则本诉中的原告和被告丧失了双方当事人对立的状态,从而导致本诉的诉讼程序终结。但有独立请求

〔1〕 参见梁慧星:《民法总论》,法律出版社 1995 年版,第 65 ~ 67 页。
〔2〕 参见肖建华:《主参加诉讼的诈害防止功能》,载《法学杂志》2000 年第 5 期。
〔3〕 参见杨荣新主编:《民事诉讼法学》,中国政法大学出版社 1997 年版,第 172 页。

权第三人所提起的参加之诉并没有因为上述情形的发生而自然终结，此时，应征求有独立请求权第三人的意见，若其也愿意撤回对原被告所提起的参加之诉，则诉讼程序终结。若有独立请求权第三人不愿意撤诉，则参加之诉的诉讼程序继续进行，这时只需将有独立请求权第三人转换为原告，相应地对被告也加以调整，并变更为参加之诉的案由。

（三）有独立请求权第三人的诉讼功能

由于民事法律关系的复杂性和相互间的牵连性，法院对当事人之间争议法律关系裁判的效力除直接及于当事人外，也往往会影响有独立请求权第三人的利益。如果本诉的程序构造仅局限于解决原被告之间的争议，则有独立请求权第三人为维护自己的合法权益不得不另行提起与本诉有关联的后诉。在此情形下，法院将会对具有关联的后诉进行再次审理，这不仅会造成诉讼的人力、财力和物力的浪费，也有发生矛盾判决的危险，还可能后作出的判决因先作出的判决的权利客体已转移或消灭而造成执行上的困难。[1] 而有独立请求权第三人诉讼参加制度为一个诉讼程序解决多重诉讼主体间的关联纠纷提供了程序保障，即不仅可在同一诉讼程序内解决本诉原被告之间的法律关系争议，也可解决有独立请求权第三人与本诉原被告之间的法律关系争议，从而为避免上述问题的发生提供了制度保障。

就有独立请求权第三人诉讼参加的程序运作而言，该制度具有以下三方面的作用：第一，提高诉讼效率，实现诉讼经济。将与本诉具有一定关联的诉合并于本诉程序内一并审理，即通过一次诉讼能够解决多个当事人之间的不同纠纷，从而减轻了当事人的讼累和法院的诉讼负担，提高了诉讼效率，进而能实现诉讼经济的目标。第二，扩大诉讼解决纠纷的能力，防范权利受到诈害。通过赋予有独立请求权第三人诉讼参加的机会，有助于全面地查明案件事实，彻底解决彼此有联系的纠纷，从而扩大了诉讼解决纠纷的能力，又能防范因他人间的虚假诉讼而损害自己的权利。第三，保障第三人的合法权益，公正解决民事纠纷。为维护自己的实体请求权，有独立请求权第三人参加诉讼后将尽力提出对己有利的事实和证据，并就权利主张与本诉原被告展开实质

[1] 参见王宗桂、张文华、陈宪明：《关于正确适用民事诉讼中第三人的几点意见》，载《人民司法》1984 年第 8 期。

论争,保障了有独立请求权第三人的听审请求权与公正审判请求权,从而能切实保护其合法权益,实现纠纷公正解决的目标。

二、有独立请求权第三人诉讼参加的实践

有独立请求权第三人诉讼参加是我国民事诉讼法中的一项重要制度,其在民事诉讼中有着广泛的应用。有独立请求权第三人诉讼参加实质上是将参加之诉与本诉进行合并审理,这牵涉多方诉讼主体的利害关系,从而使诉讼关系变得错综复杂,而理论上对有独立请求权第三人制度中涉及的相关民事诉讼理论尚未形成共识,对涉及该制度的相关立法的理解还不够准确。为正确适用有独立请求权第三人制度,充分发挥该制度的预设功能,须结合有独立请求权第三人诉讼参加的实践,对有独立请求权第三人诉讼参加的立法进行具体化解释,并厘清相关制度间的适用界限,以澄清有独立请求权第三人制度在实践中存在的误区。

(一)有独立请求权第三人诉讼参加的基本形态

有独立请求权第三人对他人之间争议的诉讼标的享有独立请求权是其能够参加他人的诉讼的实质要件,但仅有这种独立性还不足以使其成为本诉中的第三人,即这种独立请求权须与既存诉讼之间有牵连关系。因而,准确地理解本诉与参加之诉间的牵连关系,是判断第三人是否为有独立请求权第三人以及其应否诉讼参加的本质特征。着眼于本诉与参加之诉的诉讼标的之关系,就有独立请求权人提出何种权利主张才能成为“有独立请求权”分析得出,参加之诉与本诉的牵连关系表现为,独立请求是以本诉的原被告双方当事人争议的法律关系,或与该法律关系具有牵连的其他法律关系为请求对象。为对这种牵连性有一个直观性的认识,以下结合实践上的四种情形具体分析。

其一,本诉与参加之诉针对相同的标的物,诉讼标的也相同,但权利主张相互排斥。可假设这种程序场景为,第三人基于物上请求权对本诉当事人间争议的标的物主张所有权,即第三人的诉讼主张与本诉的原被告分别发生冲突。例如,甲、乙都为A房屋的占有人,两人对A房屋的所有权归属问题引发争议,甲诉至法院请求确认他为A房屋的所有权人,乙抗辩称其为A房屋的所有权人,并提起反诉。丙知悉本诉情况后,以甲、乙为被告起诉继而参加他们

之间的诉讼，并主张其对 A 房屋享有所有权。在本例中，甲和乙基于所有权法律关系对 A 房屋的所有权发生争议，丙认为自己才享有 A 房屋的所有权，因而对既存的诉讼标的提出——独立请求权。而在同一物上不能同时存在两个或两个以上的所有权，甲、乙及丙之间的权利主张相互对立，即法院确认其中一人的权利主张，必会否定另外其他人的权利主张，由此，丙就获得了“有独立请求权的第三人”之诉讼地位。

但是，此种情形下需要注意有独立请求权第三人与必要共同诉讼人的区别。对同一诉讼标的发生争执的，我国民诉法学界通常认为须提起必要共同诉讼，而不能提起第三人之诉。比如，有部分继承人对遗产分割发生纠纷诉诸法院，其他继承人要参加诉讼，但是，其主张与前诉继承人所提起诉讼的主张并不一定相同。司法实践中把后诉的继承人列为有独立请求权第三人，被多数学者反对，因为这些学者主张后诉的继承人为共同诉讼人而并非第三人。[1]实际上，到底是共同诉讼人还是有独立请求权第三人，不能仅审查他们之间争议的诉讼标的是否共同，还应根据他们所诉的利益来判断，即看先诉的原告的请求内容是否与后诉的原告的诉讼请求相冲突，以此来确定后诉的人是共同诉讼人还是有独立请求权第三人。在上述继承案例中，如果是遗嘱继承，各个继承人的继承份额已经确定，诉诸法院的二原告请求对于所有的房产都要求继承，必然与后来参加诉讼的第三人的利益发生冲突，从而使后来参加诉讼的第三人不能同已开始的诉讼中的原告或被告任何一方结合成为共同诉讼人。这种情况下应允许该第三人以有独立请求权的第三人的身份对本诉的原被告提起参加之诉来维护其合法权益。所以，即使后来参加诉讼的人与本诉原告、被告有共同的诉讼标的，也不一定就形成共同诉讼。决定后来参加诉讼的人是共同诉讼人还是第三人，既要看诉讼标的是不是共同的，也要看本诉原告的请求是否和第三人的请求发生利益冲突。

其二，本诉与参加之诉针对相同的标的物，但两诉的诉讼标的不同，从而作为两诉的诉讼标的内容的权利义务在行使与承担上将产生直接影响。这种

---

〔1〕 参见刘家兴：《对运用共同诉讼制度几个问题的认识》，载《中国法学》1984 年第 4 期；张晋红、易萍：《有独立请求权的第三人与必要共同原告的界限及其认定》，载《法商研究》1996 年第 5 期；杨荣新主编：《民事诉讼法学》，中国政法大学出版社 1997 年版，第 122 页。

程序场景可假设为，针对同一标的物，本诉所争议的法律关系与参加之诉争议的法律关系不同，但其中一个法律关系内容的权利义务行使对另一法律关系内容的权利义务的实现产生直接影响。例如，法定继承人甲、乙之间因被继承人四间房屋遗产分割发生争议，并诉诸法院，丙起诉继而参加甲、乙之间的诉讼，并主张被继承人生前已将四间房屋出卖给自己，并有证据为凭，要求法院保护其对房屋的所有权。在本例中，本诉与参加之诉均是对四间房屋发生争议，本诉为法定继承法律关系，参加之诉为所有权确认法律关系，因而两诉的诉讼标的不相同，但第三人对原告和被告提起不同的诉讼主张，从而其中一个诉讼标的内容的权利义务行使将会影响另一作为诉讼标的内容的权利义务的实现，丙为排除甲、乙之间的诉讼对自己实体权利造成侵犯，而以有独立请求权人身份参加甲、乙之间正在进行的诉讼程序。在这种情形下，本诉与参加之诉也具有牵连关系，案外第三人对本诉双方当事人所争议的诉讼标的有独立请求权，进而应当以有独立请求权第三人的诉讼地位参加正在进行的诉讼。

其三，本诉与参加之诉针对相同的标的物，诉讼标的为同一种类，但所基于的实体法请求权相互排斥。可假设这种程序场景为，同一物上可同时存在多项可相容的他物权，但先成立的他物权会优先于后成立的他物权实现，因而先物权的实现会发生后物权的消灭或自然排除后物权的效果。例如，A 以土地使用权为抵押向 B 银行贷款，A 在贷款到期后没有向 B 银行还款。后 A 再以同一土地使用权为抵押，向 C 银行贷款，贷款到期后也没有向 C 银行还款，C 银行诉至法院，请求拍卖该土地使用权。B 银行得知 C 银行起诉 A，遂参加诉讼，请求确认其抵押权成立在先，应当优先受偿其贷款。在本案中，B 银行的抵押权先于 C 银行成立，所以具有优先于 C 银行抵押权的效力，这样，实现 C 银行的抵押权会对 B 银行抵押权的实现形成障碍，故 B 银行作为有独立请求权第三人加入本诉程序，并请求排除或消灭 C 银行的抵押权，以保护其在先成立的抵押权。需要注意的是，如果第三人所提起的参加之诉与正在进行的诉的诉讼标的为同一种类，且都针对同一标的物，但所基于的实体请求权为债权请求权，如一物数卖的现象，则因各债权相互之间具有相容性和平等性，因而，在效力的发生上不存在先后顺序。在这种情形下，尽管两诉的诉讼结果上可能会相互影响，但其为两个相互独立的诉，该第三人不能以有独立请求权第三人的身份提起参加之诉。

其四,本诉的诉讼结果会侵害第三人的合法权利,即出现诉讼诈害情形时,应允许案外第三人以有独立请求权第三人的身份参加诉讼。根据《民事诉讼法》第56条的规定,有独立请求权第三人提起的诉讼参加仅限于其对业已进行的诉的诉讼标的有独立请求权,而不包括诈害诉讼防止参加。不过,现行民事诉讼法引入"第三人撤销之诉"后,更多的学者主张应充分利用有独立请求权第三人诉讼参加制度来对虚假诉讼的受害人进行救济。这种主张的理由在于,由于虚假诉讼的受害人在事后能作为第三人对经虚假诉讼形成的裁判结果提起撤销之诉,那么也应当期待该主体在诉讼进行的阶段通过申请参加进来,以便其在事前就能防止诉讼诈害结果的发生。[1] 例如,甲为逃避对乙负有的债务而与丙相互图谋串通,由丙起诉请求甲返还其占有的多项财产,事实上这些财产为甲所有,且甲在诉讼中自认这些财产为丙所有,从而达到利用法院裁判将属于自己的财产非法地转移给丙的目的。于是,乙为自身债权免受甲、丙之诉讼结果的侵害,遂参加甲、丙之间的诉讼,并请求法院确认甲、丙之间不存在该债权。在本例中,尽管乙对甲、丙之间争议的财产不享有实体法上的权利,但甲、丙之间的诉讼结果会导致甲对乙偿债能力的大大降低甚至丧失,乙为避免本诉的诉讼结果损害自身债权的实现,故乙作为有独立请求权第三人提起参加之诉,请求法院保护其合法利益,以遏制诈害诉讼行为。

(二)有独立请求权第三人二审参加诉讼的问题

在司法实践上,由于诉讼信息的不对称或原被告有意隐瞒真实案情,有独立请求权第三人未能参加一审诉讼程序的情形常有发生。在此情形下,未参加一审诉讼程序的有独立请求权第三人能否直接参加二审程序,司法实践的处理方式未能达成共识,这种差异主要表现在:(1)告知有独立请求权第三人对二审中提出的诉求另行起诉;(2)组织当事人就有独立请求权第三人在二审中提出的诉求进行调解,调解不成的,告知有独立请求权第三人另行起诉;(3)撤销原判裁判,将案件发回重审。前两种处理方式是将潜在的三面诉讼结构转换为传统的二面诉讼结构,这本身并没有违反诉讼法理。[2] 但该处理方式让有独立请求权第三人再行起诉,无疑会增加诉讼的复杂程度,且前诉所查

---

[1] 参见王亚新:《第三人参与诉讼的制度框架与程序操作》,载《当代法学》2015年第2期。
[2] 参见肖建国、刘东:《民事二审程序中的第三人问题》,载《国家检察官学院学报》2014年第5期。

明的事实或判决结果有可能在裁判上和裁判外对有独立请求权第三人造成事实上的不利,更成为问题的是,对相互牵连的两个诉分处不同的程序审理,会有发生矛盾判决的危险。

有独立请求权第三人在第一审诉讼程序中未能诉讼参加,而在本诉进入第二审诉讼程序中才提起诉讼参加,此情形下是否应当允许其直接参加二审程序呢？对此问题学界也尚存争论。我们认为在理论上有独立请求权第三人具有原告的诉讼地位,故应当允许未参加一审程序的有独立请求权第三人直接在二审程序中提起诉求,从而使两个诉求在同一程序内审理,避免分离于两个诉讼程序而发生矛盾裁判的危险。然而,允许有独立请求权第三人在二审程序中直接参加诉讼的做法存在一个难以克服的难题,即此时适用的是第二审诉讼程序,而参加之诉本应适用第一审诉讼程序,这将会使参加之诉的当事人不能对生效判决提起上诉,从而无法保障当事人的审级利益。事实上,解决此问题的方法,《民事诉讼法解释》第 327 条规定,必须参加诉讼的当事人或者有独立请求权的第三人,在第一审程序中未参加诉讼,第二审人民法院可以根据当事人自愿的原则予以调解;调解不成的,发回重审。据此,对未参加一审程序而直接要求参加二审诉讼的有独立请求权第三人,人民法院在二审程序中依自愿原则将“本诉”与“参加之诉”一并予以调解结案。如果当事人不愿调解或经调解未能达成协议,二审法院为保证第三人的审级利益应当撤销原判,并发回原审法院重审。但是,有独立请求权第三人在重审时为当然的诉讼参加人,无须另行申请参加诉讼。

(三)有独立请求权第三人能否提起反诉的问题

根据《民事诉讼法》第 51 条的规定,原告可以放弃或者变更诉讼请求,被告可对原告的诉求予以承认或反驳,也有权提起反诉。由此可知,民事诉讼中的反诉与起诉均是为保护自己的合法权益而提起诉讼请求。具体而言,反诉是本诉的被告在诉讼过程中向本诉的原告所提出的与本诉有一定联系的、又便于法院合并审理的独立诉求。由此,提起民事诉讼的反诉须具备两个条件:一是反诉是本诉的被告向本诉的原告提起诉讼请求;二是本诉被告提出的反诉请求要同原诉相牵连,从而能使其合并审理。就有独立请求权第三人提起诉讼参加而言,有独立请求权第三人之所以能提起诉讼参加是因为,其认为对本诉争议的诉讼标的有独立请求权,从而以独立的实体权利人资格对本诉原被告提起参加之诉,在这其中,尽管本诉与参加之诉分属两个独立的诉,但彼此争执的焦点、相互之间的请求和案件的结局是不可分割的。

民事诉讼法学界对有独立请求权第三人能否提起反诉的问题尚存分歧,有观点认为有独立请求权第三人在诉讼中为原告,那么其只对别人提起诉讼,别人不能以其为被告提起诉讼;[1]还有观点主张正是由于有独立请求权第三人处于原告的诉讼地位,那么作为被告的本诉的原告被告双方当事人才可能而且应当对其提起反诉。只有这样才能满足诉讼当事人间权利平等原则的要求,又有助于查清案件事实的真相,从而作出公正的裁判。[2] 因此,本书主张本诉中的原告被告双方当事人可以分别或者同时对其提起反诉,那种认为"有独立请求权的第三人只能处于原告的诉讼地位对他人提起诉讼,而不允许他人在诉讼中对其提起反诉"的主张是错误的。因为这不符合诉讼当事人权利平等原则的要求,最终也不利于保护当事人的合法权益。这样,有独立请求权的第三人既可以以原告的诉讼地位出现,在诉讼条件变化的情形下,也可能成为本诉的原被告所提起反诉的被告。

三、我国有独立请求权第三人制度的适用

有独立请求权第三人制度通过将业已进行的本诉与有独立请求权第三人所提起的参加之诉合并审理,一并解决有相互牵连关系的纠纷,这既能实现纠纷一次性根本解决,提高诉讼效率,又能防范诉讼诈害行为的发生。在有独立请求权第三人诉讼参加中,实体上具有牵连关系的本诉与参加之诉交织在一起,相互之间的请求权基础又存有内在的关联,这对该制度的理解造成了一定程度的困难。现行民事诉讼立法上对有独立请求权第三人制度的规定过于抽象,这在司法实践中造成了对参加之诉与本诉之间存在的关系尚未有清晰的认识、对有独立请求权第三人参加诉讼根据的理解过于狭窄以及对各方诉讼当事人之间的诉讼关系的把握不准确等问题。为充分发挥该制度的应有功能,维护当事人各方的合法权益,这就需要我们对有独立请求权第三人制度的理解与适用重新进行检视。

---

〔1〕 参见刘家兴:《对运用共同诉讼制度几个问题的认识》,载《中国法学》1984年第4期。

〔2〕 参见肖胜善、薛林:《论民事诉讼中的第三人》,载《新疆社会科学》1984年第4期。

(一)有独立请求权第三人诉讼参加的程序规范缺失

关于有独立请求权第三人诉讼参加的程序规范,现行有独立请求权第三人制度规定较为粗陋,对有独立请求权第三人参加诉讼的具体方式,现行制度也没有作出明确规定,且民事诉讼法学界对此尚存分歧。这种分歧可具体表现为,法院是否可依职权追加有独立请求权第三人参加诉讼?有观点认为,基于民事诉讼处分原则的要求,既然有独立请求权第三人对本诉双方当事人争议的诉讼标的拥有独立请求权,其是否提起参加之诉应由其自主决定。如果有独立请求权第三人未主动提起诉讼参加,即使是他对已经进行的诉讼不知情而未参加本诉程序,法院也不应主动通知其参加诉讼。[1] 另一种观点主张,尽管有独立请求权第三人对是否参加本诉程序具有自主决定权,但若其对业已进行的本诉程序不知情,法院应将已经进行的诉讼情况通知有独立请求权第三人,但不得依职权追加其参加诉讼。[2] 还有观点认为,为防止有独立请求权第三人就牵连关系的诉另行起诉,从而造成司法资源浪费,发生矛盾判决,或后诉判决无法执行的后果,法院应依职权追加有独立请求权第三人到本诉程序中来,从而使相关联的纠纷合并在同一程序内一并解决,又能提高诉讼效率。若被追加的有独立请求权第三人无正当理由拒不到庭,法院可缺席判决。[3] 上述观点主张基于不同的诉讼价值理念和立场,对有独立请求权第三人诉讼参加的方式有不同的认识,而这种不同的认识关系有独立请求权第三人能否以及以什么方式参加本诉程序,从而会影响对有独立请求权第三人程序和实体权利的保障和实现,也将影响民事诉讼纠纷解决的实效性,甚至也会影响国家、集体和他人合法权益的保护。因此,我国民事诉讼上须对有独立请求权第三人参加诉讼的方式作出明确的回答。

(二)参加之诉中被告身份类型的单一

从传统诉讼结构来看,民事诉讼是以解决对立的双方当事人之间的纠纷

---

〔1〕 参见肖胜善、薛林:《论民事诉讼中的第三人》,载《新疆社会科学》1984 年第 4 期。

〔2〕 参见唐力:《论民事诉讼中的第三人》,载《西南政法大学学报》2000 年第 2 期;张娜、杨国香:《有独立请求权第三人的诉讼权利保护》,载《人民司法》2015 年第 8 期;张晋红、易萍:《有独立请求权的第三人与必要共同原告的界限及其认定》,载《法商研究》1996 年第 5 期。

〔3〕 参见彭士翔:《正确适用民事诉讼法中第三人参加诉讼的规定》,载《法学评论》1985 年第 3 期;林义全:《民事诉讼中的第三人》,载《西南民族学院学报》(哲学社会科学版)1995 年第 1 期。

为目的,因而,民事诉讼是以原告与被告相互对立的当事人基本结构为原则。在有独立请求权第三人所提起的参加之诉中,关于参加之诉中被告身份的确定问题,我国民事诉讼立法上没有作出明确规定。但理论界和司法实务界普遍认为要将本诉的原告和被告双方作为被告,[1]而不允许其分别起诉或只起诉当事人双方中的其中一方。简言之,有独立请求权第三人参加诉讼后同本诉当事人之间形成二面诉讼的结构,即以第三人为一方,以本诉的原被告为另一方,当事人双方相互对立。主张这种观点的原因是有独立请求权第三人对本诉原被告双方当事人争议的诉讼标的享有独立请求权,那么本诉双方当事人中的任何一方当事人胜诉,都对其产生不利的结果。而在司法实践中,根据有独立请求权第三人在参加之诉中所提起的诉讼请求的利益关系不同,有独立请求权第三人可能只与本诉的一方当事人存在民事权利义务关系的争议,而与本诉的另一方当事人没有直接冲突;或者有独立请求权第三人,本诉原告、被告三者之间均存在不同的争议,三者的权利主张互不相容。在此意义上,这时诉讼结构会呈现以下两种情况:一种是有独立请求权第三人—原告或被告;另一种是原告—被告,有独立请求权第三人—原告,有独立请求权第三人—被告。例如,甲对乙提起请求返还房屋 A 之诉,乙主张对该房屋拥有租赁权的合法占有情形,在诉讼系属中,丙对甲提起确认房屋 A 的所有权之诉,并承认乙对该房屋的合法占有。此时,丙只与甲存在利害对立关系,而丙与乙没有直接冲突对立关系。在此情形下,若有独立请求权第三人将本诉的原、被告都作为被告起诉,既与诉讼程序基本构造的特征不相吻合,也会加重与第三人没有利害关系的一方当事人的诉讼负担。由此,只允许有独立请求权第三人以一并起诉本诉的原被告的方式来行使自己享有的诉权,则没有反映出有独立请求权第三人诉权享有的真实情况,也不能尊重其对诉权行使的自由,从而有独立请求权第三人制度的预设功能也不能得到充分发挥。

(三)有独立请求权第三人诉讼参加形态的缺失

司法实践上双方当事人通过合谋串通,虚构法律关系或法律事实,利用诉讼形式对第三人实施诉讼欺诈行为,从而达到侵害第三人合法权益和谋取非法利益的现象并不鲜见。而现行民事诉讼法规定的有独立请求权第三人诉讼

---

[1] 参见江伟主编:《民事诉讼法》,高等教育出版社 2014 年版,第 132 页。

参加的根据是其对本诉双方当事人争议的诉讼标的有独立请求权，而没有将“诉讼欺诈参加”作为第三人诉讼参加的根据，从而将现实中存在的因诉讼当事人双方虚假诉讼而致使实体法上权利受到侵害的案外第三人被排除在有独立请求权第三人诉讼参加的范围外。因而，对于原被告在诉讼中实施了诈害第三人利益之行为，第三人不是有独立请求权的第三人，则不能事先进入正在进行的诉讼程序中对原诉讼标的提起独立的诉讼请求，以致不能有效对抗损害其利益之诈害诉讼行为，这显然不符合程序正义理念，也严重损害了司法尊严。因此，为加强对第三人合法权益的保护，我国民事诉讼上除“对于他人之间的诉讼标的拥有独立的请求权”这种诉讼参加的基本形态外，还应当增加“他人之间出于非法目的而进行诉讼的裁判结果会致使其合法利益受到侵害”为有独立请求权第三人诉讼参加的根据。〔1〕

四、完善我国有独立请求权第三人制度的立法建议

综上所述，民事诉讼超越了原告与被告两方对立的诉讼格局，通过借助有独立请求权第三人制度将对他人争议的诉讼标的有独立请求权的第三人引入诉讼，有助于全面查明案件事实，扩大诉讼解决纠纷的能力，达到诉讼经济的目标。我国民事诉讼有独立请求权第三人制度是以现行民事诉讼法中的相关规定为核心，并辅之以有关司法解释构建的。但是，随着民事诉讼司法实践的不断发展，民事诉讼理论研究的不断深入，现行的有独立请求权第三人制度本身有内容缺失及内涵错位等不完善之处，这已不能充分满足司法实践中对有独立请求权第三人合法权益保护的要求。由此，对有独立请求权第三人制度加以系统的科学解释，有针对性地提出完善我国有独立请求权的第三人制度的一些建议和措施，才能不断完善和丰富我国民事诉讼有独立请求权第三人制度。

（一）增加有独立请求权第三人诉讼参加的方式

关于有独立请求权第三人参加诉讼的方式，现行有独立请求权第三人制度没有作出明确规定，民事诉讼上对法院是否可依职权将其引入诉讼尚有争议，因而，理论上需要对此作进一步分析，以完善有独立请求权第三人诉讼参

---

〔1〕 参见肖建华：《主参加诉讼的诈害防止功能》，载《法学杂志》2000 年第 5 期。

加的程序机制。有独立请求权第三人在理论上具有原告的诉讼地位,根据民事诉讼处分原则,有独立请求权的第三人有权自主决定是主动参加正在进行的诉讼,或是再行起诉,又或是放弃实体权利主张,不提出任何请求,而法院不得主动依职权强制有独立请求权第三人参加已经开始的本诉程序。此外,如果有独立请求权第三人因不知道本诉已经开始的情况而没有诉讼参加,而将来又有可能就牵连关系的诉再行提起诉讼,这不仅可能侵害第三人的合法权益,也会浪费有限的司法资源,甚至可能造成后诉判决无法执行的后果。在此情形下,为保障有独立请求权第三人的合法权益,人民法院可告知其发生诉讼的情况,并说明其可以参加诉讼,以使相关纠纷合并在同一程序内一并解决。至于有独立请求权第三人是否参加本诉程序由其自主决定,如果其明确表示放弃诉讼权利,又不存在损害国家利益、集体利益或他人利益的情形,则不必追加其为诉讼当事人。

(二)增设参加之诉的被告身份类型

坚持传统二面诉讼结构的观点认为,有独立请求权第三人所提起的参加之诉必然以本来无共同权利义务关系的本诉双方当事人为共同被告,且本诉双方当事人为了维护自己的合法利益,也必然会共同对付有独立请求权第三人。但是,由于二面诉讼不能很确切地解释有独立请求权第三人与本诉原被告当事人分别形成相互对立的关系,我国学者对传统有独立请求权第三人参加诉讼后本诉的双方当事人成为参加诉讼的共同被告的观念进行了批判和反思,并开始转向承认三面诉讼结构的合理性,这体现了对诉讼当事人结构认识的深化和对当事人主体诉讼地位的尊重。三面诉讼结构说认为三方诉讼是诉的合并审理,在诉讼的合并中,出现了本诉的原告与被告的对立面、有独立请求权第三人分别同本诉的原告和被告形成对立面等三个对立面。[1] 与二面诉讼结构关注本诉当事人双方的利益对立相比,三面诉讼结构说并不更为重视第三人与本诉原被告利益的对立,而是将第三人与本诉中的原被告置于同等地位,强调的是三方当事人利益的相互独立和相互对立。[2] 三面诉讼学说主

---

〔1〕 参见刘家兴主编:《新中国民事程序理论与适用》,中国检察出版社 1997 年版,第 172 页;杨荣新主编:《民事诉讼法学》,中国政法大学出版社 1997 年版,第 172 ~ 173 页。

〔2〕 参见刘家兴主编:《民事诉讼法学教程》,北京大学出版社 1994 年版,第 161 页。

要特点是从扩大司法解决纠纷的机能出发,把第三人与本诉原被告当事人的争执、本诉当事人之间的争执在一个纠纷的解决过程中不分主次地同等看待,通过一个诉讼程序一并解决。这表明,在司法实践中,有独立请求权第三人诉讼参加的动机千差万别,即其诉讼参加既可能形成双方对抗的二面诉讼结构,也可能形成三方对立的三面诉讼结构。因此,第三人参加是形成二面诉讼或是三面诉讼,要依个案的具体情况以及不同的实体法律关系争议的特点、诉讼当事人的处分权等情况而决定。不可能以共同诉讼一个模式来处理第三人参加之诉,也不可能以三面诉讼结构来分析所有的第三人诉讼参加的结构。[1]

(三)完善有独立请求权第三人诉讼参加的形态

现行民事诉讼立法所规定的有独立请求权第三人诉讼参加的根据仅限于对他人之间争议的诉讼标的有独立请求权,而在司法实践中,诉讼当事人双方为获得不正当利益,通过虚假诉讼的方式使法院作出实质错误的裁判,从而侵害第三人的合法权益,并损害司法公信力。我国先前的民事实体法律、法规并没有规定债权人可以撤销债务人同他人之间的法律行为的效力,从而第三人防止他人之间的恶意串通侵害债权的行为在实体法上也尚未得到承认,对民事实体法亦步亦趋的民事诉讼法更没有承认第三人提起诈害防止诉讼。但是,《民法典》承认了形成权人有对他人之间的法律行为的撤销权,[2]在此情形下,若民事诉讼上的有独立请求权第三人制度还囿于对他人争议的诉讼标的有独立请求权才是其诉讼参加的根据,那么以虚假诉讼的方式达到转移财产的目的将不能得到有效的矫正,这将使保护相关债权人合法权益的目的落空。事实上,除行使民法上的权利可以产生独立的诉讼请求权外,诉讼法上也可以赋予符合一定诉讼要件的案外人第三人加入本诉,成为有独立请求权的第三人。德国、日本的民事诉讼法和我国台湾地区民事诉讼相关规范均规定,由于他人诉讼的结果而使自己权利受到损害的案外人,可以独立诉讼参加,这就是诈害防止参加。在此意义上,民事诉讼法不能给滥用程序、恶意规避法律的人留下这么大的漏洞,我国有独立请求权第三人制度应扩大有独立请求权第三

---

〔1〕 参见肖建华:《民事诉讼当事人制度研究》,中国政法大学出版社 2002 年版,第 293 ~ 294 页。

〔2〕《民法典》第 538 条规定:债务人以放弃其债权、放弃债权担保、无偿转让财产等方式无偿处分财产权益,或者恶意延长其到期债权的履行期限,影响债权人的债权实现的,债权人可以请求人民法院撤销债务人的行为。

人诉讼参加的范围，除对双方当事人争议的诉讼标的有独立请求权外，还应增设诈害诉讼防止的参加根据，即将因他人的诉讼结果而使自己的权利受到侵害也作为有独立请求权第三人提起参加之诉的根据。

五、无独立请求权第三人的内涵、诉讼地位和制度功能

（一）无独立请求权第三人的内涵

无独立请求权第三人制度相对应于有独立请求权第三人制度，[1]是另一种由第三人参加本诉讼而形成的“三方结构”诉讼形态。无独立请求权第三人是指虽然对本诉讼原被告间的诉讼标的关系不存在独立请求权，但由于案件的处理结果与其有法律上的利害关系，为了维护自己的合法利益而参与本诉讼的人。

无独立请求权第三人参加诉讼的依据在于虽然无独立请求权，但“案件的处理结果与他有法律上的利害关系”，通过第三人，本诉原告、被告的申请或法院的通知而加入他人已经开始的诉讼之中。理论上，对于何为“法律上的利害关系”尚有一定争议，有学者主张法律上的利害关系限于第三人与本诉被告间的实体义务关系。[2] 也有学者主张法律上的利害关系应该有权利、义务以及权利兼义务三种关系，对应的无独立请求权第三人的类型可分为“义务型”、“权利型”与“权利兼义务型”无独立请求权第三人。[3] 但是，没有争议的是在实践中以“义务型”法律关系居多，因为如果第三人对本诉讼一方当事人享有权利，那么他就具有独立请求权，一般可以原告或有独立请求权第三人的身份提出独立的诉讼请求。而且，法院之所以把没有独立请求权的案外人引入诉讼中，通常也是为了将被告对原告的全部或部分义务转移给第三人。

（二）无独立请求权第三人的诉讼地位

对于无独立请求权第三人在诉讼中的诉讼地位，我国民事诉讼理论界一直存在分歧。分歧的主要根源在于我国民事诉讼法对无独立请求权第三人制

[1] 《民事诉讼法》第56条第2款规定：“对当事人双方的诉讼标的，第三人虽然没有独立请求权，但案件处理结果同他有法律上的利害关系的，可以申请参加诉讼，或者由人民法院通知他参加诉讼。人民法院判决承担民事责任的第三人，有当事人的诉讼权利义务。”

[2] 参见董国庆、易斌：《无独立请求权第三人若干问题探微》，载《人民司法》2006年第8期。

[3] 参见王亚新：《第三人参与诉讼的制度框架与程序操作》，载《当代法学》2015年第2期。

度的矛盾规定:一方面,我国《民事诉讼法》在第五章的“当事人”一节下规定了无独立请求权第三人,显然是将无独立请求权第三人作为当事人的一种对待;另一方面,又同时规定,无独立请求权第三人只有被判决承担民事责任的情况下才享有独立当事人的诉讼权利和义务。对此,理论界存在四种不同的观点:其一认为,无独立请求权第三人不是诉讼当事人,是一种当事人之外的特别诉讼参加人;其二认为,是一种独立当事人,依法享有当事人权利和义务;其三认为,只能是一种被告型第三人;其四认为,是一种以判决承担民事责任为条件的附条件当事人。无论哪一种观点,都可以在现行立法中找到依据,也都存在不同的矛盾。但可以肯定的是,我国现行立法下的无独立请求权第三人,并不具有通常意义诉讼当事人的完整诉讼权利。

一般认为,法院对当事人的法律关系进行审理并作出具有约束力的判决的正当性基础在于赋予了双方当事人足够的程序保障,当事人可以在程序中进行充分的诉讼攻击和防御,穷尽其主张抗辩和举证。无独立请求权第三人因与本诉讼一方当事人之间具有同本案相关的法律关系,与本案的审理结果有利害关系,为了维护自己的利益进入本诉讼。一方面,在无独立请求权第三人与本诉讼被告处于对立关系的情形中,法院要将无独立请求权第三人与本诉讼当事人的实体法律关系合一审理,并使其受判决约束乃至判决承担民事责任,那么就应该赋予其以独立当事人地位进行辩论、举证的资格。但我国民事诉讼法规定无独立请求权第三人的作用只在于辅助一方当事人。无独立请求权第三人在诉讼中不具有独立的诉讼地位,其主张必须从属于一方当事人的主张,无法在本诉讼中作出自由、独立的诉讼行为,就缺乏判决其担责的正当性基础。

另一方面,若第三人未被判决承担民事责任,而被告又在本诉讼中败诉,这种情况下本诉被告与无独立请求权第三人之间就有可能在本诉讼之后重新发生另外一个诉讼,并且两个诉讼之间并没有必然的联系,以前的诉讼努力在后诉中并无意义。尤其是在前诉讼法院依职权通知第三人参诉的情况下,该第三人被迫因为同一争议进行了两次诉讼,本诉被告的纠纷也无法在一个程序中一次解决,既对无独立请求权第三人不公平,也不符诉讼经济的要求。

根据《民事诉讼法解释》第 82 条的规定,只有被判决承担民事责任的无独立请求权第三人才有权提起上诉。但是,在判决未送达以前,第三人无从知道是否被判承担责任,其诉讼法律地位处于不确定状态。第三人在一审程序中只能消极观望,等待判决后才能确定是否获得当事人的资格,其在一审中的诉讼权利将无法获得保障。与立法规定对应,在司法实践中法院会根据是否要判定第三人承担责任而区分处理是否审查原被告以外的其他民事法律关系。无独立请求权第三人与本诉讼原告、被告之间的法律关系要作为审理对象被裁判,无独立请求权第三人却又被限制起诉权、上诉权;无独立请求权第三人之诉被法官作为一个诉合并到既有诉讼中予以审理,也存在缺乏程序保障的问题。

我国民事诉讼法确立的无独立请求权第三人制度,一方面规定需要根据一审的结果决定是否赋予第三人独立当事人地位,另一方面又确定了第三人在一审程序中辅助本诉讼当事人的地位,无独立请求权第三人的审级利益被法律所忽略。所以就应该把两种互相矛盾的第三人地位分开来进行讨论:(1)辅助参加人,为了自己的利益,纯粹作为本诉讼一方当事人的辅助者帮助其诉讼攻击和防御,并不享有实体权利,法院也不能判决其承担义务;(2)准独立请求权的第三人,具有完全的当事人地位,可以在诉讼中提出权利主张,进行独立的诉讼攻击和防御,也可以承担实体责任。在诉讼一开始,就应当确定其地位,是属于辅助参加人,或者准独立请求权的第三人。前者可以与大陆法系的辅助参加制度,后者可以与美国的第三人之诉来比较和分析。

(三)无独立请求权第三人的制度功能

无独立请求权第三人的制度功能和意义,可以分为程序法和实体法两个方面。在程序法方面,案外人如果与一个诉讼中当事人争议的诉讼标的有牵连关系,那么法院针对本案所作出的判决难免会影响该案外人法律上的利益。让具有牵连关系的案外人进入诉讼,为其提供足够的程序保障是使该案外人受判决拘束的正当性基础;同时,法院把具有牵连关系的案外人引进诉讼,赋予其陈述、抗辩和举证的权利,可以获得更丰富和全面的诉讼资料,有助于案件事实的查明,同时又能一次性解决多个当事人之间的民事纠纷,避免同法院或不同法院对相关的争议作出相互冲突的裁判。在实体法方面,无独立请求权第三人制度具有弥补合同相对性缺陷的功能。作为我国合同立法的原则,合同相对性原则要求只有合同的一方当事人才能够向另一方提出有关合同的诉讼,即使是因为合同以外第三人的原因造成债务人不能履行债务,在无其他免责事由的情况下,债务人仍应向债权人承担责任,债权人也不能向该第三人提起侵害债权之诉。而根据我国民事诉讼法的规定,在无独立请求权第三人的诉讼中,法院可以直接判决其承担民事责任,这样就赋予了债权人在发生债权侵害的情况下让第三人直接对自己承担民事责任的权利,通过司法程序修正弥补了合同相对性的缺陷。[1]

六、无独立请求权第三人诉讼参加的司法实践

无独立请求权第三人制度作为第三人制度中的另一项重要制度,自 1982 年《民事诉讼法》颁布以来,在实践中被广泛应用,取得了不俗的司法实效。但无独立请求权第三人诉讼参加的情况十分复杂,牵涉多方主体利益,存在许多问题亟须解决。无独立请求权第三人权责不一致与诉讼平等的尖锐矛盾在理论上未达成妥善的解决共识,在实践中也因制度规范简陋、程序操作标准缺失、地方因素干扰等多方面的原因引发了诸多问题。因此,在展开对无独立请求权第三人制度的问题探讨前,有必要先对无独立请求权第三人诉讼参加的司法实践状况予以考察。

党的十八大以来,裁判文书上网作为司法公开的重要一环被大力推进,最高人民法院、高级人民法院和中级人民法院以及基层人民法院生效裁判文书都须上网公布,在增强司法透明度、强化监督和防止司法权滥用的同时,也提供了十分宝贵的司法信息数据。为了更为直观和真实地反映我国无独立请求权第三人制度的司法实践情况,以下以中国裁判文书网公布的司法案例进行分析。在中国裁判文书网以“无独立请求权第三人”为关键词,并反向排除“第三人撤销之诉”等干扰信息后检索得到 2026 份案例,[2] 这些案例年份主要集中在 2013 年以后,以其作为样本足以较全面地反映我国近年司法实践中无独立请求权第三人制度的适用情况。

第一,在诉讼的类型方面,可以发现绝大部分的无独立请求权第三人相关案例为合同纠纷,以“合同”为关键词可筛选出 1516 份案例,除此之外则主要为物权纠纷和公司相关诉讼。这也侧面印证了无独立请求权第三人制度在实

[1] 参见肖建华:《民事诉讼当事人研究》,中国政法大学出版社 2002 年版,第 263 ~ 267 页、第 276 ~ 284 页。

[2] 中国裁判文书网:http://wenshu.court.gov.cn/,最后访问日期:2018 年 8 月 30 日。

践中发挥的合同相对性缺陷的弥补功能。

第二,在诉讼参与的情况和原因方面,司法实践中无独立请求权第三人大部分是通过法院依职权追加而进入本诉,主动申请加入他人诉讼的较少,这也符合人们的通常认知。而进入他人诉讼后,无独立请求权第三人多会选择出庭参加诉讼,大约占比80%,但到庭后仅三成左右的第三人发表了独立意见。参加诉讼的原因类型多种多样,样本案例以及已有研究显示,主要的参诉原因有"第三人为涉诉合同责任主体""对第三人权利义务的认定是案件审理的前提或案件审理结果对第三人后续权利有直接影响""第三人参与争议法律关系而需要作为查明事实的对象"等。[1]

第三,在案件审理结果方面,一审结案的有887份,二审结案的有1028份,上诉率达54.0%,明显超过同期的整体民事案件13.2%的上诉率,更远高于无独立请求权第三人诉讼占比最高的合同纠纷案件上诉率11.1%。[2] 其中,一审以实体判决结案的有811份,占比超过91%;二审以实体判决结案的有851件,占比超过82%(如表4所示)。由此可以推见,绝大部分无独立请求权第三人参与的诉讼都经过了实体审理。

表4 无独立请求权第三人诉讼案件审判情况 (单位:件)

审判情况	判决	裁定	总数
一审	811	76	887
二审	851	177	1028
再审	86	25	111

第四,对二审结案的1028份案例进一步以"原审/一审第三人"为关键词筛选得出707份结果作为"一审无独立请求权第三人进入二审"的有效样本,依次增加"上诉人(原审/一审第三人)"和"被上诉人(原审/一审第三人)"等检索条件后,得出有279份无独立请求权第三人上诉的案例结果,占比39.5%。

---

〔1〕 参见冯莹、张雅霖:《法院追加无独立请求权第三人参诉的界限与思路探析》,载胡云腾主编:《法院改革与民商事审判问题研究——全国法院第29届学术讨论会获奖论文集》,人民法院出版社2018年版,第469页。

〔2〕 截至2018年8月30日,在所有已经上网的24,367,811件一审、二审民事案件中,二审案件为3,215,703件,整体上诉率为13.2%;其中,合同纠纷一审案件数为13,892,611件,二审案件数为1,740,349,上诉率为11.1%。

考虑只有被一审法院判决承担责任的无独立请求权第三人才享有上诉权，司法实践中无独立请求权第三人在诉讼中被判决承担责任的情况也就可以窥豹一斑了。

七、我国无独立请求权第三人制度的问题检视

从上述的分析可见，我国无独立请求权第三人制度无论在立法规范还是司法实践中都存在诸多不足，大量细节问题都被忽视，存在一些漏洞和冲突，在理论和实践中都有不少问题亟须重视和纠正。

（一）第三人诉讼参与方式与诉讼原理相矛盾

通常而言，一个当事人参加诉讼的方式应该是基于起诉或被诉。法院须遵循“不告不理”的基本原则，在诉讼系属之前处于一种被动的“沉睡”的状态，只有根据当事人的起诉获得诉讼系属时才得以“觉醒”。这是司法中立性和公正性的必然要求，也是处分原则的应有之义，法院像行政机关一样主动管理社会公民的法律关系、强行裁判他人的纠纷将是不可想象的。这一点在所有的其他诉讼程序和非诉程序中都得到了贯彻，唯独在无独立请求权第三人制度中被有意无意地忽视了。根据《民事诉讼法解释》第 81 条的规定，无独立请求权第三人进入诉讼的方式除第三人申请参加外，还包括法院依职权通知其参加，而非通过原被告与第三人间起诉的方式进行。这样，第三人在既没有起诉也没有被诉的情况下却进入了诉讼，还可能因为判决承担责任成为完全意义上的诉讼当事人，与法院“不告不理”原则、处分原则等相违背。尤其是依职权通知参加的情形，可能未获得本诉讼当事人和案外人的同意就强行令案外人进入诉讼，违背了当事人参诉的自愿性，损害了第三人的正当程序保障，也有损法院的中立性和权威性。

针对这个问题，民事诉讼理论界有观点尝试以诉的合并理论进行解释，认为无独立请求权第三人参与诉讼是一种本诉讼与第三人之诉的合并审理。在本诉讼中，无独立请求权第三人并不是诉讼当事人；在第三人之诉中，无独立请求权第三人与本诉讼的一方当事人是原被告。[1] 但是现在看来，这种观点

〔1〕 参见杨荣新主编：《民事诉讼法学》，中国政法大学出版社 1997 年版，第 177 页；包万平：《无独立请求权第三人若干问题探究》，载《社会科学论坛》2004 年第 3 期。

并不能成立。一方面,存在第三人之诉就更强调具备“当事人起诉”这一要件,无起诉自然就无诉,反而凸显了问题;另一方面,应当看到我国现行立法和司法在设立和适用无独立请求权第三人制度时,显然没有将其定位为新的诉讼。法官在没有诉的基础上审理第三人的法律关系,缺乏诉讼标的的约束,程序的进行得不到有效的监督和保障,审判结果的正当性基础也会受到质疑。无独立请求权第三人的引入只是出于服务本诉讼的审理、一次性解决纠纷的诉讼经济等目的考虑,是一种传统超职权主义倾向的自然逻辑结果。在我国司法体制改革与完善的当下,这种诉讼参与方式的不合理性变得越发难以调和。

(二)无独立诉讼地位与判决承担民事责任相冲突

无独立请求权第三人在于其没有独立的请求权,在诉讼中不享有独立当事人的地位,这在一定程度上缓和了无独立请求权诉讼参与方式职权性的弊端。但同时,我国《民事诉讼法》第 56 条第 2 款却紧接着规定人民法院可以判决无独立请求权第三人承担民事责任,并且在司法实践中也成了法院的主要做法。这样一来同一个法条中就存在两个明显的冲突:一方面,把无独立请求权第三人定位成辅助型诉讼参与人,规定特殊的诉讼参与方式和不独立的诉讼地位;另一方面,却将其视为被告,允许法院基于本诉讼当事人对第三人的请求权而判决第三人承担实体义务。换句话说,在无独立请求权第三人参与诉讼程序时,不把他当作诉讼当事人看待,而在最终裁判时却又认为其与被告无异,颇有点“要马儿跑又要马儿不吃草”的意味。这一冲突在相关司法解释中的几条规定中得到了更为具体的印证。

对此,有观点认为无独立请求权第三人虽然没有完整独立的诉讼地位,但其已经被赋予了足够的、与判决承担责任相适应的诉讼权利和抗辩防御机会。应当肯定无独立请求权第三人在诉讼中的确获得了一定的程序保障,但是其毕竟不享有管辖异议权,不能自由地放弃、变更诉讼请求或者申请撤诉,上诉权也受到严格限制,远不能与可以自由抗辩防御并被正当判决承担责任的被告相提并论。第三人的程序利益在解决纠纷、诉讼经济的制度目的下被很大程度地忽视和抛弃了。对一个诉讼主体判决承担责任的正当性基础在于赋予其足够的诉权保障,对无独立请求权第三人来说,若要判决其承担责任,首先就应该赋予其程序异议权,至少应该允许第三人对他与本诉的牵连性提出异议，在异议被驳回时还应允许其向上一级法院提起上诉。另外，诉的存在是判决承担责任不可缺少的前提，没有诉的存在，缺乏诉讼标的的约束，诉讼主体的程序保障难以得到落实。

另一个值得反思的问题是，被判决承担民事责任的"无独立请求权"第三人真没有独立请求权吗？从法理上来看，任何实体权利都可以通过诉权来保障，诉权的核心就是诉讼请求权。在民事诉讼上原告和被告平等地享有诉权，所以诉讼请求权在诉讼中是各方当事人都独立享有的。如果只允许本诉讼的原告或被告向第三人提出请求，而第三人不能向对方提出独立请求，第三人的实体法权利就不能向对方直接主张，法院判决第三人承担责任就明显地在实体和程序上偏袒本诉讼的一方当事人，明显违背了诉讼平等原则。[1] 所以只要在实体法上第三人与某一标的有关联，要判决第三人承担民事责任，其在诉讼中就应享有独立的请求权。我国民事诉讼法并未考虑这一基本法理，滥用独立请求权的意义而未赋予第三人独立的请求权，使其不能行使诉讼上的请求权，必然会造成不公正的后果。

（三）缺乏程序规范与诉讼经济、司法公正目标相背离

我国立法确立无独立请求权第三人制度的主要目的在于，提高诉讼效率，实现诉讼经济，避免矛盾裁判。在实践中大量存在的连环交易等情形中，本诉讼原告、被告和第三人往往处于同一条关系链的前后手位置，第三人虽然没有针对本诉讼当事人的独立请求权，但因为与本诉讼的一方当事人有相牵连的法律关系，本诉讼的审理结果将会直接或间接地影响其利益，往往会因此而出现新的争议。如果严格按照诉讼相对性原则，法院只能在审理完本诉讼原被告之间的民事争议后，等待后续本诉讼被告或第三人提起新的诉讼。摁下葫芦浮起瓢，一个纠纷的解决变得费时费力，当事人的权利实现也必将变得遥遥无期。而且，我国民事诉讼立法和司法实践尚无类似日本"参加效力"的规定，如果把本诉讼原被告的纠纷、本诉被告与第三人的关联纠纷作为前后两个诉讼分别审理，很容易出现两个法院甚至同一个法院的两个法官对同一个事实作出不同认定的矛盾裁判。在这样的背景下，设置无独立请求权第三人制度，让第三人进入本诉讼，将其与本诉讼当事人的权利义务在一次程序中加以确

〔1〕 参见肖建华：《论我国无独立请求权第三人制度的重构》，载《政法论坛》2000年第1期。

定，确实具有必要性和现实意义。

但是，我国无独立请求权第三人制度不仅包含了实现诉讼经济、避免矛盾裁判的立法意图，而且还希望尽量简便易行，以适应有的法官素质亟待提高的现状。立法上关于对无独立请求权第三人的规定十分简略且存在矛盾，虽有一些司法解释对无独立请求权第三人的认定作了规定，但都只针对个别的具体情况，整体上缺乏相关的配套规定和操作标准，使在具体案件中是否追加无独立请求权第三人难以把握。由此导致了司法实践的不规范，无独立请求权第三人的适用范围被随意地扩大，第三人应有的程序保障被简单地忽视。司法实践中曾出现不少为保护本地当事人利益，而滥列无独立请求权第三人并判决其承担民事责任的现象。许多法院通过将外地第三人加入本诉讼并判决其承担民事责任的方式转移本地当事人间的纠纷，这种做法极大地损害了判决的公正性和权威性。因此，最高人民法院发布《关于在经济审判工作中严格执行〈中华人民共和国民事诉讼法〉的若干规定》严格限制无独立请求权第三人制度的适用。[1] 而另一极端是，有些地方法院为了避免"地方保护主义"的嫌疑，十分排斥无独立请求权第三人制度的适用。就这样，无独立请求权第三人制度因为立法规范的不完善以及与"地方保护主义"纠缠不清的天然亲和性，在司法实践中不仅没有发挥诉讼解决纠纷的机能，实现诉讼经济的目的，反而带来了预期之外的困扰。

由上可见，我国无独立请求权第三人制度无论在理论上还是实践中都有较多矛盾和问题，不少基础内容都未形成体系和共识。从整体来看，我国无独立请求权第三人制度的根本冲突在于第三人同时兼具了两种难以相容的法律地位。本书认为，问题解决的根本出路在于将两种矛盾的无独立请求权第三人定位予以剥离，并借鉴国外立法经验，理顺无独立请求权第三人参加诉讼与本诉讼的关系，设定第三人参加诉讼的要件，以诉的理论为基础，重新构建我国无独立请求权第三人制度。

---

〔1〕 参见肖建华：《论我国无独立请求权第三人制度的重构》，载《政法论坛》2000 年第 1 期。

八、辅助参加与第三人之诉比较

(一)大陆法系辅助参加制度述评

处于辅助地位的无独立请求权第三人与大陆法系国家辅助参加人的地位相同。在这种情况下,第三人不是诉讼当事人。[1] 所谓辅助参加,是指在诉讼系属中,对于当事人一方的胜诉具有法律上的利害关系的第三人为了辅助该当事人而申请参加诉讼的情形。在大陆法系国家,辅助参加人地位和诉讼权利都依附于被辅助的被参加人,具有从属性。[2]

在诉讼地位方面,辅助参加人不具有完全和独立的当事人资格。辅助参加人申请进入他人已经开始的本诉讼中,辅助和支持本诉讼中的某一方当事人,通过协助其获得胜诉而直接或间接维护自己的利益。这种辅助参加常见的情形是债权人为了保护自己的债权利益而辅助参加债务人的诉讼,依据债务人在诉讼中地位的差异,债权人也将作为不同的辅助参加人。辅助参加人某种程度上从属于他所支持的主当事人,具体体现在:(1)辅助参加人应按参加时本诉讼已经进行的程度而进行诉讼,已经完成的程序对他具有约束力;(2)辅助参加人在诉讼中行使攻击防御的陈述和诉讼行为不得与其辅助的主当事人的陈述及行为相冲突,一旦冲突则无效;(3)辅助参加人无权阻止主当事人放弃诉讼请求或承认对方的诉讼请求。[3] 由此可知,第三人处于辅助地位时,不具有独立的当事人资格,享受权利或承担义务都要依附于主当事人。[4]

在辅助参加人与本诉当事人关系方面,辅助参加诉讼的目的是支持本诉的一方被参加人,使其胜诉。虽然辅助参加人的加入会使被参加人获得支持利益而不利于对方当事人,被参加人相反也可能因辅助参加人的不当支持或相左辩论而减少胜诉可能性,但对法官而言,辅助参加人的加入能使诉讼材料

---

〔1〕 See Ernst J. Cohn, *International Encyclopedia of Comparative Law*, Volume XVI, Chapter 5.

〔2〕 德国《民事诉讼法》第 66 条规定:“在他人间已系属的诉讼中,因当事人一方的胜诉而有法律上的利益的人,可以为辅助该当事人而参加诉讼。”日本《民事诉讼法》第 42 条规定:“与诉讼结果有利害关系的第三人为了辅助一方当事人,可参加该诉讼。”

〔3〕 See Ernst J. Cohn, *International Encyclopedia of Comparative Law*, Volume XVI, Chapter 5.

〔4〕 Ibid., p. 55.

更加充实，整体上有助于发现事实和正确裁判。当然，若辅助参加人的加入会导致不合理的诉讼迟延、影响诉讼程序正常进行以及辅助参加人数量过多而给诉讼进行带来困难时，法官也会予以衡量而不允许第三人辅助参加。〔1〕 而且辅助参加人独自实施的攻击防御诉讼行为总是要受制于被参加人，受制于本诉讼已经进行的状态，不能实施处分该诉讼的行为，如诉的撤回、诉的变更、请求的放弃或承认等，辅助参加人与被参加人为诉讼一方当事人，所以整个程序仍然还是处于一种原被告对立的诉讼构造中。〔2〕

辅助参加的方式一般只限于由诉讼当事人进行诉讼告知或辅助参加人申请两种，明确排除法院的依职权决定追加。申请辅助参加是辅助参加人为维护自己的利益而申请加入本诉讼。根据日本《民事诉讼法》第43条、第44条的规定，在辅助参加人向法院提交申请时，应明确参加趣旨和理由，即说明其对被参加的诉讼一方当事人的胜诉有法律上的利益。本诉讼双方当事人可对参加申请提出异议，这时辅助参加人就应当对其参加理由进行疏明。在双方当事人未提出异议或异议被参加申请人疏明推翻时，辅助参加人就可以进入诉讼，不允许当事人在后续程序中再行异议。〔3〕 诉讼告知是指在诉讼过程中，一方当事人申请法院将已经发生的诉讼系属事实告诉与诉讼结果具有利害关系的第三人，使其知悉诉讼情况而督促他辅助参加诉讼。诉讼告知申请人需要在诉讼告知书上载明告知理由，即被告知人对于本诉具有参加利益的事由，以及诉讼已经进行的状况。诉讼告知在送达被告知人时发生告知的效力，即被告知人可作为辅助参加人进入本诉讼，若被告知人拒绝参与诉讼也仍然会对其产生辅助参加的效力。若被告知人认为还存在其他具有参加利益的第三人，也可以再为诉讼告知。〔4〕

在辅助参加之诉中，法院判决对辅助参加人将产生"参加效力"，即本诉讼判决对辅助参加人也产生约束力，辅助参加人一般不能在后续可能的诉讼中

---

〔1〕 参见[日]高桥宏志：《民事诉讼法制度与理论的深层分析》，林剑锋译，法律出版社2003年版，第161页。

〔2〕 参见[日]兼子一、松浦馨、新堂幸司、竹下守夫等：《条解民事诉讼法》，弘文堂2011年版，第186~188页。

〔3〕 参见《日本民事诉讼法典》，曹云吉译，厦门大学出版社2017年版，第21页。

〔4〕 参见德国《民事诉讼法》第72条、第73条，日本《民事诉讼法》第53条。

以本诉讼裁判不合理作为抗辩。除非辅助参加人能够证明自己在本诉讼中因为程序进度或被参加人的诉讼行为而不能进行有效的攻击防御,或者因为被参加人的故意或重大过失而未作出只能由被参加人实施的诉讼行为,[1]例如,因为当事人的误判而承认对方诉讼请求。这种参加的效力不同于争点效[2]和既判力,它并不排除辅助参加人与被参加人间的后诉,只是双方可以在后诉中援引前诉判决作为抗辩。同时这种参加效力仅约束辅助参加人与被参加人,在辅助参加人与被参加人的对方当事人之间并不产生效力。参加效力的产生和例外规定符合诉权保障的要求,辅助参加人与被参加人共同进行主张抗辩和证明,对于形成这一基础之事实亦应同受拘束。反之,若辅助参加人因不可归责于自己的原因而未能进行主张抗辩和证明,则应赋予其主张判决不当以防止参加效力约束的权利。

(二)美国法第三人之诉制度评析

准独立请求权的第三人与美国的"权利参加"制度类似,为此有必要考察美国第三人诉讼制度。美国《联邦民事诉讼规则》第 14 条和第 24 条分别确立了两种不同的第三人的参诉方式,即作为第三人之诉讼的被告和主动申请参加诉讼两种。无论哪一种方式,第三人都不是本诉讼的当事人。

根据美国《联邦民事诉讼规则》第 14 条的规定,在诉讼开始后,诉讼的双方当事人都可以通过向案外人提起第三人之诉的方式将案外人引进诉讼,但两者条件有所不同。其中,第三人在可能对本诉原告向本诉被告的请求负全部或部分责任时,本诉被告可就本诉原告的全部或部分请求,随时以原告身份向第三人提起第三人之诉;而本诉原告若想提起第三人之诉,需要以本诉被告对其提出反诉为前提。[3] 在正常情况下,若原告可以对第三人提起诉讼,那就与普通的诉讼或共同诉讼无异,并无第三人之诉的必要。只有在被提起反诉的情形下,原告也成了反诉的被告,才产生第三人之诉的需要。

---

[1] 参见德国《民事诉讼法》第 68 条、日本《民事诉讼法》第 46 条。

[2] 争点效是经过当事人认真争执,法院经审理后所产生的一种另案不得再为争辩的效力,为判决主文所确定,相当于英美法上的一事不再理。参见[日]高桥宏志:《民事诉讼法制度与理论的深层分析》,林剑锋译,法律出版社 2003 年版,第 519 ~ 525 页。

[3] 参见《美国联邦民事诉讼规则 · 证据规则》,白绿铉、卞建林译,中国法制出版社 2000 年版,第 33 页。

第三人诉讼应在本诉讼原告答辩 10 日内及时进行,超出时限则需要经过法院的特别许可。在第三人之诉中的原告和被告(本诉讼中的被告和第三人)也像本诉讼一样,可以互相进行诉讼防御和反诉。较特殊的是,若在本诉讼中存在不同的第三人,第三人也可以针对其他第三人提起"交互诉讼"(Cross-claim)。有时候一个诉讼中甚至可能存在五六个第三人,一个诉讼程序中的纠纷关系可以变得十分交错复杂,所以法院也赋予了本诉讼另一当事人对第三人之诉的异议权。总而言之,在美国的第三人之诉中,第三人是完全意义的被告,享有完全的当事人资格,诉讼行为不受限制,也没有差别地受法院判决约束。

除了以第三人之诉的方式将第三人作为被告引入诉讼程序中,美国法院还允许第三人以利益关系人的身份主动申请参加诉讼。美国《联邦民事诉讼规则》第 24 条规定,任何人在满足规定条件的情况下,都可以在适当的时间内提出申请而加入诉讼。根据法院是否有许可权,该条分别规定了"权利参加"和"许可参加"两种参加情形。权利参加的条件包括:(1)符合联邦法律对无条件诉讼参加权的规定;(2)申请人与诉讼标的具有牵连关系却无当事人可以充分代表其利益,诉讼结果将实质削弱或妨害其保护自己利益的能力。符合任一条件法院就必须允许申请人参加诉讼,许可参加的条件包括:(1)美国法律给予附条件的权利参加;(2)申请人进行主张抗辩与本诉有法律上或事实上共通争点。当事人于诉讼中就某法令、行政命令或依该法令行政命令所发布的规则、命令、规定或协定,有所主张或抗辩时,执行该法令或行政命令的联邦或州政府官员或机关,可以在适当期间内,申请法院裁定许可其为任意的诉讼参加。[1] 在符合上述条件的情况下,申请人可以被允许参加诉讼,法院对其申请具有裁量权。许可参加的适用范围更多是涉及公共利益的诉讼,如集团诉讼。在普通法国家,与大陆法系以行政诉讼方式解决纷争的情况相反,大量的纠纷都是通过民事诉讼解决的。这些案件在大陆法系国家一般是属于行政法院管辖的范围,所以英美法系国家许多关于第三人参加诉讼的判例,如果在其他国

〔1〕 参见《美国联邦民事诉讼规则·证据规则》,白绿铉、卞建林译,中国法制出版社 2000 年版,第 45~46 页。

家,将会由行政法院处理。[1]

总之,在美国的第三人诉讼中,第三人是通常意义上的当事人,他独立享有独立诉讼当事人的所有诉讼权利和义务,也受法院判决的"既判力"约束。美国的第三人之诉,实际上是一种诉讼程序的合并。在一个诉讼程序中将多个诉讼主体的纷争予以合并解决,符合美国司法扩大纠纷解决功能的倾向。但同时这种程序合并是以诉为前提的,当事人和第三人的权利得到了平等的对待和保障。本诉原告、被告,第三人之诉的被告多方主体的存在,理论上可形成三个以上的对立关系,由一个诉讼程序审理,必然使诉讼活动变得十分复杂和困难。但在美国立法者和司法者眼中,这是调和公私利害冲突、使一个诉讼解决尽可能多的争议的必要代价。而且在合并的请求性质有歧义,很可能把陪审团弄糊涂或者由此而影响他们的公正判断时,法院也有权命令将第三人之诉与本诉分开审理。

(三)比较及启示

从以上分析可见,大陆法系国家的辅助参加制度和美国的第三人之诉制度都具有一些共同的特征,首先体现在第三人进入本诉讼都是基于当事人或第三人的选择,一般排除法院依职权决定的余地。这是当事人主导的诉讼结构所具有的共同特征。虽然法院一般仍享有一定的职权吸收非自愿第三人进入诉讼,但都是作为一种例外情况,并且在实践中法官也很少运用职权主动地发布命令。赋予程序参与选择权是保障诉讼主体程序利益的第一步,两大法系的第三人诉讼制度都通过许多程序制度的合理设计,兼顾保障第三人与本诉当事人的权利,使其诉讼地位与可能承担责任相适应。在美国法上,第三人以诉的方式被引入诉讼,可能被判决对本诉当事人承担民事责任,但法律也同时赋予了其独立完整的诉讼当事人资格。第三人享有反诉权和交互诉讼权,同时还可对本诉原告主张本诉被告对于本诉原告基于同一法律行为或原因事实所得主张的防御,其权利得到充足的保障。[2] 反过来,本诉原告也可以对第三人主张基于本诉讼同一的法律行为或原因事实产生的请求,其权利也未被忽视。而且任何当事人都享有要求分开审理的异议权,如果异议申请得到法庭

[1] See Ernst J. Cohn, *International Encyclopedia of Comparative Law*, Volume XVI, Chapter 5.

[2] 美国《联邦民事诉讼规则》第14条。

许可,本诉被告可以另行起诉,所以各方的权利都得到了充分的保护。而在德国、日本等大陆法系国家,十分重视当事人的辩论权、处分权的行使,民事诉讼中,法院无权命令第三人参与诉讼。第三人被定位为当事人的辅助人,并不享有独立的当事人地位,但也不会被判决承担责任,仅产生与程序保障相对应的参加效力。

九、我国无独立请求权第三人制度的重构创新

(一)重构我国无独立请求权第三人制度的思路

我国设立无独立请求权第三人制度的目标在于诉讼经济,方便法院审判和当事人诉讼。所以立法赋予法院对第三人的诉讼管辖权,只要第三人与本诉讼判决结果有利害关系,不管牵连关系如何,都可以要求其参加诉讼。并且基于这种牵连性,法官可以直接判决第三人对本诉当事人承担民事责任,通过一次诉讼程序解决两个纠纷,达到诉讼经济的目标。但无独立请求权第三人在实体法上对本诉没有独立请求权,在诉讼程序中不具有确定的独立当事人地位,使其程序权益难以得到保障。在现代社会民商事纠纷日趋复杂,积案不断增多的背景下,法院合并审理相牵连的诉讼、提高司法效率是各国诉讼的普遍趋势,应当肯定我国无独立请求权第三人制度对诉讼经济的追求,但在吸收案外人进入一个诉讼的过程中不能忽视对其的正当程序保障,应赋予其权责相一致的诉讼主体地位。

不同于两大法系选择统一诉讼地位的第三人诉讼制度,我国立法上同时确定了承担与不承担实体责任的无独立请求权第三人制度。所以应首先进行明确区分,分解为辅助型"无独立请求权第三人"和担责型"无独立请求权第三人"。辅助型"无独立请求权第三人"与大陆法系辅助参加人制度类似,可以借鉴大陆法系国家的做法,不赋予其独立的当事人诉讼地位,也不用承担实体责任,是真正意义上的"无独立请求权第三人";而担责型"无独立请求权第三人"在实质上已经不属于"无独立请求权第三人"的范畴,而是一种通过诉的合并产生的"第三当事人",可参考美国法第三人制度,赋予其完全当事人诉讼地位,可以在诉讼中提出权利主张和承担实体义务。在大陆法系国家,如日本,这种情形被作为与主参加相类似的"准独立参加"形式予以规定,[1]因此不妨

---

〔1〕 参见陈计男:《第三人参与诉讼之研讨》,载陈计男:《程序法之研究》(二),台北,三民书局股份有限公司1995年版,第60页。

称之为"准独立第三人"。然后还应在进入诉讼之前赋予第三人程序选择权,允许他选择以何种身份进入本诉讼,是辅助参加型第三人还是准独立型第三人。下文将探讨如何以第三人之诉及辅助参加理论为基础,重构我国无独立请求权第三人制度。

（二）准独立第三人的制度安排

第一,在准独立第三人的适用范围方面,应包括义务参加、权利参加和权利义务参加。如前所述,学界对于案件处理结果与第三人在法律上的利害关系之定性存有争议,无论将利害关系界定为义务关系还是权利义务关系均有其合理性。而在实务中则多为义务性参加,第三人作为被告人的责任分担者进入诉讼。但本书认为,由于存在多样性和复杂化的法律关系,从扩大纠纷解决功能和保障诉讼主体利益双重目标出发,也应当允许第三人作为权利方进入诉讼。把第三人与案件处理结果的利害关系限定为义务性关系容易导致法院为维护原告的权利而滥用无独立请求权第三人制度。这种义务性观念直接源于"无独立请求权"属性,但前文已经指明,准独立型第三人实质上已经不属于"无独立请求权第三人"范畴。而且在实务上允许权利参加也不存在难以克服的障碍,事实上也确实存在不少判决无独立请求权第三人享有权利的案例。所以,在不存在专属管辖、协议管辖等特别情况下,若第三人之诉与本诉有牵连就应允许法院将其与本诉合并审理。

第二,对准独立第三人参加诉讼进行一定的实体条件限定。第三人参加本诉的基础原因在于第三人与本诉判决结果有利害关系,但在本诉判决确定前,这种利害关系是否存在尚不得而知,所以第三人之诉往往是将来给付之诉。对此,《最高人民法院关于在经济审判工作中严格执行〈中华人民共和国民事诉讼法〉的若干规定》主要从是否存在直接牵连关系等实体要件进行限定,但这样实际上是在实体审理本诉当事人之间的实体法律前,对第三人与本诉一方当事人的法律关系作了实体判断,缺乏程序规范,欠缺程序正当性与合理性。若重新构建准独立第三人制度,应区分权利参加和义务参加界定的实体要件。具体而言,权利参加的前提要件在于:准独立第三人在本诉判决原告对被告享有实体利益前,有权要求法院将这一利益判归给自己。如在抵押物因侵权而灭失的场合,抵押物所有人向侵权人提起诉讼后,抵押权人就有权作为准独立第三人要求原告就所得抵押物价金优先清偿或提存。而义务参加的要件则可以放宽,具备下列条件之一即可:(1)本诉被告需要对原告承担责任是由第三人造成的;(2)本诉被告在判决确定需要对本诉原告承担民事责任时,可以请求第三人对自己承担民事责任。[1] 如连环合同“三角债”、代位求偿、票据案件等债务人享有“追索追偿权”的场合。

第三,明确限定准独立第三人的参诉方式为本诉当事人或第三人的起诉,排除法院主动追加的职权。因为在准独立参加的情况下,其本质是第三人参加之诉与本诉讼的合并,准独立第三人参加诉讼将形成一个新的诉,那么就应当尊重诉的主体行使诉权的意愿。虽然我国民事诉讼法规定了“申请参加”和“通知参加”两种方式,但法院依职权通知准独立第三人参加诉讼将侵害当事人的处分权,违背“不告不理”原则,有必要在以后的修法中予以调整。同时,不同于必要共同诉讼,第三人之诉与本诉诉讼标的并非共同,无须强制合并、统一确定,只是出于诉讼经济之考虑的法律技术,是否合并审理应以当事人或第三人是否起诉为准。相反,为了避免诉讼程序合并导致的过分拖延,损害本诉当事人利益,还应赋予本诉当事人对合并的异议权。这样,准第三人参加诉讼的方式具体来说有四种,通过法院诉讼合并将会形成四种当事人结构:(1)第三人向本诉讼原告起诉;(2)第三人向本诉讼被告起诉;(3)本诉讼原告向第三人起诉;(4)本诉讼被告向第三人起诉。

第四,在诉讼结构方面,准独立第三人诉讼参加会形成复杂的当事人关系结构,即第三人之诉与本诉讼合并,在原告、被告和第三人之间可以两两形成一种“三面对立”关系。我国目前立法和实务并不承认这种当事人结构,但准独立第三人在诉讼中与原告也会发生利益对立,若非如此在理论上就不能判决第三人向原告承担责任。当然这种“多面对立关系”,是指各方诉讼主体在诉讼中可以两两相互主张和抗辩,并不是绝对的对立。不同于有独立请求权第三人诉讼,准独立第三人之诉对于本诉具有依附性和牵连性,所以这种“多面对立关系”还是以本诉当事人间的对立和准独立第三人之诉当事人间的对立为主,判决第三人向本诉原告直接承担民事责任,以本诉被告对原告负有给付义务以及第三人对本诉被告负有责任为前提。此外,考虑两个法律关系的牵连性,在准独立第三人诉讼与本诉讼合并的程序结构中,三方当事人任何一

---

〔1〕 参见肖建华:《论我国无独立请求权第三人制度的重构》,载《政法论坛》2000年第1期。

方中止诉讼都将影响法院对整体纠纷的真实发现和正确审判,所以任何一方因为法定原因中止诉讼,法院都应同时中止两个诉讼的审理。

新近有学者反驳本书的观点,认为囿于原告、被告和第三人的法律关系相对性,法院针对原告与被告的法律关系所作判决只在被告和第三人间发生既判力扩张,法院针对被告与第三人的法律关系所作判决只在原告和被告间发生既判力扩张,因而判决并不会在原告与第三人间产生既判力,法院也不应判决第三人直接向原告承担责任。[1] 应肯定该学者的观点确有逻辑合理性,但应当指出其观点的论证前提是基于我国民事诉讼法对无独立请求权第三人的辅助性质之规定,是一种配合现行规定的妥协。在重新构建准独立第三人制度的语境下,则不存在这种束缚。

(三)辅助参加第三人的制度安排

辅助参加的第三人是真正意义上的"无独立请求权的第三人"。这种第三人在进入诉讼时就不被视为当事人,不享有独立当事人地位,没有上诉权,不能请求和解和撤诉,只能辅助一方当事人进行诉讼攻击和防御,不得提出与该当事人相冲突的抗辩和证据。与此相应,在判决方面,法院不能判决该辅助参加第三人承担民事责任,判决只会对第三人产生"参加的效力",即被辅助的本诉讼当事人在与辅助参加第三人可能的后诉中,可以援引本诉讼判决作为抗辩,第三人不能主张该判决对其无拘束力。

在辅助参加第三人的参诉方式方面,包括法院依职权通知、本诉讼当事人诉讼告知和第三人主动申请三种。首先,若人民法院在本诉讼之初就确定不让第三人承担民事责任,而仅是为了让诉讼相关人知悉诉讼系属事实,让他协助一方当事人主张抗辩和证明,可依职权通知其作为辅助型第三人进入诉讼。因为不会被判决承担民事责任,所以依职权通知并不会对他的权利产生不利影响。其次,本诉讼当事人若希望本诉讼的判决在他与案外人之间发生约束力也可以对该案外人进行"诉讼告知",产生告知效力,即使该案外人未参加诉讼也将产生"参加效力",此诉讼告知应由本诉讼当事人向法院申请,通过法院向案外人发出。最后,在该第三人知悉诉讼系属的情况下,也可主动申请参加

---

〔1〕 参见蒲一苇:《无独立请求权第三人参加诉讼的判决效力范围》,载《国家检察官学院学报》2016年第4期。

诉讼,以维护自己的利益。当然,考虑第三人的加入可能导致的审理程序复杂化,拖延诉讼,也应当赋予本诉讼当事人异议权,由第三人对其与诉讼判决结果的利害关系进行证明。

这种“辅助参加”的第三人是名副其实的无独立请求权的第三人。虽然其只能作为本诉一方当事人的辅助人进行诉讼,与被辅助本诉当事人共进退,但对于本诉当事人和自己的利益都会产生影响。例如,在动产转租的出租人因租赁物损毁向承租人起诉的场合中,若此承租人未参与诉讼,则可能使某些有利于承租人的事实未被提出,如租赁物本身存在缺陷,这样就有可能使承租人承担过高的责任。同时,辅助参加型第三人制度也保证了本诉当事人和第三人的程序选择权,使其可以自由选择行使诉权的方式。因为完全可能存在一种情况:本诉当事人因为各种因素而希望于第三人本诉之外另外提起一个诉,而第三人也可能因为原告就被告的管辖原则等考虑希望在自己所在地的法院进行诉讼,这时候若法院依职权追加无独立请求权第三人,并且可以在未赋予足够的程序保障时就判决其承担责任,显然有违公正。

在当前,民事诉讼法对第三人制度进行重构性修改尚不太可能,作为过渡,可以设计出一个折中的办法,即按现有规定执行,但同时实实在在地赋予无独立请求权第三人以更多的程序保障。具体来说,其一,应允许无独立请求权第三人对法院的依职权通知参加提出异议,在异议被驳回的时候还应赋予上诉权作为救济。其二,应对法院决定追加或许可无独立请求权第三人进入诉讼的审查标准进行一定的限制。通常认为,法院在决定是否通知无独立请求权第三人或允许其申请进入诉讼时,主要考虑的因素包括“诉讼经济性”“第三人程序保障必要性”“案情查明促进性”等。就案外人主动申请作为无独立请求权第三人加入诉讼这种情形来说,其参加诉讼的目的往往是提出有利抗辩或证据,辅助一方当事人获得胜诉进而维护自己的利益。因此法院在审查参加申请时应该把为第三人提供程序保障的必要性作为判断基础,其次再考虑是否符合诉讼经济、有助于查明案情等因素。出于尽可能尊重第三人参加诉讼的意愿,原则上只要这些根据中有任一项成立,法院都应当准许其诉讼参加的申请。而对于法院主动追加无独立请求权第三人的情形,实践中主要是基于一次解决纠纷或法院审理方便之考量,而这也往往容易导致法院职权通知的宽泛乃至滥用,应予以纠正。即也应将第三人的程序保障必要性作为基础因素，若不具备第三人程序保障的必要性，就应该尽量尊重和保障第三人的异议权和选择权；若在具备程序保障必要性的基础上，引入第三人还有利于诉讼经济、案情查明等，则可以对第三人的异议权进行合理限制，体现在可驳回第三人异议等程序操作上。[1]

---

〔1〕 参见王亚新：《第三人参与诉讼的制度框架与程序操作》，载《当代法学》2015 年第 2 期。

第三章　第三人撤销之诉

一、第三人撤销之诉的立法与实践概要

2012年《民事诉讼法》对第三人撤销之诉制度作出初步规定,2015年《民事诉讼法解释》"十四、第三人撤销之诉"(第292条至第303条)对该制度的内容进行细化。在立法上(《民事诉讼法》第56条第3款),第三人撤销之诉是指第三人因不能归责于本人的事由没有参加诉讼,但有证据证明发生法律效力的判决、裁定、调解书的部分或全部内容错误,损害其民事权益的,可以在其知道权益受损之日起6个月以内向法院提起撤销该判决、裁定、调解书的诉讼。

从立法条文中可以推导出第三人撤销之诉的构成,即提起主体须为有独立请求权和无独立请求权的第三人;提起前提有三个:一是发生法律效力的判决、裁定、调解书存在部分或全部内容错误的情况,二是错误的判决、裁定、调解书损害其民事权益,三是第三人因不可归责于自己的事由而未参加原诉讼;提起期间为在第三人知道其民事权益受损之日起6个月以内;管辖法院是作出原生效裁判的法院。通过观察第三人撤销之诉的构成要件,可以将其分成两类:一类是实体性要件(包括主体要件和前提要件前两个);另一类是程序性要件(包括前提要件第三个和提起期间、管辖法院)。或者也可以称为形式条件和实质条件,形式条件包括诉讼主体、起诉期间、管辖法院等,实质条件包括诉讼对象和诉讼事由等。作出上述两类区分的原因在于,实体性要件和程序性要件在审查阶段、举证和认定的难易程度、实践中存在的问题和完善路径等方面存在重要区别。只有满足提起第三人撤销之诉的条件,法院才会受理第三人的撤销之诉,所以条件的满足至关重要。

第三人撤销之诉在审理程序问题上,我国台湾地区将第三人撤销诉讼作为再审程序的一部分参照再审程序审理。法国在审理程序上也是准用再审程

序的规定,如果作出确定判决原法院为一审法院,则按一审程序审理,如果该法院为二审法院,则适用二审程序。如果第三人因提出撤销判决的异议被驳回,并被认定为滥诉或拖延诉讼,可能会被判处罚款,如果给他人造成损害还应予以赔偿。但我国《民事诉讼法解释》规定应当组成合议庭适用普通程序进行审理,作出的裁判允许当事人上诉。

从司法实践来看,原告提起第三人撤销之诉的情况并不少见,但大部分案件因不符合第三人撤销之诉的构成要件而不予立案或被法院驳回起诉。[1] 第三人撤销之诉的实践运行状况并不乐观。[2] 以本书选取的经最高人民法院裁判的40例样本案件为例,其中判决书7份,裁定书33份。经统计发现,针对"第三人撤销之诉"的有34个,在第三人撤销之诉案件中,第三人起诉被驳回的有28个,占82.35%;而在第三人撤销之诉被驳回的案件中,有21个是因为不符合第三人撤销之诉的要件,此外还有因构成重复起诉、再审与第三人撤销之诉只能择一、破产裁定不属于第三人撤销之诉受理范围等原因而被驳回的情况。

第三人撤销之诉的司法实践运行并不乐观,因此,当下的研究主题不应该是该制度的存废问题,而应该是怎样完善该制度以让其更好地发挥作用。此外,要使第三人撤销之诉这一制度合理运行,还需要相应的配套制度和措施。例如进一步完善第三人诉讼参加的通知制度,使第三人尽可能通过事前程序维护自己的权利,减少事后程序的适用,以实现诉讼经济性和裁判安定性要求。而至于该项制度的更多操作性问题,则需要植根于中国社会的司法实践不断积累经验逐步加以解决。本书拟从第三人撤销之诉的构成要件出发,通过案例分析的方式,找出该制度在司法实践中存在的问题并揭示其原因。

二、第三人撤销之诉的目的

在2012年修订《民事诉讼法》之前,第三人撤销之诉的研究并未受到学界

---

〔1〕 在中国裁判文书网(http://wenshu.court.gov.cn)上以"第三人撤销之诉"为关键词进行搜索,截至2018年9月11日,网页显示15,905条记录。从时间分布来看,第三人撤销之诉案件在民诉法司法解释实施之前(2015年2月4日)网页显示裁判文书记录不足1000条。可见,在《民事诉讼法解释》实施之后,第三人撤销案件数量剧增。

〔2〕 这一问题同样出现在我国台湾地区,姜世明教授曾言,我国台湾地区第三人撤销之诉案件起诉数量少,胜诉比例低。参见刘君博:《台湾地区第三人撤销之诉评述》,载《台湾研究集刊》2017年第4期。

重视,研究成果并不多,相关问题的研究主要借鉴法国及我国台湾地区的做法。2012 年通过立法确立第三人撤销之诉制度之后,关于第三人撤销之诉制度设置的必要性曾掀起了一股研究热潮。从诸多研究成果来看,主要形成了以下两种对立观点:一种观点认为,第三人撤销之诉入法是一个错误,[1]且与案外人申请再审、案外人执行异议之诉等制度在功能上存在重合,没有确立的必要;另一种观点承认第三人撤销诉讼的独立价值,并主张尽力通过解释和完善以促进该制度的运行,为司法实践提供指导。

无论采用何种观点,对第三人撤销之诉制度目的的认识都是对该制度存在的意义及价值的探寻和讨论。目的论并不是一种无意义的论述,脱开与其他问题相结合、缺乏体系性的、单纯的目的论研究本身将严重降低其研究的价值。我国对第三人撤销之诉的研究和目的定位,不能因国外尤其是多数大陆法系国家没有确立该制度而否认其独立价值,也不能仅停留于对已确立该制度的国家和地区制度目的和内容的介绍,而应当根据我国自有的理论体系和实践状况,创造出一套自己的理论和解释学说。各理论学说之间的差异只是解释力的不同和强弱,这也揭示了为什么理论学说会不断发展,不断改变,而同一学者的理论也会发展改变。但如果第三人撤销之诉制度目的不明,不仅在理论上会带来混乱,也会造成司法实践存在种种问题。

第三人撤销之诉确立的必要性归根结底要从其独有的制度目的来考量,然而对于第三人撤销之诉的制度目的亦是众说纷纭,大部分学者主张,第三人撤销之诉的设立主要是为了遏制实践中普遍存在的虚假诉讼案件。[2] 就大部分第三人撤销之诉案件而言,原告起诉并不是因为原裁判存在虚假诉讼行为,或者可以认为通过设置第三人撤销之诉以遏制虚假诉讼的立法初衷在实践运行中大打折扣。除规制虚假诉讼之外,第三人撤销之诉的另一制度目的是赋予非因可归责于己的事由而未参加诉讼但受到原裁判不利影响的第三人以程序保障。

---

〔1〕 参见郑金玉:《我国第三人撤销之诉的实践运行研究》,载《中国法学》2015 年第 6 期。

〔2〕 例如,陈刚教授指出:“为遏制司法实践中频现的恶意诉讼、虚假诉讼,以及对横遭此类诉讼侵害的第三人进行更为有效的权利救济,2012 年修改民事诉讼法增加了第三人撤销判决诉讼制度。”参见陈刚:《第三人撤销判决诉讼的适用范围》,载《人民法院报》2012 年 10 月 31 日,第 7 版。

（一）目的之一：遏制虚假诉讼

当今社会，权利本位观念的确立也带来了大量的权利滥用现象，在民事诉讼领域，突出表现为虚假诉讼、恶意诉讼等诉权的不恰当行使。为了实现个人利益的最大化，加之立法缺乏救济途径和制裁措施，致使虚假诉讼行为猖獗。虚假诉讼行为主要出现在合同、物权变动、婚姻家庭纠纷等领域，典型表现如债务人通过诉讼转移财产逃避债务，不仅损害了国家利益、社会公共利益和第三人利益，也在一定程度上妨害民事诉讼的正常进行，扰乱司法秩序，导致司法不公现象的产生。

从本质上讲，虚假诉讼是一种妨害民事诉讼的行为，为实现民事诉讼的目的及公正和效率价值、维护正常的民事诉讼程序、防止诉权滥用、减少权利受损现象的产生，2012 年《民事诉讼法》修改时通过明确虚假诉讼的法律责任、赋予当事人相应的救济权等方式构筑了虚假诉讼行为的规制体系，主要体现在以下几个方面：(1)有关诚实信用原则的规定。诚实信用作为民事诉讼基本原则在赋予司法人员自由裁量权的同时，也要求当事人遵守真实义务。若当事人采取伪造证据、虚构事实的方式损害国家、社会和他人利益的，法院可依诚信原则对此行为加以否定和排除。(2)审判程序、执行程序中，当事人恶意串通损害他人合法权益或逃避执行时，无论其目的是否达到，法院应当驳回其请求并采取民事强制措施或追究刑事责任。具体内容体现在《民事诉讼法》第 112 条、第 113 条的规定中。[1] (3)有关第三人撤销之诉的规定，体现在《民事诉讼法》第 56 条第 3 款。第三人在符合法定条件下，可以请求法院变更或撤销错误的或损害其合法权益的法律文书。在法院未发现当事人虚假诉讼而作出错误判决的情况下，受害的第三方可以通过第三人撤销之诉或民事再审程序获得救济。

民事诉讼立法通过创制新的规则在限制虚假诉讼行为领域取得的成果虽可圈可点，但也"衍生"了一系列问题。其中，最为突出的问题是"虚假"内涵的模糊性和判断标准的不确定性导致了"虚假诉讼"在认定上的困难，这也相应

---

〔1〕《民事诉讼法》第 112 条规定："当事人之间恶意串通，企图通过诉讼、调解等方式侵害他人合法权益的，人民法院应当驳回其请求，并根据情节轻重予以罚款、拘留；构成犯罪的，依法追究刑事责任。"第 113 条规定："被执行人与他人恶意串通，通过诉讼、仲裁、调解等方式逃避履行法律文书确定的义务的，人民法院应当根据情节轻重予以罚款、拘留；构成犯罪的，依法追究刑事责任。"

降低了上述条款尤其是第三人撤销之诉在规制虚假诉讼司法实践中的适用。同时,由于第三人撤销之诉将原告适格严格限定在有独立请求权和无独立请求权第三人这两种类型上,相应地造成立法者期望第三人撤销之诉制度遏制虚假诉讼、恶意诉讼的目的减损。原因在于虚假诉讼、恶意诉讼行为所侵害的不是有"法律上"利害关系的主体,而是"事实上"的利害关系人,而这些人在现有法律制度下并不能提起第三人撤销之诉以救济其民事权益。[1]

在第三人撤销之诉中,当事人主张虚假诉讼的情况并不少见,但很少能够提供充足的证据加以证明,而最终能够得到法院认定的情况更是少之又少。

究其原因,一方面,在一般的民事诉讼中,双方利益的冲突有利于发现案件事实,以正确适用法律解决纠纷。基于民事权利的私权属性,自认制度本身可能与案件真实存在冲突,造成一部分当事人出于自身利益的考虑,作出虚假自认,以规避法院的证据的审查和认定,从而通过损害案外第三人的利益获取有利于自己的判决。当事人恶意串通,虚构事实、伪造证据时,其作用则难以发挥,进而阻碍案件真实的发现。对虚假诉讼的审查需要法官在审理案件时,正确行使自由裁量权,保持足够的警惕性并善于总结实践经验。另一方面,正如有些学者所说的,实践中很难分辨第三人撤销之诉和原案纠纷究竟何者为虚假诉讼。[2]

(二)目的之二:实现程序保障

在大陆法系判决效力体系中,既判力仅是判决效力的一个重要组成部分。按照我国学界的通说,除既判力之外判决效力包括判决的确定力、拘束力、执行力和形成力等内容。[3] 当然,判决因其存在还产生一些附随性效力,如参加效、反射效、争点效等。[4] 在既判力的效力范围上,主要包括客观范围、主观范围和时间范围三个领域。由于民事权利具有私权性,民事诉讼主要解决当事人之间的私权纠纷,因此法院作出的裁判原则上仅对当事人争议的法律关系、诉讼请求和特定的当事人产生效力。法院生效裁判所产生的既判力便具有了

---

〔1〕 参见王亚新、刘君博:《有关第三人撤销之诉的另一种思考》,载任重执行主编:《民事程序法研究》(第11辑),厦门大学出版社2014年版,第13页。

〔2〕 参见郑金玉:《我国第三人撤销之诉的实践运行研究》,载《中国法学》2015年第6期。

〔3〕 参见江伟主编:《中国民事诉讼法专论》,中国政法大学出版社1998年版,第77~78页。

〔4〕 参见张卫平:《民事诉讼法》(第4版),法律出版社2016年版,第419页。

相对性。但随着市场主体利益多元化和纠纷一次性解决理念的发展,既判力在一定条件下向第三人扩张。为防止既判力所及的第三人受到不利判决的影响,各国和地区均提供了第三人程序保障的途径,其中最重要的方式是在诉讼审理过程中,赋予第三人通过诉讼参加的方式参与到案件的审理过程中。当案件审理结束,判决确定之后,可能受判决不利影响的第三人同样被赋予救济措施。例如,德国民事诉讼法赋予丧失程序参与权却受既判力扩张影响的第三人提起再审之诉或听审之异议的权利。在其他大陆法系国家和地区,实现第三人事后程序保障的制度还包括第三人撤销之诉或执行异议之诉等。第三人撤销之诉的设立是实现第三人程序保障权的重要体现。而第三人撤销之诉制度的确立很大程度上与既判力客观范围和主观范围的扩张密切相关。正如有学者所言,由于我国既判力制度的缺失,第三人另诉不畅,这是构成第三人撤销之诉设立的主要因素。[1]

我国台湾地区在 2003 年"民事诉讼法"修订时增加了第三人撤销之诉制度,其制度目的在很大程度上是为第三人提供程序权利保障。台湾学者吕太郎教授认为,第三人撤销诉讼制度的制度理由是,"为扩大诉讼制度解决纷争之功能,就特定类型事件,有时需扩张判决效力及于诉讼外之第三人,以统一解决诉讼当事人与该第三人间之纷争。唯实际上第三人未必恒受参与诉讼程序之机会,倘其系非因可归责于己之事由致未获得该机会,而未参与诉讼程序,则强令其忍受不利判决效力之拘束,即无异剥夺其诉讼权、财产权。故为贯彻程序权保障之要求,应使该第三人于保护其权益之必要范围内,得请求撤销原确定判决"。[2] 黄国昌教授认为,"第三人撤销之诉的立法例的理论基础是源于台湾地区近年所兴起的新程序保障论,是纷争解决一次性和程序保障的调和机制"。[3] 邱联恭教授认为,台湾地区新"民事诉讼法""增设第三人撤销诉讼程序,系以贯彻程序权保障之要求为改革理念,而以赋予该第三人受程序权保障为主要目的,使其与新规定同时增设的职权通知制度(第六七条之一及二四五条第四项)相呼应、配套"。[4]

---

〔1〕 参见任重:《论虚假诉讼:兼评我国第三人撤销诉讼实践》,载《中国法学》2014 年第 6 期。

〔2〕 吕太郎:《民事诉讼之基本理论》(二),台北,元照出版公司 2009 年版,第 210 页。

〔3〕 黄国昌:《民事诉讼理论之新开展》,北京大学出版社 2008 年版,第 121 页。

〔4〕 邱联恭、许士宦:《口述民事诉讼法讲义》(三),2017 年笔记版,第 387 页。

法国《民事诉讼法典》(第582~592条)从含义、目的、主体、期间、管辖、效力、程序、救济、处罚等多个角度对第三人撤销制度进行了规范。根据法国立法,法国的第三人撤销诉讼是指第三人对原判决已判争点提出异议,要求法院重新审理并改变或撤销该判决的专门的救济程序。其目的"主要系基于判决不可损害任何未被保障听审或为利益防卫之第三人之思想"。[1]

最高人民法院在公报案例的裁判要旨部分同样认为第三人撤销之诉具有以下两项制度功能:一是为因故未能参加诉讼而没有获得程序保障却可能受生效判决不利影响的第三人提供救济途径;二是防止第三人受他人虚假诉讼的侵害。[2] 本书认为,关于第三人撤销之诉制度,我国重在救济,通过为受裁判不利影响的第三人提供程序参与权以救济其受到损害的民事权益。由此看来,在这种制度定位下,有必要分析第三人撤销之诉与同作为对第三人提供权利救济的第三人参加诉讼、案外人申请再审、案外人执行异议之诉之间的关系。

三、第三人撤销之诉的诉讼标的

诉讼标的是民事诉讼理论上的基础概念,与诉讼请求、诉的合并、既判力等理论关联密切。诉讼标的的识别历来存有争议,在理论上可以分为旧实体法说、新诉讼标的理论、新实体法说和诉讼标的相对化理论。我国立法上未对诉讼标的如何判断进行明文规定,理论界尚未形成通说性意见,司法实务中做法不一,现有的指导性案例仅对个别情况有所确定,还未形成体系性观点,对法官如何判断难以有效指导。由于诉讼标的理论本身存在多种学说,关于第三人撤销之诉的诉讼标的并未形成统一观点。

在早期,实体法上的请求权与民事诉讼法上的诉讼标的,两者之概念并无区别,所以在旧实体法说看来,诉讼标的即是实体法上的请求权。这种现象产生的原因有二:第一,诉讼标的的概念系直接引用民法上请求权概念而建立;第二,早期的民事诉讼法,仅有给付诉讼一种类型,尚未出现确认诉讼与形成

---

〔1〕 姜世明:《概介法国第三人撤销诉讼》,载《台湾本土法学》2005年第11期。

〔2〕 最高人民法院(2016)最高法民申1045号民事裁定书——香港大千国际企业有限公司与于某敏、海门市大千热电有限公司第三人撤销之诉纠纷案。

诉讼。19 世纪,诉讼法开始独立于实体法自成体系,受此影响,新诉讼标的理论得以诞生,新诉讼标的理论以诉的声明和案件事实为主要要素。新诉讼标的理论完全脱离实体法,不受请求权理论的干扰,部分实体法学者提出新实体法说,在旧实体法学说的基础上解决请求权竞合的问题。理论的发展是渐进的,新学说并未因其绝对性优势而取代旧说,各理论有其固有的缺陷。因此,折中于各学说之间的诉讼标的相对论得以出现,相对论是新旧之间的融合,利用当事人的程序自主权,由当事人选择适用新说还是旧说。

在各诉讼标的理论争论不休而无具有绝对优势的统一学说占主导地位的情况下,诉讼标的相对论结合了各理论的优点,并针对具体案件的实际情况展开讨论,并具有司法实践上的可操作性,为法官办理具体案件提供了建议和理论指导。本书认为,此折中观点摒弃了理论争议,且对司法实践具有指导意义,值得提倡。我们不可能期待完美无缺的理论,在诉讼标的相对论之前,各诉讼标的识别学说之优缺点已被学者剖析和揭示透彻的情况下,不能仅从其中择一作为学说和立法的指导原则,而是需要避免各学说存在的漏洞,兼容并蓄。近年来,我国台湾地区学者也开始提倡诉讼标的相对性理论,在我国台湾地区学者看来,所谓诉讼标的相对论,不是学说或实务中以某一种理论为指导,而是各理论均采之,并将新说或旧说的选择权交给当事人,以尊重当事人的程序选择权和处分权。但这一相对论观点在实务上并未得到广泛认可和适用,实践中绝大多数的案件采取旧说。

探究第三人撤销之诉的诉讼标的,有助于正确认定实践中出现的重复起诉问题,诉讼标的作为诉的构成要素,是识别一事不再理构成的重要因素。诉的主体、诉讼标的和事实理由构成诉的三要素。其中,由于诉讼标的理论的复杂性,使在判断一事不再理问题上存在困难和模糊性,引发实践中同案不同判的效果。在理论上,如何判断此诉与彼诉的不同?通常情况下是通过对比诉的要件,一个诉在构成要件上包括诉的主体(当事人)、诉的客体(诉讼标的)和诉的理由。但在不同国家和地区,对诉的要件的看法也存在不一致的现象。这进一步加剧了诉的同一性的认定。例如,在日本法上,关于重复起诉的要件,包括三项,即当事人相同、审判对象的相同与近似、主要争点的共通性。我国《民事诉讼法解释》第 247 条对重复起诉作出如下认定,前诉与后诉当事人相同、诉讼标的相同、诉讼请求相同或者相矛盾(后诉诉讼请求实质上否认前诉裁判结果)。这三项的规定难以认定诉的同一性。通过对两种界定相比会发现,重复起诉在构成要件上与诉的构成要件不同,这会造成在重复起诉认定上的不周延。具体来看,其差异主要是在第三项——诉的理由。也就是说,我国法与日本法对重复起诉的认定,前两项是一样的,第三项中诉讼请求与主要争点不同,主要争点涉及争点效问题,具有类似于既判力的效力,基于这一点当事人不得另行起诉。因此,诉讼标的的判断构成了重复起诉认定中的主要问题。《民事诉讼法解释》第 247 条对重复起诉的规定引发了一场学术讨论,也引发了对诉讼标的理论的重视和探讨。可见,一事不再理或重复起诉中的问题有待诉讼标的理论的梳理和澄清。

关于第三人撤销之诉的诉讼标的可分性问题。诉讼标的是否可分关系一部请求是否允许被提起,在部分国家判例中(如德国),允许原告提出一部请求,此一部请求经法院裁判后不影响剩余部分请求的可诉性,法院裁判既判力的范围只限于原告提出请求的范围。但在新诉讼法学说看来,对于基于同一事实所引发的法律关系,原告即使仅对其中一部分提出诉讼,视为法院对该法律关系作出判决,裁判的既判力及于剩余部分。一部请求的提起有其合理性和必要性,基于请求权的可分性,应当尊重原告的选择权和处分权,允许原告就其中一部分权利先提起诉讼。同时,为了诉讼经济和被告权益保护,原告此种选择权应当受到限制,即原告一部请求的允许需要限定在特定的范围内。因此,本书认为,因为法律关系的同一性,一部请求和剩余请求的诉讼标的属于同一个,因请求权的可分性,该诉讼标的也具有可分性。这里需要强调的是,诉讼标的不同于诉讼请求,诉讼标的的客体也不同于诉讼请求的客体。如前所述,诉讼标的是法院审理的对象,而诉讼请求是判决或既判力的客体,根据辩论主义的要求,法院裁判的范围应当限于原告诉讼请求的范围,且必须对原告各项诉讼请求作出认定,不能遗漏或增加。因此,一部请求的既判力仅限于诉讼请求的范围,不影响原告残余请求权的提起。

四、第三人撤销之诉原告资格的理论与实践分析

(一)第三人撤销之诉适格原告的理论分析

原告主体资格,即提起第三人撤销之诉的原告需要具备什么条件。在该

问题上，根据《民事诉讼法》第56条第3款的规定，提起第三人撤销之诉的主体仅限于原审诉讼有独立请求权的第三人或无独立请求权的第三人。为给予第三人应有的程序保障，遏制虚假诉讼行为，防止其合法权益受到不利裁判的约束，在第三人因不能归责于其本人的事由而没有参加诉讼时，赋予其变更或撤销原生效裁判的诉权。[1] 在原告适格问题上，法国的规定比较模糊，[2] 主体也似乎比较广泛，无论是"利益"还是"利害关系"均为抽象的概念，单从条文中并不能看出提起第三人撤销之诉原告的具体类型。而我国第三人撤销之诉的提起主体更明确，即有独立请求权第三人和无独立请求权第三人。具体而言，有独立请求权第三人所谓的主张独立的请求权通常指物权请求权，既可以针对原被告争议的法律关系的全部内容，也可以针对部分内容。如果原告是无独立请求权的第三人，即该第三人在原审案件中与案件处理结果有法律上的利害关系，在理论上，无独立请求权第三人又可以分为以下两类：辅助型和被告型。然而，立法上的明确并未消除实践中原告主体资格判断上的困难。

本书认为，第三人撤销之诉原告适格的判断应确立以下标准：(1)不是原诉中的当事人或具有相当于当事人地位之人，前者如原告、被告、有独立请求权第三人，后者如法定代理人；(2)受原诉判决效力之扩张并有不利之影响，其中判决效力扩张主要包括既判力之扩张、形成判决的对世性形成效力以及判决的反射效力，或者受诈害诉讼不利之影响；(3)因不可归责于己的原因没有参加原诉，或者虽然参加原诉但在原诉中并不具备当事人地位，如许多大陆法系国家民事诉讼法中的辅助参加人。上述标准必须共同满足，缺一不可。至于适格的被告，则应以原诉中的原告、被告一并为共同被告。因为第三人撤销之诉不外乎否认前诉所确定的权利义务关系或认定的事实，因此其对方当事人只能是判决所列的当事人。

如前所述，我国提起第三人撤销之诉主体的立法规定非常明确，但仍然解决不了实践中频频出现的原告资格认定的困境。第三人撤销之诉原告资格认

〔1〕 参见刘东：《第三人撤销之诉的程序构建：现状、不足及完善》，载《法治研究》2018年第1期。

〔2〕 从比较法上来看，法国民事诉讼法规定有权提起第三人撤销之诉的原告应当是因他人的确定判决而受有损害或损害威胁，对该判决具有利益的人。

定的本质在于,对有独立请求权第三人和无独立请求权第三人的类型识别和类型划定。前述两种第三人与实体法律关系密切关联,其识别的困难是一直存在的,而非由第三人撤销之诉制度引发的新问题。无论从理论上还是司法实践来看,第三人撤销之诉的原告适格是最具争议的问题。有学者认为对第三人撤销之诉的原告范围不应作严格限定,除有独立请求权和无独立请求权的第三人之外,其他案外人也应被允许提起第三人撤销之诉。否则将不利于该制度立法目的的实现,也会使第三人撤销之诉制度在立法目的、适用范围和法律效果上与案外人申请再审制度类似,并主张没有必要在同一部法律中规定两个相似的法律制度。[1] 为此,应放开第三人撤销之诉的原告范围,只要是案件判决有可能损害其利益的第三人都可以提起第三人撤销之诉。我国设立第三人撤销之诉兼具规制虚假诉讼和保护第三人合法权益两种目的,严格限制第三人撤销之诉的原告范围实有不妥,会限制其立法作用的发挥,为了以上两种目的的实现,应该采取合法权益受损的标准来判断提起第三人撤销之诉的原告资格。

此外学界还有一种观点,即第三人必须用尽其他救济才可提起第三人撤销之诉,在第三人有其他方法保护自身权利的情况下,不能提起第三人撤销之诉。在法律上,同一种权利可以有多种方法来保护,应由权利人来选择保护自身权利的方法。例如,当第三人既可选择案外人申请再审又可选择第三人撤销之诉来保护自身权利时,第三人可以任选其一,而不能强制第三人只能先选择案外人申请再审,如此则会限制第三人权利的行使。在第三人选择案外人申请再审而不能保护自身权利而再去提起第三人撤销之诉的情况下,不利于纠纷的一次性解决,会造成司法资源的浪费。但是需要注意的是,在第三人选择案外人申请再审而无法保护自身权益的情况下,应允许第三人再提起第三人撤销之诉。

对于第三人的债权受侵害是否能提起第三人撤销之诉,司法实践中争议很大。一种观点持完全否定的态度;另一种观点持有条件的肯定态度,即债权人在特定条件下具有提起第三人撤销之诉的主体资格。

否定说认为,债权人就前诉中的标的物不能独立地主张实体权利,不是该

---

[1] 参见朱金高:《对第三人撤销之诉的异议》,载《政法论丛》2017 年第 5 期。

案的有独立请求权第三人。债权具有相对性和独立性,债权人与前诉的诉讼结果仅具有经济上的利害关系而非法律上的利害关系,不是无独立请求权第三人,不符合《民事诉讼法》第56条规定的主体要件。此外,第三人撤销之诉中侵害的“民事权益”通常指《侵权责任法》第2条规定的权益及法律明确规定的享有优先权的债权或者享有撤销权的债权,不包括债权人的金钱债权。采否定说观点的法院有江苏省高级人民法院。[1]

有条件的肯定说认为,第三人撤销之诉的立法目的在于为受虚假诉讼侵害合法权益的第三人提供救济,应对《民事诉讼法》第56条进行扩大解释,将普通债权人纳入第三人范畴。但是考虑第三人撤销之诉为特殊救济程序,为防止其滥用诉权,且考虑生效裁判文书的权威性,故应对普通债权人提起第三人撤销之诉设置严格的条件。在普通债权人提起第三人撤销之诉限于存在虚假诉讼且无法经由常规救济程序进行救济的情形下,普通债权人应对存在虚假诉讼提出初步证据。[2] 北京市高级人民法院发布的《关于审理第三人撤销之诉案件适用法律若干问题的研讨纪要》认为,以侵害金钱债权为由提起撤销之诉的,一般应当驳回起诉,但前诉当事人利用诉讼转移财产、逃避执行的除外。[3]

---

〔1〕 江苏省高级人民法院在其执行异议之诉问答中针对普通债权人是否可以提起第三人撤销之诉,作如下表述:普通债权人不属于原生效裁判对应法律关系中的第三人,不符合《民事诉讼法》第56条规定的第三人的主体资格,因此,普通债权人不能提起第三人撤销之诉。普通债权人认为自己的合法权益受到人民法院生效裁判的损害,可以依据《民事诉讼法》第200条的规定,向人民法院申请再审。案件进入执行程序后,案外人对驳回其执行异议裁定不服的,可以依照《民事诉讼法》第227条的规定,提起执行异议之诉。

〔2〕 参见贺小荣主编:《最高人民法院民事审判第二庭法官会议纪要——追寻裁判背后的法理》,人民法院出版社2018年版,第106~112页。

〔3〕 北京市高级人民法院发布的《关于审理第三人撤销之诉案件适用法律若干问题的研讨纪要》(2016年)。

最高人民法院2019年发布的《九民纪要》第120条[1]采纳了有条件的肯定说。立法设立第三人撤销之诉的主要目的是对民事权益受到侵害而未能参加诉讼的案外人提供救济。为实现第三人撤销之诉的立法目的,有必要对《民事诉讼法》第56条进行扩张解释,特定情况下将债权人纳入第三人范畴。为防止案外人滥用诉讼权利,影响生效裁判的稳定性和权威性,有必要对债权人作为原告提起第三人撤销之诉设置严格的条件。债权人提起第三人撤销之诉仅限于以下情形:第三人受到法律明确给予特殊保护的债权受到损害;第三人的普通债权受到损害,但其受侵害的债权是第三人依法可以行使撤销权的原裁判文书主文确定的债权;第三人的普通债权受到损害,但第三人有证据证明,原裁判文书主文确定的债权内容部分或者全部虚假。[2]

(二)司法实践中适格原告的具体类型与认定

1. 普通债权人的适格原告资格

典型案例3-1 A公司因未偿还到期债务被B公司起诉至法院,案件审理过程中,双方达成调解协议,约定A公司以其拥有的某地块的土地使用权抵偿对B公司的欠款。次年,B公司根据调解书办理了产权登记,取得了该地块的产权。由于上述涉案土地使用权并非A公司单独出资购买,此后涉案土地的共同出资人C公司、D公司通过申请再审、检察院抗诉等方式,法院进行了一系列的审判并作出了多份裁判。其间,法院撤销了A公司与B公司的调解书,通过执行回转的方式又将涉案土地变更登记到A公司名下。随后,A公司的另一

---

〔1〕《九民纪要》第120条规定:"【债权人能否提起第三人撤销之诉】第三人撤销之诉中的第三人仅局限于《民事诉讼法》第56条规定的有独立请求权及无独立请求权的第三人,而且一般不包括债权人。但是,设立第三人撤销之诉的目的在于,救济第三人享有的因不能归责于本人的事由未参加诉讼但因生效裁判文书内容错误受到损害的民事权益,因此,债权人在下列情况下可以提起第三人撤销之诉:(1)该债权是法律明确给予特殊保护的债权,如《合同法》第286条规定的建设工程价款优先受偿权,《海商法》第22条规定的船舶优先权;(2)因债务人与他人的权利义务被生效裁判文书确定,导致债权人本来可以对《合同法》第74条和《企业破产法》第31条规定的债务人的行为享有撤销权而不能行使的;(3)债权人有证据证明,裁判文书主文确定的债权内容部分或者全部虚假的。债权人提起第三人撤销之诉还要符合法律和司法解释规定的其他条件。对于除此之外的其他债权,债权人原则上不得提起第三人撤销之诉。"

〔2〕参见最高人民法院民事审判第二庭编著:《〈全国法院民商事审判工作会议纪要〉理解与适用》,人民法院出版社2019年版,第607~611页。

债权人 E 公司申请轮候查封了涉案土地。上述系列案件仍然进行了后续审理,法院最终的裁判结果维持了 A 公司与 B 公司民事调解书的效力。判决作出后,E 公司以法院遗漏必要的诉讼当事人损害其合法权益为由提起第三人撤销之诉,并上诉至最高人民法院。[1]

在第三人撤销之诉审理过程中,E 公司的原告主体资格成为法院审理的焦点问题。最高人民法院认为:对于 A 公司与 B 公司的债权债务纠纷,E 公司既不是该债权债务的当事人,也不是涉案土地的物权主体,E 公司虽然对涉案土地享有轮候查封的权利,但该主体在原审诉讼之前并无优先受偿权,因此,E 公司对 A 公司与 B 公司间的民事法律关系没有独立的请求权,不是有独立请求权第三人。同时,E 公司系 A 公司的一般债权人,故也不是无独立请求权第三人,因此,E 公司不具有提起本案第三人撤销之诉的原告主体资格。即便原诉讼的审理结果有可能与普通债权人存在法律上的利害关系,但又因一般债权并不属于我国《侵权责任法》第 2 条规定的民事权益的范畴,更不会存在原裁判错误而损害第三人的民事权益的情况。但是,有观点认为,普通债权人不具有第三人撤销之诉的原告资格并不是绝对的,如果原裁判存在虚假诉讼的情况或其财产处分危害债权人债权实现的,债权人有权提起撤销之诉。[2]

实践中对于这类普通债权人基本上都采取不予认定其第三人身份的方式。北京市高级人民法院发布的《关于审理第三人撤销之诉案件适用法律若干问题的研讨纪要》中认为,立法中原告主张的民事权益因法院裁判错误而受到损害时,其民事权益一般指所有权、用益物权、担保物权、股权等,不包括金钱债权。但如果权利人的金钱债权因他人利用诉讼转移财产、逃避执行而使其无法行使撤销权时,可以享有原告主体资格。[3] 广东省高级人民法院也采取同样的观点,普通债权人不能作为有独立请求权第三人或无独立请求权第三人。[4]

---

〔1〕 参见最高人民法院(2016)法民终 248 号裁定书。

〔2〕 参见蒲一苇:《第三人撤销之诉适用范围的实体法分析》,载任重执行主编:《民事程序法研究》(第 13 辑),厦门大学出版社 2015 年版,第 133 页。

〔3〕 北京市高级人民法院发布的《关于审理第三人撤销之诉案件适用法律若干问题的研讨纪要》(2016 年)。

〔4〕《广东省高级人民法院关于审理第三人撤销之诉案件疑难问题的解答》(2017 年)。

2. 公司股东的原告资格问题

关于股东的原告资格问题,实践中各地法院做法不一。有的法院认为股东不具有第三人撤销诉讼的适格原告资格。有的法院将公司股东认定为无独立请求权第三人。

典型案例3-2 于某与甲公司因借款纠纷诉至法院,在法院主持下双方自愿达成调解协议。乙公司是甲公司的全资股东,乙公司以于某及甲公司的借贷纠纷系虚假诉讼为由提起第三人撤销之诉。一审、二审、再审法院均认为乙公司对原案诉讼标的没有独立的请求权,原案结果与其亦无法律上的利害关系,因此,不具备适格原告的资格。[1]

典型案例3-3 甲公司是乙公司和丙公司成立的中外合资经营公司。甲公司因与某银行有欠款纠纷,在法院主持下达成调解协议,但因甲公司没有偿还能力,便申请乙公司代偿,代偿完成以后因甲公司并未向乙公司返还代偿款项,乙公司诉至法院,诉讼中甲公司同意了乙公司的诉讼请求。丙公司作为甲公司股东,以甲乙公司的代偿案件属虚假诉讼为由向法院提起第三人撤销之诉。对于丙公司提起的撤销诉讼,一审法院裁定不予受理,但二审法院认为,甲公司作为履行代偿义务的主体,其义务履行势必影响其股东丙公司的权益,丙公司与该案处理结果有法律上的利害关系,可以作为无独立请求权第三人。[2]

典型案例3-4 最高人民法院在“高光与三亚天通国际酒店有限公司、海南博超房地产开发有限公司等第三人撤销之诉”一案的民事裁定书中认为:公司股东对于公司签订的合同,因其不是合同的一方当事人,无权针对该协议提出诉讼请求。即便是股东以其个人财产履行公司签订的合同义务,因法人财产独立于股东个人财产,股东不能直接对法人名下的财产主张权利。因此,对于法院对公司纠纷作出

---

〔1〕 参见最高人民法院(2016)民申1045号民事裁定书。
〔2〕 参见天津市高级人民法院(2015)民四终字第100号判决书。

的裁判,股东无权作为有独立请求权的第三人提起第三人撤销之诉。此外,股东也无权作为公司纠纷的无独立请求权第三人。在法院裁判公司承担义务的情况下,公司财产必然会因义务履行而减少,从而影响股东对公司财产收益权等权利的实现。在公司涉诉时,股东对诉讼的处理结果存在间接的利害关系。但股东并不能因此而具备无独立请求权第三人资格,理由在于公司对外活动是股东整体利益和意志的体现,股东的利益和意志已经在诉讼过程中由公司所代表和表达,股东无权再以无独立请求权第三人的名义提起撤销之诉。〔1〕

3. 共同共有人的第三人撤销之诉的主体资格

典型案例 3－5 夫妻双方(甲和乙)婚后共同所有一套房屋,该套房屋已出租给丙居住。租住期间,乙曾多次向承租人丙借款,后原告甲起诉声称丙通过虚构房屋买卖关系、编造房屋装修等事实对乙提出恶意诉讼,但诉讼期间丙并未提供证据证明买卖合同成立,且法院将18.5万元(乙向丙的5次借款)推定为购房款,而此数额确远远低于当时房屋的市场价值45.53万元。原诉讼审理期间原告甲作为房屋共有人,未参与案件审理。其后原告以第三人的身份提起撤销诉讼。最高人民法院认为,本案的争议焦点在于第三人撤销之诉原告主体资格的判断,根据《民事诉讼法》的规定,有权提起第三人撤销之诉的主体仅限于有独立请求权第三人和无独立请求权第三人,而作为房屋共同共有人的甲不构成房屋买卖合同的第三人,不具有提起第三人撤销诉讼的主体资格。〔2〕 在原告适格问题上,最高人民法院认为基于判决既判力的稳定性,有权提起第三人撤销之诉的主体必须严格限定为有独立请求权和无独立请求权第三人。

---

〔1〕 参见最高人民法院(2017)民终63号民事裁定书。

〔2〕 参见最高人民法院(2014)民一终字第160号民事裁定书。

(三)司法实践中原告资格认定存在的问题及完善建议

1. 有独立请求权和无独立请求权第三人本身的范围

有权提起第三人撤销之诉的主体虽然在立法上有明确规定,但有独立请求权第三人和无独立请求权第三人本身的识别和判断存有很大的争议,给司法实践中第三人地位的准确判断带来了较大的难度。当前第三人撤销之诉的原告范围不统一,使各个法院是否受理第三人撤销之诉的情况不一,造成同案不同判的情况,这在一定程度上造成"司法不公",所以应当明确第三人撤销之诉的原告范围,统一受理尺度。此外,不应当对第三人撤销之诉的原告范围做过于严格的限制,以遏制恶意诉讼和虚假诉讼,最大程度上保护第三人的合法权益。关于有独立请求权第三人和无独立请求权第三人的范围,有学者建议通过科学的法解释学的方法对其进行界定和廓清。[1] 目前比较可行的做法是通过最高人民法院司法解释或发布典型案例的形式确定具有第三人撤销之诉适格原告的几种类型,以统一各地实践。同时,需要通过理论研究对适格原告的识别标准达成共识,以指导司法实践。

2. 对于当事人主体资格的审查阶段

与一般民事案件立案条件相比,第三人撤销之诉存在以下特殊之处:(1)在起诉条件上,需要提交相关证据材料以证明第三人因客观原因而未参与诉讼、原生效裁判内容错误且损害自己的民事权益。(2)法院在收到原告的诉讼资料后需将相关材料送达给对方当事人,并听取对方当事人的意见,必要时可以询问双方当事人。(3)法院对符合起诉条件的案件,应当在30日内决定立案。有学者提出,第三人撤销之诉的立案采取的是类似于再审案件的起诉审查制,而非登记制。[2] 本书亦赞同此观点。但立案审查制模式本身违反诉讼阶段理论,纵使第三人撤销之诉是对原生效裁判的撤销或变更,构成要件更为严格,但这并不构成其应当采取立案审查制的理由。由此,按照司法解释的规定,对作为第三人撤销之诉起诉条件之一的当事人主体资格的判断应当在立案阶段进行。实践中不少案件在立案阶段因原告主体不适格而被裁定不予受理。

---

〔1〕 参见刘东:《回归法律文本:第三人撤销之诉原告适格再解释》,载《中外法学》2017年第5期。
〔2〕 参见郑金玉:《我国第三人撤销之诉的实践运行研究》,载《中国法学》2015年第6期。

本书认为,第三人撤销之诉在立案阶段的审查应当适当放宽,按照诉讼阶段性理论,遵循起诉要件、诉讼要件和权利保护要件的内容和审查步骤。在第三人撤销之诉中,起诉时只要符合起诉要件,即起诉的形式要件即可受理,如起诉时间、管辖法院、诉讼对象等,对于一些实体要件,应当允许原告在审理过程中加以补充,减轻原告起诉时的举证责任,降低第三人撤销之诉的起诉门槛,加大保护第三人合法权益的力度,贯彻第三人撤销之诉的立法目的。

3. 裁判文书中对当事人不适格原因的说理问题

法院通常不会在裁判文书中对当事人适格与否的原因进行分析阐述,只做简单回应。

典型案例 3－6　A 合作联社向 B 公司发放贷款 800 万元,并由 C 和 D 两名自然人为该项贷款提供最高额为 1150 万元的最高额抵押担保,借款到期后,B 公司未归还本金及部分贷款期内的利息。A 合作联社向法院提起诉讼。法院判决 B 公司与 C、D 对贷款本金及利息承担连带赔偿责任,并判决 A 合作联社对 C、D 共有的某套房屋享有优先受偿权。之后,张某以其民事权益受到侵害为由向法院起诉请求撤销判决书中有关"A 合作联社对 C、D 共有的某套房屋享有优先受偿权"的判项。[1] 法院在不予受理的民事裁定书中仅表明:起诉人并无独立的请求权,且案件处理结果与其不存在法律上的利害关系,不符合提起第三人撤销之诉的原告主体资格。因此,应当加强裁判文书的说理性,法院在其不予受理或驳回起诉的裁定书中应当通过阐明原案实体民事法律关系揭示原告不适格的原因。

五、第三人撤销之诉证明问题的理论与实践分析

(一)第三人撤销之诉证明条件的理论分析

提起第三人撤销之诉的证明条件,即第三人必须提供证据证明其非可归责于已的事由和存在提起事由(人民法院作出的原生效裁判、调解书因事实认定错误或法律适用错误损害其合法权益)。从立法上来看,对于第三人来说,

---

[1] 参见浙江省金华市中级人民法院(2016)浙 07 民初 6 号民事裁定书。

非可归责于己的证明责任较容易，第三人只要证明因不存在可归咎于自身的种种事由而没有参加原诉讼程序的各项活动即可。但在程序运行过程中会发现，第三人不可归责于己的事由既是第三人撤销之诉的成立要件，同时也构成第三人撤销之诉审理过程中需要证明的结果。[1] 换句话说，内容错误的判断必须通过实体审理才能得知。[2] 那么，此时作为实体审理的结果却成为证明是否可以进入实体审理的对象。原告起诉时证明内容错误显然只能是初步，即存在错误的可能性。

对于没有参加原审的第三人来说，对于原审的一些情况也是属于不甚了解，所以想要在起诉的时候即拿出证据证明原审裁决事实认定错误或者法律适用错误实属不易。第三人撤销之诉也应当遵循诉讼阶段理论，即在诉讼中，有起诉阶段、审理阶段和胜诉阶段。在起诉阶段只需要审查是否符合起诉的形式要件，符合即可受理；而审理阶段才是拿出证据的关键时期，并为后面的胜诉阶段做准备。第三人提供证据证明人民法院作出的原生效裁判、调解书因事实认定错误或法律适用错误造成损害即属于审理阶段的证明责任，因此，把审理阶段的任务强加在起诉阶段的规定未免强人所难。

当生效的判决、裁定、调解书错误并损害第三人权益时，需要注意的一点是第三人只能针对生效的判决、裁定和调解书提起第三人撤销之诉。只有生效的、终局的裁判才会因其发生法律效力而对第三人产生影响。对生效的判决提起第三人撤销之诉，学者之间鲜有争议，原因在于判决多是对实体权益的裁决，与当事人的切身利益相关，但是对于生效的裁定是否提起第三人撤销之诉，学者之间的争议很大，原因在于裁定多是对程序性事项作出的裁决，很少涉及当事人的实体权益，所以有些学者认为没有必要把裁定作为第三人撤销之诉的诉讼对象。对于上述主张，虽然多数裁定是对程序性事项的判断，但是对于程序性事项的判断，不代表不与当事人的切身利益相关，比如不予受理或者驳回起诉的裁定则影响着当事人后续诉讼权利的行使，一概地把所有的裁定都排除在第三人撤销之诉的范围之外过于武断。对于生效的调解书是否可

---

〔1〕 参见许尚豪：《程序审查与实体审理：第三人撤销之诉的二阶程序结构研究》，载《政治与法律》2015 年第 12 期。

〔2〕 参见张永泉：《我国第三人撤销之诉的价值基础与功能定位》，载任重执行主编：《民事程序法研究》（第 11 辑），厦门大学出版社 2014 年版，第 62 页。

以提起第三人撤销之诉,反对者的观点认为第三人撤销之诉只能针对"确定判决"提起,调解书不符合法定要件,此外调解书只涉及当事人双方的利益,很少涉及第三方的利益。我们认为调解书应当成为第三人撤销之诉的诉讼对象,理由在于我国第三人撤销之诉的目的即在于规制恶意诉讼和虚假诉讼,维护第三方的合法权益,而恶意诉讼和虚假诉讼的双方当事人多假借诉讼而以调解结案从而达到其恶意串通损害第三人合法权利的非法目的,所以盲目地把调解书排除在第三人撤销之诉的范围之外实则是置第三人撤销之诉的立法目的于不顾,而第三人撤销之诉的目的在于规制恶意诉讼和虚假诉讼。例如,法国民事诉讼法规定,除法律特别规定的情形(如最高法院的判决、离婚判决等)外,都可以作为第三人撤销之诉的对象。[1]

(二)司法实践中对证明条件的认定

1. 立案时对证据材料的审查

典型案例3-7 兰西县农村信用合作联社第三人撤销之诉一案[2]中最高人民法院认为,对于原告起诉时提交的证明发生法律效力的判决、裁定或调解书部分或全部错误并损害其民事权益的证据材料,在立案阶段不须进行实质性审查,即立案阶段对上述证据材料有审查义务,但"不能以立案审查代替实体审查",其审查的主要目的在于过滤掉当事人无证据材料或证据材料明显不能证明的情况。至于当事人提交的证明裁判错误及自己民事权益受损的证据材料是否能够成立需要在庭审过程中通过举证、质证和辩论的方式加以判断。最高人民法院的观点首先明确了在第三人撤销之诉中不能以立案审查替代实体审查,同时还规定了实体审查的具体范围,防止实体审查过于严格,致使第三人撤销之诉难以进行。

---

〔1〕 参见[法]让·文森、塞尔日·金沙尔:《法国民事诉讼法要义》(下),罗结珍译,中国法制出版社2001年版,第1290页。

〔2〕 参见最高人民法院(2016)民终565号民事裁定书。

2. 原告未提供证据证明判决错误并损害自己民事权益的情况

典型案例3-8 马某与田某系夫妻,在婚姻关系存续期间,田某与曹某婚外育有一女田某华,田某通过多次转账的方式向曹某账户转账247万余元。后马某以田某擅自处分夫妻共同财产为由向法院起诉,法院认为田某的赠与行为既损害了马某的合法权益,也违反了相关法律,违背公序良俗,故判决认定赠与行为无效。二审维持原判。田某华以上述判决损害其民事权益为由提起第三人撤销之诉,主张田某支付曹某的款项并非赠与,而是支付自己的抚养费,在前述诉讼中,田某华多次主张追加自己为第三人,但未获法院准许。在撤销诉讼审理过程中,因田某华并未提供原生效裁判错误,损害其民事权益的证据,法院裁定不予受理,二审维持。原告因未参与原案审理,其获取证据本身存在困难,但原告在起诉时并未提供任何证据证明原裁判内容错误,不符合第三人撤销之诉的构成要件,法院在立案阶段裁定不予受理无不妥之处。

(三)司法实践中存在的问题及完善措施

1. 对起诉时相关证据材料的审查

原告起诉时需提交证明不可归责于自己的事由而未参加诉讼、原裁判内容错误且损害自己民事权益的证据材料。有观点认为,在起诉阶段,原告需要提供证据证明原裁判内容错误,且损害其民事权益,该项举证责任的分配是有所失衡的,对于原告来说承担的责任过重,减少了原告的起诉进入审理程序的可能性,不利于第三人合法权益的保护,违背了该制度设立的初衷。实践中由立案庭对上述材料进行实质性审查的情况并不少见,在立法上对其审查标准并无具体规定。由于第三人撤销之诉的特殊性,在立案阶段,对于证据材料只应采取形式性审查,如果原告不提交任何证据材料或其提交的证据材料明显不成立,立案庭可以裁定不予受理。此阶段对于原告不可归责于自己事由而未参与诉讼、原裁判内容错误、错误的裁判损害了原告的民事权益等事项的证明标准要求较低。

多元化证明标准理论早已不是一项新鲜的命题,其理论研究和立法成果也已经成熟。我国亦有不少学者支持但也不乏反对声音。我国民事诉讼领域多元化证明标准的研究逐渐受到重视,在立法上至少是司法解释层面已获得认可。民事诉讼证明多元化理论认为:民事证明是一个多元化系统,证明标准根据不同的证明对象有不同的盖然性要求。"如果以高度盖然性的证明标准为参照,特殊类型的民事诉讼所适用的证明标准大致可以分为两种情况:一种应低于高度盖然性的证明标准,另一种应高于高度盖然性的证明标准直至接近或达到排除合理怀疑的程度。"[1]证明标准的多元化在一定程度上体现在证明方式上,依证明方式而言,存在以下分类:证明和释明、表见证明和摸索证明、严格证明和自由证明。证明与释明要求不同的证明程度,因此与证明标准相关,其他两类仅是为了证明的方便而作出的变通或对证明在形式上的要求,不存在证明程度高低的问题。就证明而言,还可以根据证明对象的特殊性、重要性、社会意义和价值进行细分。释明主要针对程序性事项或部分紧急实体法事实,当事人对于回避、申请证据保全、申请证人出庭作证等,提供相应证据并进行必要说明,法官认为该事实有可能存在即可。

《民事诉讼法解释》第 109 条[2]对提高民事诉讼证明标准作出新规定,打破了 2002 年《民事证据规定》所确立的高度盖然性的单一标准。针对民事诉讼的特殊事项作出提高证明标准的规定,如欺诈、口头遗嘱等事项借鉴刑事诉讼里排除合理怀疑的证明标准,这一规定的积极意义值得肯定。欺诈、胁迫、恶意串通等在实体法上以"足以""显失公平"表述,体现了立法机关对其认定的审慎态度。[3] 口头遗嘱、遗赠等事实由于涉及当事人的重大利益,且在现实中不属于普遍发生的现象更容易引起注意和怀疑。原因在于对于涉及微小利益的事情人们通常不会过多关注,如果某件事情发生的概率较大,甚至达到经验法则的程度,人们通常也不会过多怀疑,因此,性质重大且发生的可能性小的事项引起更多注意和怀疑也就可想而知了。[4] 应当增加降低证明标准的情

---

〔1〕 毕玉谦:《证据法要义》,法律出版社 2003 年版,第 482 页。

〔2〕 《民事诉讼法解释》第 109 条规定:"当事人对欺诈、胁迫、恶意串通事实的证明,以及对口头遗嘱或者赠与事实的证明,人民法院确信该待证事实存在的可能性能够排除合理怀疑的,应当认定该事实存在。"

〔3〕 参见杜万华、胡云腾主编:《最高人民法院民事诉讼法司法解释逐条适用解析》,法律出版社 2015 年版,第 188 页。

〔4〕 参见蒋轲:《公证证明标准与责任》,北京大学出版社 2015 年版,第 188 ~ 189 页。

形,即当事人对与程序性事项只需提供相应证据并进行必要的证明,法院认为事实有可能存在的,可以准许当事人的申请。

2019 年 12 月 25 日最高人民法院颁布的《关于修改〈关于民事诉讼证据的若干规定〉的决定》(以下简称《新民事证据规定》)对提高和降低证明标准作了专门规定。《新民事证据规定》第 86 条第 1 款[1]关于提高证明标准的规定,与《民事诉讼法解释》第 109 条规定完全相同;第 86 条第 2 款[2]增加了降低证明标准的规定。降低证明标准的情形主要针对民事诉讼程序中的程序性事项,从保障当事人诉讼权利、推进诉讼程序出发,对于程序性事项降低证明标准,符合审判实际的需要。[3]

对于当事人证据搜集能力的增强可以通过多种方式,为了解决这一问题,应当赋予当事人证据收集权。证据收集权即当事人不仅对诉讼相对人,甚至对诉讼外的第三人,均有权要求其提出与争讼事实相关联的证据资料。在该问题上,本书颇为赞同。我国民事诉讼法未确立当事人证据收集权,当事人收集证据的权利更是缺乏制度保障,在我国司法实践中出现了调查令制度。通过考察调查令制度在实践中的运用,一定程度上赋予当事人证据收集这一私人行为以国家公权力保障的效力。调查令由当事人向法院申请,法院审查后有权决定是否签发,当事人或其代理人持调查令可以向有关单位或个人收集证据,无故拒绝执行调查令的行为将承担一定的法律责任。在调查主体问题上,由律师持调查令进行证据收集已得到一致认可,而关于当事人是否有权持调查令收集证据在理论上存在不同意见,还需留待以后立法的明确。调查令中应当写明证据收集的对象和事实、调查令有效期的起止时间、违反调查令的法律后果。关于当事人申请调查令的期间,在我国由于法院通常不参与诉前证据收集,多数学者主张调查令的申请应当在案件起诉以后。

同时,增强当事人证据收集能力还应建立诉前证据收集制度。例如,在德

---

〔1〕《新民事证据规定》第 86 条第 1 款规定:"当事人对于欺诈、胁迫、恶意串通事实的证明,以及对于口头遗嘱或者赠与事实的证明,人民法院确信该待证事实存在的可能性能够排除合理怀疑的,应当认定该事实存在。"

〔2〕《新民事证据规定》第 86 条第 2 款规定:"与诉讼保全、回避等程序事项有关的事实,人民法院结合当事人的说明及相关证据,认为有关事实存在的可能性较大的,可以认定该事实存在。"

〔3〕 最高人民法院民事审判第一庭编著:《最高人民法院新民事诉讼证据规定理解与适用》,人民法院出版社 2020 年版,第 752 页。

国,民事诉讼中规定了诉前鉴定制度,日本在诉前证据收集方面规定了当事人诉前证据收集处分制度,这些都是法院公权力在诉前对纠纷的参与和保障。而我国法院参与诉前证据收集制度仅限于诉前证据保全。本书建议,前述的调查令制度可以在一定程度上适用在诉前证据收集之中。当然,对于诉前调查令的申请,如果在申请条件上与起诉后的申请条件相同则容易产生当事人滥用的现象,因此,其申请条件应当更严格,仅限于对案件有重要作用的证据,经法院审查确有调查必要的可以签发,而有重要意义的证据的判断需要在立法中设立相应的标准或考虑因素。同时有必要确立滥用法院调查令的法律责任。

另外,同样为解决这一问题,我国台湾地区学者提出了确立协作式证据收集制度,协作式证据收集体现了当事人证据协力义务的落实。从为权利而斗争到为权利而沟通,体现了民事诉讼理念的变革。在诉讼程序中应当尽量减少当事人之间的对抗,为当事人提供相互沟通的桥梁。为权利而沟通的理念在证据制度上体现为当事人证据协力义务,该理念的确立有助于当事人之间相互协作收集证据。证据收集协力义务对应当事人的证据收集权,证据收集协力义务从属于证据协力义务,在民事诉讼法中应当确立证据协力义务的原则并规定该原则适用的领域,如应用于证据收集、证据保全等方面。

我国《民事诉讼法》没有规定"书证提出命令",其是《民事诉讼法解释》第112条[1]创设的制度,是提高当事人举证能力、扩展当事人收集证据手段的重要措施。《新民事证据规定》第45条、第46条、第47条、第48条对"书证提出命令"制度进行了补充和完善。司法解释囿于其局限性不能为诉讼外第三人设定诉讼法上的义务,所以书证提出义务的主体只能限于控制书证的对方当事人。申请书证提出命令应当具备以下基本条件:申请提出的书证名称或者内容;要证事实及事实的重要性;对方当事人控制书证的根据;对方当事人应当提交书证的理由。当事人申请理由成立的,人民法院应当作出裁定,责令对方当事人提交书证;理由不成立的,通知申请人。在下列情形中,控制书证的

---

〔1〕《民事诉讼法解释》第112条规定:"书证在对方当事人控制之下的,承担举证证明责任的当事人可以在举证期限届满前书面申请人民法院责令对方当事人提交。申请理由成立的,人民法院应当责令对方当事人提交,因提交书证所产生的费用,由申请人负担。对方当事人无正当理由拒不提交的,人民法院可以认定申请人所主张的书证内容为真实。"

当事人应当提交书证:(1)控制书证的当事人在诉讼中曾经引用过的书证;(2)为对方当事人利益制作的书证;(3)对方当事人依照法律规定有权查阅、获取的书证;(4)账簿、记账原始凭证;(5)人民法院认为应当提交书证的其他情形。不遵守书证提出命令,适用证明妨害法理。[1] 控制书证的当事人无正当理由拒不提交书证的,人民法院可以认定对方当事人所主张的书证内容为真实。

由于现实中"双方力量总是存在差距",为实现公正,法官应当行使释明权来帮助较弱的一方当事人提出主张和证据。法官释明权的行使贯穿在诉讼的全过程,如在证据问题上,法官释明权的行使应当体现在:按期举证及其后果的释明、证据的可采性、证明力大小、能否达到内心确信等。同时,在立法上应当建立对法官不当行使释明权的制约措施,例如,允许上诉法院以法官释明权行使不当为由撤销原判,发回重审。至于何种情况下法院未尽释明义务可能导致当事人的上诉,其判断需要结合当事人的实体请求的现实情况。

2. 再审思路贯穿于对"原裁判内容错误"的审查

第三人撤销之诉中的"原裁判内容错误"要件显然与再审程序中的再审事由在范围上不尽相同。但实践中,部分法院对"原裁判内容错误"要件的审查受再审案件审查的影响,甚至会超出原裁判的范围重新审理原案纠纷。"从某种程度上讲,为我国司法实务所熟知的再审诉讼模式已经显著影响了第三人撤销之诉的实践特点。"[2] 按照《民事诉讼法解释》的规定,"原裁判部分或全部内容"是指判决、裁定的主文,调解书中处理当事人民事权利义务的结果,由此"主文""处理权利义务的结果"构成了"内容错误"的范围和法院撤销的对象。然而,单从作为结论的"主文""处理权利义务的结果"来看,无法判断其对错与否,通常需要审查作为其前提的事实认定和法律适用(包括实体法的适用和程序法的适用)问题,其中事实认定错误又是第三人撤销之诉案件中最普遍也是争议最大的问题。

因此,对原裁判内容错误的认定首先需要确定"案件事实"和"法律适用"的具体范围。案件事实可以作如下层次区分:(1)主要事实,是指主张该事实

---

[1] 参见最高人民法院民事审判第一庭编著:《最高人民法院新民事诉讼证据规定理解与适用》,人民法院出版社 2020 年版,第 459 页。

[2] 郑金玉:《我国第三人撤销之诉的实践运行研究》,载《中国法学》2015 年第 6 期。

的一方当事人必须证明的事实。(2)次要事实,是指涉及证据的可采性、证人的可靠性等事实。(3)辅助事实,是指与主要事实有关联的事实,是从中能推理得出主要事实的那些事实。一般来说,辅助事实可以用证言、可采纳的传闻陈述、文书、实物予以证明。对事实的认定,则是法官的职责。在通常情况下,只有主要事实认定错误才会对裁判的主文产生实质性影响。关于法律问题,我国学者认为,所谓法律问题,通常又称为法律争议,是相对于非法律争议来讲的,与事实问题相对,英美法对法律问题没有清晰的定义。就其外延来说,包括管辖请求和答辩的实体法规则,有关证据的可采性,证据的提出与效力的规则以及是否有足够的交给陪审团斟酌的证据问题等。应当说,一般的程序违法行为对当事人实体权利义务的影响比较小,只有重大程序违法行为才有引起"裁判内容错误"的可能。重大程序违法行为的范围可以参考再审事由中关于程序违法的规定。

3. 在审查虚假诉讼问题上发挥法官的应有作用

民事诉讼功能的转变,反映了各国诉讼理念的变迁。而法官在寻求案件真实、实现实体正义方面扮演着举足轻重的角色。在世界范围内法官角色在追求真相价值上已经发生转变,例如,欧洲大陆从 19 世纪末开始,由于民事诉讼的功能发生了转变,从完全私人性转向公共性和社会性,法官在民事诉讼中的责任加重。奥地利民事诉讼法在 1985 年实现了从私人法到公法,从完全自由主义到政府在民事案件中承担责任。在美国,民事诉讼一直被视为一场比赛,在这场比赛中,哪方表现得好哪方就能获得胜诉。法官的角色如同裁判员,仅需要检查各方是否遵循规则,并惩罚那些不遵守规则的人,纠正违反规则的行为。诉讼的目的是使当事人从纠纷中解脱出来,尽管结果可能违背真相,甚至违法,这就是美国传统民事诉讼的功能。1974 年美国《联邦民事诉讼规则》规定了法官可以主动传唤证人的权力。英国于 1998 年颁布的新《民事诉讼规则》中规定,法官有权告知当事人适用哪种民事诉讼程序。在证据领域,法官可以给当事人提出建议(实际上是命令)使用哪一个证据证明哪一个事实。法国 1976 年《民事诉讼法典》第 10 条赋予法官可以调查任何证据的权力,德国也是如此。意大利同样赋予法官有限的证据调查权,其有限性体现在除证人证言等证据外,法官可以主动调查证据。

由于作为个体的利己性,当事人通常只会出具对自己有利的证据,其进行诉讼并不完全在于寻求案件真相，法官审判的目的也不是尽最大努力去寻找事实，从而使诉讼程序成为当事人之间竞技的舞台。如果仅靠当事人双方发现事实，而当事人只会提交对其有利而不是所有与案件相关的证据，如果缺少这些证据，案件就很可能出现偏差，法官有权力甚至有责任调取证据，追求真相成为法官的责任。法官拥有很大权力的重要原因在于事实真相是适用法律的必要条件。如果不把追求事实真相作为目标，就不是正确适用法律的方法。法院的判决应当是正确适用规则、合法作出的，而非当事人私人斗争的结果。

六、第三人撤销之诉管辖和提起诉讼期间之理论与实践分析

（一）管辖及诉讼期间的理论分析

第三人撤销之诉的管辖法院为作出生效裁判的法院，该项规定比较合理，理由在于原审法院对于案件情况比较了解，在此基础上受理第三人撤销之诉可以减少审理时间，节约司法资源。但也可能会面临一些问题，如突破现有级别管辖规定由作出原生效裁判的法院管辖，在一定程度上会使级别高的法院审理标的额小且案情并不复杂的案件，造成司法资源的滥用。[1] 再如，原审法院是否有勇气面对自身判决的错误之处，敢于纠正裁判中的错误。此外，对于原审的裁判人员是否可以继续参与第三人撤销之诉的审理，学界存有很大的争议，立法上尚未予以明确的规定。

我国立法规定，第三人提起撤销之诉的期间为知道或者应当知道权益受到损害之日的6个月内，本书赞同6个月诉讼期间的规定，这样规定既有利于第三人为维护自身的合法权益而提起诉讼，又避免了使裁决长时间处于不确定性的弊端，时间长短较为合适。在第三人撤销诉讼提起期间问题上，法国立法并没有采取“一刀切”的方式，在其《民事诉讼法典》第586条及其他条款中对第三人撤销诉讼的提起期间区分不同情况作出规定。在一般情况下，提起撤销诉讼的期间为30年，自判决作出之日起算，但在该第三人受到判决通知的情况下，应当在判决通知之日起2个月内提起，除非判决中明确写明了第三人享有的期间及救济方式。在其他诉讼中某判决被援引的情况下，对方当事人

---

〔1〕 参见黄立嵘：《第三人撤销之诉的审查标准》，载《人民司法》2017年第22期。

针对该判决提出第三人撤销诉讼的时间将不受限制。当事人在提起第三人撤销诉讼的方式上，既可以单独提起也可以在其他诉讼中附带提起。在单独提起的情况下，应当向作出该判决的法院提出；附带提起时其管辖法院则会因受理当前诉讼的法院与原判决法院级别不同而受到影响。我国台湾地区提起第三人撤销之诉的期间准用再审之诉的规定，自判决确定之日或知悉再审事由之日起30日内提起，但判决确定后超过5年的，原告将丧失提起第三人撤销之诉的主体资格。提起期间的确定需要考虑平衡保护第三人权益、维护关系稳定和法院判决的权威性。

（二）原审合议庭可否继续审理第三人撤销之诉案件

根据《民事诉讼法解释》的规定，审理第三人撤销之诉案件，法院应当组成合议庭适用一审普通程序进行审理。由于立法并没有对合议庭如何组成作出明确规定，对此，有学者主张原审合议庭应当继续审理第三人撤销之诉案件，一方面，因其对原审案件较为熟悉，在审理时有着其他法院无可比拟的优势，从而节省庭审时间，节约司法资源；[1]另一方面，需要考虑的问题是，要求原审审判庭撤销自己作出的裁判难以确保其公正客观，即便裁判错误是基于第三人因不能归责于自己的事由而未参与诉讼。

（三）诉讼期间要件实践中的争议点

实践中原告起诉超过诉讼期间的案件并不少见。原告的主张是否超过6个月的法定期间常常成为双方争执的焦点，而该焦点的核心并不是6个月的计算问题而是“知道”或“应当知道”的判断标准。从诉讼时效认定的实践来看，就法院而言，其判断并无太多困难，除原告举证和被告抗辩之外，法院通常会结合原告的其他行为推定原告“知道”或“应当知道”裁判内容的时间点。例如，在任某伟、吕某第三人撤销诉讼案[2]中，原告认为一审法院认定超过诉讼时效的判决错误，上诉至二审法院，二审法院认为上诉人对要求撤销的原生效调解书在2016年6月已向法院提出执行异议申请，说明其在该时间已经知晓调解书的内容，后于2017年6月提起第三人撤销之诉显然已经超过了

---

〔1〕 参见全国人大常委会法制工作委员会民法室编：《〈中华人民共和国民事诉讼法〉条文说明、立法理由及相关规定》，北京大学出版社2012年版，第86页。

〔2〕 (2018)皖12民终666号民事判决书。

诉讼时效。

七、第三人撤销之诉的案由、提起方式和审理范围

(一)第三人撤销之诉的案由问题

民事案由制度一直在司法实践中扮演着划定民事诉讼主管范围和辅助识别诉讼标的的角色,其反映了案件在实体法上的民事法律关系,是对诉讼争议所包含的法律关系的概括。最高人民法院2011年2月修订了《民事案件案由规定》,早于2012年的《民事诉讼法》,所以《民事案件案由规定》并未规定第三人撤销之诉的案由,针对当事人提起的第三人撤销之诉案件,法院通常以原告申请撤销的裁判文书的案由作为第三人撤销之诉的案由。但是该种做法明显缺乏合理之处,第三人撤销诉讼应当与参与分配之诉、案外人执行异议之诉、许可执行之诉一样成为独立的案件类型,否则将会导致案由规定中各类案由的确定标准不一,带来实践操作中的混乱。

尽管我国立法规定的起诉条件仍然较为严苛,但立案登记制的确立和实施在很大程度上解决了民事诉讼中长期存在的立案难的问题,为当事人行使诉权提供了保障。根据《民事诉讼法解释》的规定,针对原告提起的第三人撤销之诉,在立案时与普通案件相比,法院要求提供证明不能归责于本人事由而未参加诉讼、发生法律效力的裁判错误、错误的裁判损害其民事权益等初步证据材料。但对于上述材料的审查主体在实践中存在混乱,多数案件由法院立案庭负责,有些法院直接交由原审审判庭,部分基层法院的立案庭和审判庭之间互相推诿。

案由反映民事法律关系的性质,是起诉状中很重要的一部分,明确的案由有利于法院快速精确地判定案件是否在受理的范围之内,对于第三人撤销之诉也是如此。所以针对目前第三人撤销之诉案由不清的现状,有必要在《民事案件案由规定》中加以补充。

最高人民法院组织编写的《民事案件案由新释新解与适用指南》根据《民事诉讼法》《民法总则》《反不正当竞争法》《最高人民法院关于适用〈中华人民共和国公司法〉若干问题的规定(四)》等对案由进行了全新整理,增加了全新的案由,增加的案由纠纷类型包括:申请实现担保物权;申请撤销准许实现担

保物权裁定;环境污染公益诉讼;破坏生态公益诉讼;第三人撤销之诉。[1]

(二)第三人撤销之诉的提起方式

在我国,第三人撤销之诉由原告以起诉的方式提起,实践中也均为单独起诉而无附带提起的情况。本书认为,我国立法并未否认附带提起第三人撤销之诉,如果审理主诉讼的法院是第三人撤销之诉案件生效裁判的作出法院,那么该法院对第三人撤销之诉也具有管辖权,在满足第三人撤销之诉的其他要件的情况下,受理主诉讼的法院也可以审理第三人撤销诉讼案件。从域外立法状况来看,法国民事诉讼法规定,当事人提起第三人撤销之诉的,既可以单独提起也可以在其他诉讼中附带提起。[2] 本书建议确立附带提起的方式,主要基于以下两方面的原因:一是在一定程度上缓和法院裁判预决效力被不当利用的问题。在法院生效裁判被用于免证事实的场合,一方当事人援引该裁判时,如果该裁判内容错误损害另一方当事人民事权益,则该当事人可以附带提起第三人撤销之诉。[3] 二是第三人撤销之诉由作出生效裁判的法院管辖,排除其他因素的影响,要求自己撤销自己的裁判,法院多多少少会不太情愿,可见,由作出生效裁判法院管辖第三人撤销之诉案件的做法在一定程度上会影响法院的公正立场。

(三)第三人撤销之诉的审理范围

在第三人撤销之诉中,第三人可能针对原判决的一部分起诉,也有可能针对裁决的全部起诉,那么,法院的审理范围应当是第三人有争议的部分法律关系还是原审所涉及的全部法律关系?这个问题尚没有法律作出相关规定。在第三人撤销之诉的判决中,法院经审理认为应当支持第三人的诉讼请求的,仅撤销第三人存有争议的判决部分,对于第三人没有争议的剩余判决,仍在原当事人之间具备法律效力,所以在此种情况下,应以第三人有争议的部分为审理范围,对第三人没有争议的部分在审理中不予考虑,一则可以节省审理时间,

---

〔1〕 参见景汉朝主编:《民事案件案由新释新解与适用指南》(第2版),中国法制出版社2018年版,第1394~1408页。

〔2〕 参见[法]让·文森、塞尔日·金沙尔:《法国民事诉讼法要义》(下),罗结珍译,中国法制出版社2001年版,第1290页。

〔3〕 参见田平安、张妮:《试论第三人撤销之诉的完善》,载任重执行主编:《民事程序法研究》(第11辑),厦门大学出版社2014年版,第9页。

二则可以节约司法资源,也有利于纠纷的快速解决。

在撤销对象问题上,对于法院作出的生效裁定是否可作为撤销的对象存在争论。多数观点认为,由于裁定本身的属性和功能限制,其没有被撤销的必要。[1] 也有学者从实践角度出发,肯定了裁定纳入撤销范围的必要,认为虽然从能否直接侵害第三人实体权益和必要性角度讲,几乎没有裁定可以纳入可撤销的范围,但出于实践中裁定适用不规范的考虑,裁定作为可撤销的对象并非完全没有意义。[2]

有学者建议除包括法院作出的生效法律文书之外,仲裁裁决等也应包含在撤销的范围内。[3] 本书同意这一观点,特别是在非诉讼纠纷解决方式迅速发展的现代社会,将撤销对象仅限于法院作出的生效法律文书具有一定程度的局限性。[4] 此外,根据我国现有立法和司法解释的规定,法院撤销的对象,应当是在原告诉讼请求基础上原判决、裁定、调解书中的错误部分。但存在例外情形,如果裁判内容部分错误时,该内容与其他部分不可分离,法院应当如何裁判?

典型案例3-9 甲建设公司与乙混凝土公司签订买卖合同,甲未履行合同义务,乙以甲欠付货款及违约金共计340万元为由向法院提起诉讼。诉讼中双方达成如下调解协议:甲公司向乙支付价款及违约金320万元,乙放弃其他诉讼请求。在执行过程中,蔡某作为甲建设公司的实际施工人,曾以甲建设公司某项目部名义与乙公司签订合同并已付款172万元,蔡某得知上述案件诉讼情况后向法院起诉请求撤销甲公司与乙公司的调解书。本案涉及的主要问题是当调解书仅存在部分错误的情况下,根据立法及司法解释的规定,对于调解书部分错误的情况,法院应当撤销错误部分或变更错误的内容。但是,如果调解书中各部分内容并不能独立存在而是相互连接成为整体时,

[1] 参见王福华:《第三人撤销之诉适用研究》,载《清华法学》2013年第4期。

[2] 参见张卫平:《中国第三人撤销之诉的制度构成与适用》,载《中外法学》2013年第1期。

[3] 参见朱金高:《对第三人撤销之诉的异议》,载《政法论丛》2017年第5期。

[4] 参见刘君博:《第三人撤销之诉撤销对象研究——以〈《民事诉讼法》解释〉第296、297条为中心》,载《北方法学》2016年第3期。

法院并不能仅撤销错误部分。

八、第三人撤销之诉与第三人参加诉讼的关系

我国民事诉讼法赋予第三人一系列权利救济途径，在民事审判程序中，第三人通过参加之诉进行救济；在终审判决作出后，第三人可以选择适用再审或第三人撤销之诉两种制度。在执行程序中，可以通过执行异议之诉主张权利。如前所述，对于第三人撤销之诉制度的设立，学界历来存在两种对立观点，"支持说"认为第三人撤销之诉有其合理性和必要性，而"反对说"则从第三人权利救济的体系性角度出发，认为该制度与再审诉讼、案外人执行异议之诉等有诸多重合之处，没有单独设置的必要。

第三人参加诉讼是在生效裁判作出前，因对他人之间的诉讼标的主张独立的请求权，或者虽无独立请求权但与案件的处理结果有法律上的利害关系而参加他人已经开始的诉讼。该制度在两大法系国家均存在，其设置的目的在于维护利害关系人的合法权益，防止法院作出错误的判决，实现诉讼经济。

第三人参加诉讼与第三人撤销之诉在诉讼主体和功能上有着相似之处，其适用主体均为有独立请求权和无独立请求权第三人，在制度功能上，都有助于保护第三人的权利，减少虚假诉讼案件。然而，两种制度也存在明显的差异，表现在：(1)制度设立的目的不同，这也是两者区别的关键，第三人参加诉讼是为了一次性解决纠纷，实现诉讼效率，而后者实质上是为了给予因不能归责于本人的事由而未能通过参加之诉主张权利但受到裁判损害的第三人以专门的救济渠道。(2)第三人选择权利救济的时间不同，前者是一种事先的权利保护程序（必须在诉讼过程中），后者是事后救济程序（在诉讼程序结束裁判作出之后）。(3)提起的条件不同，前者要求主张与案件有法律上的利害关系，可以通过起诉或申请的方式参加已经开始的诉讼，后者条件较为严苛，且其提起必须以起诉的方式。

关于第三人参加诉讼和第三人撤销之诉在适用上的关系可以概括为：后者是对前者的补救，对于已经通过参加之诉进行权利救济的当事人不能再行提出第三人撤销之诉。我国现有诉讼告知制度存在的种种问题造成了很多本应通过第三人参加诉讼制度参与到正在进行的案件中的第三人，只能通过事后的第三人撤销之诉实现维护自己合法权益的目的。

九、第三人撤销之诉与案外人执行异议之诉的关系

执行异议可以分为当事人、利害关系人对执行行为的异议和案外人对执行标的的异议两种。当案外人对执行标的主张权利且与原裁判无关时可以通过执行异议之诉实现权利救济。相较于案外人申请再审，案外人执行异议之诉与第三人撤销之诉的关系及适用较为明确。

两者存在两点共同之处：一是同一主体既可以提起第三人撤销之诉也可以提起案外人执行异议之诉，即两者制度在主体上存在竞合。二是两者都是对既判力的突破，即他人间通过诉讼得到的判决使案外第三人受到不利影响，从而通过诉讼的方式要求法院对其改变或撤销。因此，这也决定了两者同为形成之诉的诉讼性质。

两者的区别表现在三个方面：一是主体范围不同。执行异议之诉要求案外人对执行标的主张足以排除对执行标的物执行的权利，从适用的诉讼类型上看只能针对给付判决。而第三人撤销之诉的适用并不仅限于给付判决。二是适用的前提不同。执行异议之诉必须以执行程序启动且拿到法院驳回执行异议申请的裁定为前提，而第三人撤销之诉没有这个要求。三是管辖不同。执行异议之诉由执行法院管辖，第三人撤销之诉则由作出原生效裁判的法院管辖。在两种程序的适用关系上，有学者建议可以借鉴我国台湾地区优先适用执行异议之诉的做法。[1]

---

〔1〕 参见胡军辉：《论第三人撤销之诉与周边程序的协调》，载《政治与法律》2015 年第 8 期。

第四章　案外人申请再审

一、案外人利益受损分析

(一)虚假诉讼与案外人利益受损

凡有损害必有救济,为案外人提供救济机制的前提是其利益受到侵害,而通说认为虚假诉讼系侵害案外人利益的主要途径。换言之,当事人通过虚假诉讼侵害案外人利益必须具有现实性。"对于民事生效裁判的作用方式,学说有二:根据实体法说,民事生效裁判具有直接变动或者间接变动实体法律关系的效果;根据诉讼法说,民事生效裁判只是对实体法律关系的确认,原则上并不具有变动实体法律关系的效果。"[1]区分的意义在于,根据实体法说,案外人应受前诉生效裁判既判力的拘束,需通过再审之诉或第三人撤销之诉获得救济;根据诉讼法说,前诉生效裁判不会对案外人利益产生实质影响,其可通过另行起诉的方式获得救济。即根据诉讼法说,当事人通过虚假诉讼侵害案外人利益不具有现实性。由《物权法》第28条、《最高人民法院关于适用〈中华人民共和国物权法〉若干问题的解释(一)》[以下简称《物权法司法解释(一)》]第7条可知,我国采诉讼法说,但部分形成判决除外。[2]

事实上,由民事诉讼法理分析可知,确认判决的功能在于确认原告主张的民事法律关系或者特定的法律事实是否存在或者是否合法,给付判决则是在确认原告主张的民事法律关系存在的基础上判决被告履行一定的给付义务,仅形成判决的功能在于变动已成立或既存的民事法律关系或者特定的法律事

[1] 任重:《论虚假诉讼:兼评我国第三人撤销诉讼实践》,载《中国法学》2014年第6期。

[2] 《最高人民法院关于适用〈中华人民共和国物权法〉若干问题的解释(一)》第7条规定:"人民法院、仲裁委员会在分割共有不动产或者动产等案件中作出并依法生效的改变原有物权关系的判决书、裁决书、调解书,以及人民法院在执行程序中作出的拍卖成交裁定书、以物抵债裁定书,应当认定为《物权法》第二十八条所称导致物权设立、变更、转让或者消灭的人民法院、仲裁委员会的法律文书。"

实。即确认判决和给付判决只有确认之功能,仅形成判决具有变动实体法律关系的效果。且基于“债权相对性”和“物权绝对性”理论,通过虚假诉讼侵害案外人利益的情形,亦仅限于《物权法司法解释(一)》第7条所规定的形成判决。此外,从既判力的主观范围出发,因既判力原则上只及于对立的双方当事人之间,在例外情形下扩张至口头辩论终结后的诉讼承继人、请求标的物的持有人、诉讼担当场合的被担当人。[1] 故当事人通过虚假诉讼所得生效判决,其既判力通常不能拘束案外人,案外人另行起诉不违背《民事诉讼法解释》第247条之规定。

(二)案外人利益受损的成因

在当事人主义诉讼模式下,当事人在民事诉讼程序中处于主导地位,而法官则处于消极、被动、中立的地位。[2] 以辩论主义和处分权主义为核心的当事人主义对于抑制法官滥用职权具有积极作用,却无法遏制当事人通过虚假诉讼侵害案外人利益的行为,甚至成为滋生虚假诉讼、恶意诉讼、冒名诉讼的土壤。一方面,辩论主义造成了当事人与法院之间信息的不对称,相互串通、捏造事实进行虚假诉讼的当事人无疑居于优势地位,在“你给我事实,我给你法律”的辩论主义下,法院和法官更像被当事人牵着鼻子走的傀儡,其作出的裁判并没有实现正义,只是保护了互相串通的当事人的偏私。[3] 此外,辩论主义的内容之一,即法院应当将当事人双方无争议的主要事实当然地作为判决的基础。[4] 虽然《民事诉讼法解释》第92条第2款、第3款对自认作出了限制性规定,但在诉讼中自认仍是当事人进行虚假诉讼骗取法院生效裁判的重要手段。另一方面,因当事人有权支配和处置其享有的民事权利和诉讼权利,处分权主义亦为当事人进行虚假诉讼侵害案外人利益提供了便利。

此外,民事诉讼制度漏洞亦为当事人通过虚假诉讼侵害案外人利益提供了可乘之机。《民事诉讼法》第56条第1款、第2款虽明确规定,在诉讼阶段,

---

〔1〕 参见[日]高桥宏志:《民事诉讼法制度与理论的深层分析》,林剑锋译,法律出版社2003年版,第558~559页。

〔2〕 参见张卫平:《民事诉讼基本模式:转换与选择之根据》,载《现代法学》1996年第6期。

〔3〕 参见肖建国:《论案外人申请再审的制度价值与程序设计》,载《法学杂志》2009年第9期。

〔4〕 参见[日]高桥宏志:《民事诉讼法制度与理论的深层分析》,林剑锋译,法律出版社2003年版,第330页。

有独立请求权第三人有权提起诉讼,无独立请求权第三人可以申请参加诉讼或者由人民法院通知其参加诉讼,但基于当事人主义的内在局限、通知和信息沟通机制的缺失、法院怠于通知无独立请求权第三人等因素,致使第三人因不能归责于本人的事由未参加诉讼。此外,诉讼实务中大量的虚假诉讼案件是以调解方式结案的,调解结案在虚假诉讼案件中呈现规律性,成为虚假诉讼的表征之一。[1] 一方面,因调解无须拘泥于本案请求、事实,调解原则上不公开进行,调解能够面向未来、调和处理,调解书与判决书具有同等效力,调解更易达成调解协议,调解过程中当事人之间无实质性对抗,为当事人恶意串通侵害案外人利益提供了更为便利的条件;[2] 另一方面,因司法实践中一些法院将调解结案率作为法官考评内容,致使法官过分重视调解,甚至存在以判压调的现象,为当事人通过虚假诉讼侵害案外人利益提供了契机。

二、案外人申请再审的制度价值

当事人通过虚假诉讼侵害案外人利益的情形仅限于部分形成判决。但在司法实践中,通过合谋型虚假诉讼获取法院生效裁判以侵害案外人利益的情形却属常态,比如,夫妻一方通过虚假诉讼转移夫妻共同财产、出卖人以另案提起虚假诉讼对抗不动产买卖合同的继续履行等。[3] 根据前述诉讼法说,前诉生效裁判并未对案外人利益产生实质影响,其可通过另行起诉的方式获得救济,即无须先行否定前诉生效裁判的既判力。但案外人另行起诉并不能废弃前诉生效裁判的既判力、执行力、确定力等裁判效力,且会取得与前诉生效裁判相矛盾的新裁判,这在未以立法形式明确规定既判力制度的我国似难理解。且根据《民事诉讼法解释》第 93 条第 1 款第 5 项、第 6 项关于预决效力之规定,案外人在后诉中亦处于不利的地位。因此,在既判力制度缺失的背景下,另行起诉并不能完全契合诉讼法说,以应对当事人通过合谋型虚假诉讼侵害案外人利益的情形。事实上,若严守既判力相对性原则,则案外人利益少有

---

〔1〕 参见李浩:《虚假诉讼与对调解书的检察监督》,载《法学家》2014 年第 6 期。

〔2〕 参见李浩:《调解归调解,审判归审判:民事审判中的调审分离》,载《中国法学》2013 年第 3 期;肖建国:《论案外人申请再审的制度价值与程序设计》,载《法学杂志》2009 年第 9 期。

〔3〕 参见张艳:《虚假诉讼类型化研究与现行法规定之检讨——以法院裁判的案件为中心》,载《政治与法律》2016 年第 7 期。

被侵害之虞。但于现行法下,需通过案外人申请再审等制度,赋予案外人权利救济路径。

此外,案外人申请再审在一定程度上能够消除辩论主义和处分权主义之弊病。因辩论主义和处分权主义的局限性,致使案外人丧失展开攻击、防御之机会,为当事人进行虚假诉讼提供了便利。而有独立请求权第三人提起独立诉讼、无独立请求权第三人申请参加诉讼或者由人民法院通知其参加诉讼,作为事前保障机制能够保障第三人攻击、防御之机会,遏制当事人通过虚假诉讼侵害案外人利益的行为。而案外人申请再审,作为事后保障机制则在一定程度上能够重新赋予案外人参与诉讼、展开攻防之机会。案外人申请再审作为事后保障机制,辅之以罚款、拘留等强制措施,亦能倒逼当事人遵守诚实信用原则,降低通过虚假诉讼侵害案外人利益之概率。当然,案外人申请再审并非唯一的权利救济机制,我国现行法从诉讼阶段到执行阶段,赋予了案外人全面的救济路径。且现行法并未废除案外人申请再审制度,而以第三人撤销之诉取而代之,故案外人申请再审与第三人撤销之诉、案外人异议之诉均具有维护案外人利益之机能。

三、案外人申请再审的法律性质

案外人申请再审之诉的法律性质讨论应分为两个方面:一是诉的性质,即案外人申请再审之诉系给付之诉、确认之诉,还是形成之诉;二是程序性质,即案外人申请再审之诉系附属救济程序还是独立救济程序,是一般救济程序还是特殊救济程序,是事前救济程序还是事后救济程序。本书认为,案外人申请再审之诉系程序法上形成之诉、附属救济程序、特殊救济程序、事后救济程序。

(一)案外人申请再审之诉是程序法上形成之诉

根据诉讼标的之性质和内容,诉可分为给付之诉、确认之诉和形成之诉。其中,形成之诉是指原告请求法院运用判决变动已成立或既存的民事法律关系(或民事权益)或者特定的法律事实之诉。形成之诉有实体法上形成之诉与程序法上形成之诉。前者如调整不动产租金之诉、分割共有物之诉等,后者如撤销调解之诉、撤销除权判决之诉、第三人撤销诉讼等。[1] 当然,对形成之诉

---

〔1〕 参见杨建华:《民事诉讼法要论》,北京大学出版社2013年版,第191页。

的分类,学界本身存有质疑。[1] 本书认为,案外人申请再审之诉的性质取决于案外人申请再审之诉的诉讼标的之性质和内容。案外人申请再审之诉与当事人申请再审之诉相同,阶段有二,即再审审查阶段和再审审理阶段。"德国、日本传统学说认为,再审之诉两个阶段各有独立的诉讼标的,即所谓'二诉讼标的说'。因前一阶段诉的目的在于撤销或变更原生效裁判,故将再审审查阶段的诉称为程序法上形成之诉。因后一阶段系对原案的重新审理,故再审审理阶段的诉讼标的系原确定判决的诉讼标的。"[2] 新近的学说是"一诉讼标的说",认为再审诉讼的诉讼标的仅为原确定判决的诉讼标的。[3] 本书赞成"二诉讼标的说"。

其一,再审审查阶段。当事人进行虚假诉讼或者经由其他侵害案外人利益之途径获取法院生效裁判的目的在于,确定或变动当事人之间的法律关系以侵害案外人利益。而案外人申请再审的目的在于,撤销或变更侵害其利益的裁判,即变动原生效裁判已确立的民事法律关系。故案外人申请再审之诉,属于形成之诉。且案外人申请再审之诉系程序法上形成之诉,有别于实体法上形成之诉。实体法上形成之诉的诉讼标的是具体的民事法律关系或原告拥有的形成权,而程序法上形成之诉的诉讼标的是"程序法上的异议权"或者称为"诉讼法上的形成权"。案外人申请再审之诉的诉讼标的是案外人对原生效裁判效力的异议,故其属于程序法上形成之诉。

其二,再审审理阶段。当事人申请再审之诉的诉讼标的系原确定判决的诉讼标的。但案外人申请再审之诉的诉讼标的有别于当事人申请再审之诉,其原因在于前者的原告主要是有独立请求权第三人。而有独立请求权第三人提起独立诉讼,系以本诉的当事人双方为被告提起的一个新的诉讼。故于再审审理阶段,案外人申请再审之诉的诉讼标的,取决于有独立请求权第三人提起独立诉讼的诉讼标的。

---

[1] 参见崔玲玲:《诉的类型新论:对诉的类型传统理论的扬弃》,载《河北法学》2013 年第 1 期。

[2] 李浩:《构建再审之诉的三个程序设计》,载《法商研究》2006 年第 4 期。

[3] 参见邵明:《现代民事再审原理论——兼论我国民事再审程序的完善》,载《中国人民大学学报》2007 年第 6 期。

(二)案外人申请再审之诉是附属、特殊、事后救济程序

1. 案外人申请再审之诉是附属救济程序

"案外人申请再审"的概念源于《最高人民法院关于适用〈中华人民共和国民事诉讼法〉审判监督程序若干问题的解释》(以下简称《民事再审解释》)第5条、《民事诉讼法》第227条。但在学理上,案外人申请再审之诉系案外人(第三人)撤销之诉的一种类型。学理上根据管辖法院、审理范围、判决效力等方面的差异,将比较法上的案外人撤销之诉分为再审型、上诉型、复合型、独立型四种。[1] 再审型案外人撤销之诉,是指依托于再审程序,凡受原生效裁判、调解书既判力拘束的案外人,允许其以自己的名义申请再审,以撤销原生效裁判、调解书的程序。上诉型案外人撤销之诉,是指允许案外人向原受案法院的上级法院,以自己的名义申请撤销原生效裁判、调解书的程序。复合型案外人撤销之诉,其目的在于突破原生效裁判、调解书的既判力,故允许案外人为其本人利益请求撤销或改变原生效裁判、调解书。独立型案外人撤销之诉,既不依托于再审程序、上诉程序,其目的亦有别于复合型案外人撤销之诉,旨在赋予案外人事后程序保障,故允许民事权益受损的案外人提起诉讼撤销原生效裁判、调解书。我国学界曾就案外人撤销之诉的程序定位存在较大争议,且争议焦点主要集中于再审型案外人撤销之诉和独立型案外人撤销之诉,《民事诉讼法》第56条第3款最终将其定位为独立型案外人撤销之诉。[2] 但现行法并未废除案外人申请再审程序,故该诉属于依附于再审程序的附属救济程序。

2. 案外人申请再审之诉是特殊救济程序

判决一旦生效,即产生形式上的确定力和实质上的既判力,故作出判决的法院和其上级法院不得再更改已作出的判决,亦禁止法院在后诉中对同一诉讼标的作出与前诉不同的判决。[3] 但不排除判决存在重大程序违法和实体错

---

〔1〕 参见江伟、肖建国主编:《民事诉讼法》,中国人民大学出版社2015年版,第372页。

〔2〕 比如,江伟教授、肖建华教授建议将案外人撤销之诉定位为再审型案外人撤销之诉。参见江伟主编:《〈中华人民共和国民事诉讼法〉修改建议稿(第三稿)及立法理由》,人民法院出版社2005年版,第295页;肖建华、杨兵:《论第三人撤销之诉兼论民事诉讼再审制度的改造》,载《云南大学学报》(法学版)2006年第4期。比如,廖永安教授、肖建国教授、胡军辉教授建议将案外人撤销之诉定位为独立型案外人撤销之诉。参见胡军辉、廖永安:《论案外第三人撤销之诉》,载《政治与法律》2007年第5期;肖建国:《论案外人申请再审的制度价值与程序设计》,载《法学杂志》2009年第9期。

〔3〕 参见江伟、肖建国主编:《民事诉讼法》,中国人民大学出版社2015年版,第332页。

误之可能，故应允许当事人启动再审程序获得救济。因再审之诉旨在突破原生效判决的既判力，且于判决生效前当事人有权通过上诉程序获得救济。故为维护生效判决的终局性、法律关系的安定性，大陆法系国家和地区通常将再审之诉定位为特殊救济程序，再审程序的启动需具备严格的条件。而案外人申请再审之诉指向的是原生效裁判、调解书，其目的亦在于废弃原生效裁判、调解书的既判力，故基于已决裁判、调解书的终局性和安定性，应将案外人申请再审之诉定位为特殊救济程序。事实上，案外人申请再审之诉本质上就是再审之诉，是依托于再审程序的案外人撤销之诉。正因如此，案外人申请再审之诉与独立型案外人撤销之诉在注重裁判的稳定性方面有所区别。“在司法政策上，第三人撤销之诉的门槛应当比再审程序要低一些。即第三人撤销之诉与一般民事诉讼相同，依然是‘一阶结构’，没有事由审查。”[1]但如前述，案外人申请再审之诉阶段有二，再审审查阶段和再审审理阶段。

3. 案外人申请再审之诉是事后救济程序

所谓“事后救济程序”，是指裁判、调解书生效之后，权利人得以寻求救济的程序。与之相对，所谓“事前救济程序”，是指案件起诉受理之后，裁判、调解书生效之前，权利人得以寻求救济的程序。即二者是以裁判、调解书的生效时间为界限。事后救济程序，一方面，在于弥补原生效裁判、调解书的重大程序或实体瑕疵；另一方面，在于弥补案外人因不可归责于本人的事由所致事前程序利益缺失。因事后救济程序旨在突破原生效判决的既判力，故为维护生效判决的终局性、法律关系的安定性，应对事后救济程序设置较为严格的启动条件。对于当事人而言，应优先、穷尽适用事前救济程序。因案外人申请再审之诉指向的是原生效裁判、调解书，其目的在于废弃原生效裁判、调解书的既判力，故案外人申请再审之诉是原裁判、调解书生效之后，案外人寻求救济的事后救济程序。事实上，《民事诉讼法》《民事再审解释》等现行法赋予了案外人全方位的救济路径。事前救济程序包括有独立请求权第三人提起参加之诉、无独立请求权第三人申请参加诉讼或者由人民法院通知其参加诉讼、上诉程序。事后救济程序包括再审之诉、第三人撤销之诉。值得注意的是，案外人异议之诉是一种事前程序，是因为这种诉讼的提起不存在参加他人诉讼的前提，

---

〔1〕 张卫平：《中国第三人撤销之诉的制度构成与适用》，载《中外法学》2013 年第 1 期。

是一种元诉讼。[1]

四、案外人申请再审的适用条件

(一)案外人申请再审的两种类型

案外人申请再审包括两种类型,执行程序中的案外人申请再审和执行程序外的案外人申请再审。执行程序中的案外人申请再审规定于《民事诉讼法》第227条,即“执行过程中,案外人对执行标的提出书面异议的,人民法院应当自收到书面异议之日起十五日内审查,理由成立的,裁定中止对该标的的执行;理由不成立的,裁定驳回。案外人、当事人对裁定不服,认为原判决、裁定错误的,依照审判监督程序办理;与原判决、裁定无关的,可以自裁定送达之日起十五日内向人民法院提起诉讼”。事实上,执行程序中的案外人申请再审于1991年《民事诉讼法》第208条、2007年《民事诉讼法》第204条早有规定。但执行程序中的案外人申请再审却饱受批评,结合《民事诉讼法》第227条,尚有参考价值的包括以下两个方面:第一,案外人申请再审内置于执行程序,实属结构设置不合理,再审程序属私权确定程序,执行程序属私权实现程序,将私权确定程序内置于私权实现程序之中,有违审执分离之原理。[2] 第二,案外人申请再审内置于执行程序,致使当事人于执行程序外(执行程序开始前或执行程序终结后)无通过执行程序中的案外人申请再审获得救济之可能(《民事再审解释》第5条第1款为此规定了执行程序外的案外人申请再审),且侵害案外人利益之判决也只限于进入执行程序的给付判决,至于确认判决、形成判决、未进入执行程序的给付判决则无通过执行程序中的案外人申请再审获得救济之可能。

执行程序外的案外人申请再审规定于《民事再审解释》第5条第1款,即“案外人对原判决、裁定、调解书确定的执行标的物主张权利,且无法提起新的诉讼解决争议的,可以在判决、裁定、调解书发生法律效力后二年内,或者自知道或应当知道利益被损害之日起三个月内,向作出原判决、裁定、调解书的人民法院的上一级人民法院申请再审”。执行程序外的案外人申请再审相较执

[1] 参见张卫平:《中国第三人撤销之诉的制度构成与适用》,载《中外法学》2013年第1期。
[2] 参见蔡虹、冯娟:《案外人申请再审制度初探》,载《山东警察学院学报》2012年第2期。

行程序中的案外人申请再审,在救济阶段方面由“执行程序中”扩张至“裁判、调解书生效之后”。与执行程序中的案外人申请再审依附于执行程序不同,执行程序外的案外人申请再审系独立、自足性的再审之诉。但执行程序外的案外人申请再审亦存在以下批评:第一,《民事再审解释》第5条第1款将执行程序外的案外人申请再审主张权利的对象由《民事诉讼法》第227条中的“执行标的”缩小到“执行标的物”。[1] 但“执行标的”与“执行标的物”并非同一概念,且于执行程序外仍称为“执行标的物”有欠妥当。第二,根据《民事再审解释》第5条第1款“执行标的物”之表述,执行程序外的案外人申请再审所能撤销的生效判决仍限于给付判决,对于确认判决、形成判决则执行程序外和执行程序中的案外人申请再审皆无能为力。第三,《民事再审解释》第5条以是否进入执行程序为标准,将案外人申请再审划分为两种类型,表明仍未对执行程序中的案外人申请再审进行体系调整。

(二)两种类型案外人申请再审的适用条件比较

根据《民事诉讼法》第227条、《民事再审解释》第5条第2款、《民事诉讼法解释》第423条的规定,执行程序中的案外人申请再审的适用条件有六个方面:(1)主体条件:案外人;(2)时间条件:执行过程中;(3)程序条件:案外人对执行标的提出书面异议的,人民法院认为理由不成立裁定驳回;(4)实体条件:案外人对裁定不服,认为原判决、裁定错误;(5)申请再审期限:自执行异议裁定送达之日起6个月内;(6)管辖法院:作出原判决、裁定、调解书的人民法院。根据《民事再审解释》第5条第1款的规定,执行程序外的案外人申请再审的适用条件亦有六个方面:(1)主体条件:案外人;(2)时间条件:裁判、调解书生效之后,执行程序启动之前;(3)程序条件:案外人对原判决、裁定、调解书确定的执行标的物主张权利,且无法提起新的诉讼解决争议;(4)实体条件:原判决、裁定错误;(5)申请再审期限:在判决、裁定、调解书发生法律效力后2年内,或者自知道或应当知道利益被损害之日起3个月内;(6)管辖法院:作出原判决、裁定、调解书的人民法院的上一级人民法院。对比执行程序中的案外人申请再审与执行程序外的案外人申请再审的适用条件可知,二者在主体条件、实体条件方面基本一致,而在时间条件、程序条件、申请再审期限、管辖法院方

[1] 参见蔡虹、冯娟:《案外人申请再审制度初探》,载《山东警察学院学报》2012年第2期。

面存在差异。时间条件之差异已如前述,下文主要论述程序条件、主张对象、申请再审期限和管辖法院之不同。

1. 程序条件之不同

执行程序中的案外人申请再审的程序条件为"案外人对执行标的提出书面异议的,人民法院认为理由不成立裁定驳回"。即《民事诉讼法》第227条将案外人异议定位为执行程序中的案外人申请再审的前置程序,要求执行机关针对案外人异议先为形式审查。全国人大法工委民法室在阐述该条的立法理由时指出:"考虑到审判程序比较复杂,如果对所有的案外人提出的异议不经审查便直接进入审判程序,不仅影响执行效率,还可能给一部分债务人拖延履行留下空间,不利于债权的及时实现。实际上,一部分案外人异议仅通过执行机构的初步审查即可得到解决。"[1]虽然反对观点认为,其后果是在同一审级层面创设了两种服务于同一目的的救济,造成了救济重叠,这违背了基本的程序法原则——裁判拘束力原则:裁判法院原则上不得自行撤销、变更或者补充其裁判,除非发生再审、发回重审等情形。[2] 但本书同意以下观点:"如果实务中案外人异议前置的过滤功能显著,案外人进而不服提出异议之诉或再审之诉的比例较小,保留案外人异议前置程序并无不妥。反之,案外人提出异议之诉或再审之诉的比例及该诉维持案外人异议裁定的比例较高,则有必要取消案外人异议前置程序。"[3]

而执行程序外的案外人申请再审的程序条件为"案外人无法提起新的诉讼解决争议"。已如前述,案外人申请再审之诉是特殊救济程序、事后救济程序。再审之诉旨在突破原生效判决的既判力,为维护生效判决的终局性、法律关系的安定性,应优先适用普通救济程序、事前救济程序。执行程序外的案外人申请再审的程序条件契合再审之诉的本质。且案外人另行起诉较执行程序外的案外人申请再审之诉更具优势。一方面,启动执行程序外的案外人申请

[1] 全国人大常委会法制工作委员会民法室编:《〈中华人民共和国民事诉讼法〉条文说明、立法理由及相关规定》,北京大学出版社2012年版,第365页。

[2] 参见赵秀举:《论民事执行救济:兼论第三人执行异议之诉的悖论与困境》,载《中外法学》2012年第4期。

[3] 参见庄诗岳:《附所有权保留负担财产的强制执行》,载梁慧星主编:《民商法论丛》(第64卷),法律出版社2017年版,第400页。

再审之诉须具备严格的条件，而案外人另行起诉只要符合《民事诉讼法》第119条的规定即可，案外人另行起诉的门槛要低于执行程序外的案外人申请再审之诉。另一方面，执行程序外的案外人申请再审之诉阶段有二，即使生效裁判、调解书被撤销，仍需通过再审审理程序予以救济，且不排除直接适用二审程序而牺牲案外人审级利益之可能；而案外人另行起诉是一种元诉讼，案外人不仅享有充分的审级利益，亦无须经历二阶段之烦琐，更无须审查原生效裁判、调解书。事实上，执行程序中的案外人申请再审的程序条件系执行政策之考量，而执行程序外的案外人申请再审的程序条件则契合再审程序的本质。

此外，就执行程序外的案外人申请再审的程序条件而言，何为"新的诉讼"现行法未予明确。对此，存在以下三种观点：第一种观点认为：所谓"新的诉讼"，系指"第三人撤销之诉"。[1] 第二种观点认为："案外人对执行标的物主张权利，通常是主张物权。此时案外人另行起诉，则会生成矛盾判决，故应通过案外人申请再审程序予以救济。但在司法实践中，不乏通过虚假诉讼侵害案外人债权之情形。但基于债权的相对性，案外人可通过另行起诉获得救济，其非案外人申请再审之诉的适格当事人。"[2]第三种观点认为：法院在处理"案外人应当申请再审还是另行起诉"的问题时，主要标准是看案外人主张的权利是否与原生效法律文书确定的权利义务发生冲突。[3] 本书认为，观点一实际上是通过体系性解释，厘清第三人撤销之诉与执行程序外的案外人申请再审的适用顺位。观点二、观点三则是通过梳理裁判文书，得出司法实践中的一般性结论。观点二与观点三在本质上并无区别，但观点三之表述更为准确。换言之，案外人所主张之法律关系，如与原裁判、调解书确定的法律关系是同一法律关系，则应诉诸执行程序外的案外人申请再审；否则，应另行起诉。

2. 主张对象之不同

根据《民事诉讼法》第227条的规定，执行程序中的案外人申请再审，案外人系对"执行标的"提出书面异议；而根据《民事再审解释》第5条第1款的规

---

〔1〕 参见任重：《回归法的立场：第三人撤销之诉的体系思考》，载《中外法学》2016年第1期；郑学林：《简论民事再审审查制度实施的若干问题》，载《中国政法大学学报》2014年第1期。

〔2〕 袁琳：《主体要件视角下的案外人申请再审制度与第三人撤销之诉制度研究》，载《西部法学评论》2016年第1期。

〔3〕 参见吴泽勇：《第三人撤销之诉的原告适格》，载《法学研究》2014年第3期。

定，执行程序外的案外人申请再审，案外人系对原判决、裁定、调解书确定的“执行标的物”主张权利，即将“执行标的”限缩为“执行标的物”。“执行标的，是指执行行为所指向的，用以实现债权人实体请求权及法院收取相关费用的物、权益或行为。执行标的物仅是作为执行标的之有体物，是以物的形式体现出来的执行标的，是执行标的的一种。”[1]换言之，执行标的与执行标的物系包含与被包含的关系，执行标的物是执行标的的下位概念，执行标的物不包括权益或行为。执行程序外的案外人申请再审系对《民事诉讼法》第227条为扩张性解释的产物，旨在赋予案外人全面的救济路径。但将“执行标的”限缩为“执行标的物”却有失妥当，事实上也被学界广为批评。但在司法实践中，法官并未对“执行标的”及“执行标的物”予以严格区分。实践中，最严格的标准是将“执行标的物”理解为特定物，稍宽的标准将金钱也包含在内，最宽的标准则忽略“标的物”概念，只要有证据证明原生效裁判有可能侵害案外人的合法利益，就受理甚至认可案外人的再审请求。[2] 此外，无论是“执行标的”还是“执行标的物”，均将案外人申请再审的判决类型限于给付判决。

3. 申请再审期限之不同

执行程序中的案外人申请再审的期限是，自执行异议裁定送达之日起6个月内；而执行程序外的案外人申请再审的期限是，在判决、裁定、调解书发生法律效力后2年内，或者自知道或应当知道利益被损害之日起3个月内。执行程序中的案外人申请再审的期限要短于执行程序外的案外人申请再审。其中，“6个月”“2年”应为除斥期间（不变期间），案外人在此期间内不申请再审的，则在该法定期间届满时无权申请再审。而“3个月”应为诉讼时效，仅限于执行程序外的案外人申请再审，应适用诉讼时效中止、中断的规定。事实上，案外人“自知道或应当知道利益被损害之日起3个月内提出”的，并非再审申请，实质上是侵权诉讼，即案外人利益被诉权滥用的侵权行为所侵害后提起的侵权损害赔偿之诉。[3]

---

[1] 肖建国主编：《民事执行法》，中国人民大学出版社2014年版，第93～94页。

[2] 参见吴泽勇：《第三人撤销之诉的原告适格》，载《法学研究》2014年第3期。

[3] 参见肖建国：《论案外人申请再审的制度价值与程序设计》，载《法学杂志》2009年第9期。

4. 管辖法院之不同

执行程序中的案外人申请再审的管辖法院，是作出原判决、裁定、调解书的人民法院。根据最高人民法院的解释，由原审人民法院管辖的原因在于："由于民事诉讼法第 227 条未对案外人申请再审的管辖法院作出明确规定，第 56 条规定的第三人撤销之诉规定由原审人民法院管辖，第三人撤销之诉是与案外人申请再审非常接近的救济程序，为了增强两个程序的可识别性，在征得全国人大法工委同意后，本条（《民事诉讼法解释》第 423 条）规定了案外人申请再审的，可以向原审人民法院提出。"[1] 而执行程序外的案外人申请再审的管辖法院，则是作出原判决、裁定、调解书的人民法院的上一级人民法院。执行程序外的案外人申请再审的管辖法院，实际上是参照当事人申请再审的管辖法院予以确定的。根据《民事诉讼法》第 199 条的规定，当事人对已经发生法律效力的判决、裁定，认为有错误的，可以向上一级人民法院申请再审；当事人一方人数众多或者当事人双方为公民的案件，也可以向原审人民法院申请再审。即原则上当事人应当向作出判决、裁定、调解书的人民法院的上一级人民法院申请再审。值得注意的是，执行程序外的案外人申请再审亦是与第三人撤销之诉非常接近的救济程序，何以对执行程序中的案外人申请再审与执行程序外的案外人申请再审就管辖法院作出截然不同的规定？

五、案外人申请再审的再审事由

（一）案外人申请再审的再审事由内容

《民事诉讼法》第 200 条对当事人申请再审的事由作出了明确规定，但现行法是否对案外人申请再审的事由作出了明确规定存在争议。否定观点认为，《民事再审解释》存在的问题之一，即未对案外人申请再审的事由予以明确规定。[2] 更有学者对案外人申请再审的事由进行了类型化梳理供立法参考，

---

〔1〕 沈德咏主编：《最高人民法院民事诉讼法司法解释理解与适用》，人民法院出版社 2015 年版，第 1124 页。

〔2〕 参见山东省高级人民法院审监二庭：《审判监督实践中的若干问题研究——全省法院首届审判监督论坛综述》，载《山东审判》2011 年第 6 期；蔡虹、冯娟：《案外人申请再审制度初探》，载《山东警察学院学报》2012 年第 2 期。

即包括《民事诉讼法》第200条规定的情形1、3、6、12、13。〔1〕肯定观点认为，《民事再审解释》已对案外人申请再审的事由作出了明确规定，即案外人对原判决、裁定、调解书确定的执行标的或执行标的物主张权利。〔2〕已如前述，案外人申请再审亦分为前后相继的两个阶段，即再审审查阶段和再审审理阶段。其中，再审审查阶段的任务即对案外人申请再审的事由予以审查。换言之，民事再审事由是启动再审审理程序的程序性事由，是取消原生效(确定)裁判的既判力，使案件重新进入再审审判程序的理由，而不必然是对案件进行改判的理由。〔3〕案外人因未参与原案之审理，故《民事诉讼法》第200条规定的当事人申请再审的事由，并不能一体适用于案外人申请再审。事实上，案外人对原判决、裁定、调解书确定的执行标的或执行标的物主张权利，即表明案外人有受原裁判、调解书侵害利益之可能，是使案件重新进入再审审判程序的理由。

(二)案外人主张权利的内涵和外延

已如前述，案外人申请再审的事由是案外人对原判决、裁定、调解书确定的执行标的或执行标的物主张权利。但案外人主张权利的内涵和外延，《民事诉讼法》《民事再审解释》未作出明确规定。就案外人主张权利的内涵而言，执行程序中的案外人申请再审与执行程序外的案外人申请再审有所区别。执行程序中的案外人申请再审，其目的在于阻却执行法院对执行标的实施强制执行，故案外人主张权利系就执行标的有足以排除强制执行之权利。而执行程序外的案外人申请再审，其目的在于救济案外人受原生效裁判、调解书侵害之利益，故案外人主张权利系受原生效裁判、调解书侵害之权利。事实上，执行程序中的案外人申请再审，其最终目的亦在于救济案外人受原生效裁判、调解书侵害之利益，但因内置于执行程序中，其内涵与执行程序外的案外人申请再审有所区别。但就案外人主张权利的外延而言，执行程序中的案外人申请再审与执行程序外的案外人申请再审并无区别。就案外人主张权利的具体类

〔1〕参见蔡虹、冯娟：《案外人申请再审制度初探》，载《山东警察学院学报》2012年第2期。

〔2〕参见李云、方晋晔：《司法公正与既判力之衡平——以完善案外人申请再审制度为视角》，载《司法改革论评》2014年第1期；肖建国：《论案外人申请再审的制度价值与程序设计》，载《法学杂志》2009年第9期。

〔3〕参见江伟、肖建国主编：《民事诉讼法》，中国人民大学出版社2015年版，第335～336页。

型,学界有不同观点,通常认为主要是物权。[1] 本书认为,无论案外人在执行标的物上存在的权利是否为物权,只要案外人权利受到侵害,或不具有忍受强制执行的合法理由,就可以提起再审申请,比如,所有权、用益物权、担保物权、占有、孳息收取权、债权、依法保全的标的物。[2]

(三)案外人主张权利的基础事实

通说认为,虚假诉讼系侵害案外人利益的主要途径。根据《民事诉讼法》第112条的规定,虚假诉讼,是指当事人之间恶意串通,企图通过诉讼、调解等方式侵害他人合法权益的诉讼。案外人主张权利的基础事实,基本等于当事人恶意串通为虚假诉讼的事实。具体有以下几种类型:第一,捏造事实型。当事人双方恶意串通模仿真实证据而制造假证据、凭空捏造虚假的证据以及对真实证据加以变更改造,进而捏造事实、虚构权利义务关系、虚构权利义务主体以侵害案外人利益。第二,隐瞒事实型。当事人一方或双方故意隐瞒影响案件裁判结果的主要事实,以骗取法院生效裁判、调解书侵害案外人利益。第三,设定义务型。当事人双方恶意串通,使本不应该承担义务又未参与原案审理的案外人,因生效裁判、调解书而承担义务。第四,无权处分型。当事人以自己的名义通过诉讼、调解、仲裁等实施了处分案外人财产、权利的行为,案外人未予以追认且因未参与原案审理而遭受不利益。

六、案外人申请再审案件的当事人与裁判

(一)案外人申请再审案件的适格原告

案外人申请再审,是指依托于再审程序,凡受原生效裁判、调解书既判力拘束的案外人,允许其以自己的名义申请再审,以撤销原生效裁判、调解书的程序。但"案外人"的内涵、外延为何?现行法未明确予以规定,学理上存在不同观点。观点一认为:"由于不同判决效力扩张的情形有异,申请再审的适格案外人的范围也应有不同的界定:既判力所及的第三人原则上无案外人适格,仅特定情形下的第三人除外;人事诉讼判决形成力所及的部分第三人具有案

〔1〕 参见吴泽勇:《第三人撤销之诉的原告适格》,载《法学研究》2014年第3期;袁琳:《主体要件视角下的案外人申请再审制度与第三人撤销之诉制度研究》,载《西部法学评论》2016年第1期。

〔2〕 参见肖建国:《论案外人申请再审的制度价值与程序设计》,载《法学杂志》2009年第9期。

外人适格,而公司诉讼判决形成力所及的第三人则完全不可能成为适格案外人;反射效力所及的第三人通常也无案外人适格,但当事人诈害诉讼的情形除外。"[1]观点二认为:"一般案外人申请再审的适格申请人在原诉讼中的地位应是有独立请求权第三人,希望通过案外人申请再审制度解决争议的被告型第三人不是适格的申请人。此外,根据《民事再审解释》第 42 条第 1 款的规定,适格的案外申请人还可能是必要共同诉讼原告。"[2]观点三认为:"案外人申请再审的主体,系对执行标的主张权利的人(有独立请求第三人)。"[3]其中,观点二、观点三是对"案外人"具体类型的整体界定。观点一则是根据判决效力扩张的具体情形,对"案外人"具体类型的细致界分。本书认为,案外人是指于案外人申请再审程序中,对原生效裁判、调解书确定的执行标的或执行标的物主张权利的人,是当事人(原告、被告)之外受原生效裁判、调解书效力拘束的人。

至于"案外人"的具体类型,本书认为主要是"有独立请求权第三人"。因为案外人主张权利的具体类型主要是物权,故案外人的具体类型亦主要是有独立请求权第三人。而无独立请求权第三人因通常无法对执行标的(物)主张权利,或者因原生效裁判、调解书所受之侵害可通过另行起诉获得救济,故其通常不属于案外人再审之诉的适格原告。此外,根据《民事再审解释》第 42 条第 1 款之表述,案外人申请再审之诉的适格原告尚应包括被遗漏的必要共同诉讼人。但根据《民事诉讼法解释》第 422 条之规定,被遗漏的必要共同诉讼人申请再审应属当事人申请再审。最高人民法院对此的解释是,"被遗漏的必要共同诉讼人未在裁判文书上列为当事人,虽然从形式上看是案外人,但其系与一方当事人具有共同诉讼标的,必须共同进行诉讼的主体,本应作为当事人参加到诉讼中来。考虑被遗漏的必要共同诉讼人并非第三人,不能通过第三人撤销之诉获得救济;在裁判未进入执行程序或者不需要强制执行时,其也难以依据《民事诉讼法》第 227 条的规定申请再审,为解决被遗漏的必要共同诉讼

[1] 卢正敏:《论案外人申请再审制度中的适格案外人》,载《厦门大学学报》(哲学社会科学版)2012 年第 1 期。

[2] 袁琳:《主体要件视角下的案外人申请再审制度与第三人撤销之诉制度研究》,载《西部法学评论》2016 年第 1 期。

[3] 任重:《回归法的立场:第三人撤销之诉的体系思考》,载《中外法学》2016 年第 1 期。

人救济程序问题,本条将其作为实质意义上的当事人,规定其可以依据第 208 条第 8 项规定申请再审”。[1] 本书赞同《民事诉讼法解释》第 422 条之规定,被遗漏的必要共同诉讼人本质上属于当事人,因不能归责于本人的事由未参加诉讼应属重大程序违法,故应通过当事人申请再审程序获得救济。且《民事再审解释》与《民事诉讼法解释》同属最高人民法院颁布的司法解释,根据新法优于旧法的原则,应依《民事诉讼法解释》第 422 条之规定确定被遗漏的必要共同诉讼人的地位。

《九民纪要》第 121 条规定:“【必要共同诉讼漏列的当事人申请再审】民事诉讼法司法解释对必要共同诉讼漏列的当事人申请再审规定了两种不同的程序,二者在管辖法院及申请再审期限的起算点上存在明显差别,人民法院在审理相关案件时应予注意:(1)该当事人在执行程序中以案外人身份提出异议,异议被驳回的,根据民事诉讼法司法解释第 423 条的规定,其可以在驳回异议裁定送达之日起 6 个月内向原审人民法院申请再审;(2)该当事人未在执行程序中以案外人身份提出异议的,根据民事诉讼法司法解释第 422 条的规定,其可以根据《民事诉讼法》第 200 条第 8 项的规定,自知道或者应当知道生效裁判之日起 6 个月内向上一级人民法院申请再审。当事人一方人数众多或者当事人双方为公民的案件,也可以向原审人民法院申请再审。”被遗漏的必要共同诉讼人根据《民事诉讼法解释》第 422 条和第 423 条申请再审的两种程序,存在以下明显差异:

一是申请再审的法院不同。执行程序外的案外人申请再审一般是向上一级人民法院申请再审,但第三人一方人数众多或者当事人双方为公民的案件,也可以向原审人民法院申请再审。执行程序中的案外人申请再审是向执行法院也是原审人民法院申请再审。

二是申请再审 6 个月期限的起算点不同。执行程序外的案外人申请再审是从知道或者应当知道生效裁判文书之日起计算 6 个月。执行程序中的案外人申请再审是从执行异议裁定送达之日起计算 6 个月。

三是申请再审的事由不同。执行程序外的案外人申请再审应符合《民事

〔1〕 沈德咏主编:《最高人民法院民事诉讼法司法解释理解与适用》,人民法院出版社 2015 年版,第 1118～1119 页。

诉讼法》第200条第8项规定的情形,即"无诉讼行为能力人未经法定代理人代为诉讼或者应当参加诉讼的当事人,因不能归责于本人或者其诉讼代理人的事由,未参加诉讼的"。执行程序中的案外人申请再审则不局限于《民事诉讼法》第200条第8项规定的情形,只要符合《民事诉讼法》第200条规定的13种情形中的一种,就应当再审。

四是前置程序的不同。执行程序外的案外人申请再审无须前置程序。执行程序中的案外人申请再审则存在前置程序,须以提出执行异议并被裁定驳回为前提。[1]

(二)案外人申请再审案件的当事人列明

因案外人申请再审之诉阶段有二,再审审查阶段和再审审理阶段。故案外人申请再审案件的当事人列明,亦应根据不同的阶段予以确定。在再审审查阶段,因该阶段的任务系对案外人提出的再审事由予以审查,而非对案件予以重新审理,故应将案外人列为申请人,将原裁判、调解书中的当事人列为被申请人。在再审审理阶段,因该阶段的任务系对案件予以重新审理,故应根据案外人的本质、审级确定当事人的地位。具体而言:按一审程序再审时,若案外人系有独立请求权第三人,应将案外人列为再审原告,将原裁判、调解书中的当事人列为再审被告。其原因在于有独立请求权第三人,本质上是对已经开始的诉讼,以该诉讼的原告、被告为共同被告,对当事人双方的诉讼标的提出独立的诉讼请求而参加诉讼的人。若被遗漏的必要共同诉讼人申请再审,根据《民事再审解释》第42条、《民事诉讼法解释》第422条的规定,应追加其为当事人,按照原审裁判的地位予以列明,即列为原告或被告。其原因在于被遗漏的必要共同诉讼人,形式上看是案外人,本质上是当事人。按二审程序再审时,若案外人系有独立请求权第三人,根据《民事再审解释》第42条的规定,调解时应列为案外人。若被遗漏的必要共同诉讼人申请再审,适用一审程序。

(三)案外人申请再审案件的裁判

在再审审查阶段,案外人申请再审的理由成立的,人民法院应当裁定再审。反之,应当驳回再审申请。于再审审理阶段,根据《民事再审解释》第42

---

〔1〕 参见最高人民法院民事审判第二庭编著:《〈全国法院民商事审判工作会议纪要〉理解与适用》,人民法院出版社2019年版,第615页。

条及《民事诉讼法解释》第422条、第424条的规定,人民法院裁定再审后,凡属于必要的共同诉讼当事人的,按照第一审程序再审的,应当追加其为当事人,作出新的判决、裁定;按照第二审程序再审,经调解不能达成协议的,应当撤销原判决、裁定,发回重审,重审时应追加其为当事人。案外人不是必要的共同诉讼当事人的,人民法院仅审理原判决、裁定、调解书对其民事权益造成损害的内容。经审理,再审请求成立的,撤销或者改变原判决、裁定、调解书;再审请求不成立的,维持原判决、裁定、调解书。

七、案外人申请再审与案外人异议之诉的关系

案外人异议之诉制度最早规定于2007年《民事诉讼法》第204条,2012年《民事诉讼法》第227条承继了2007年《民事诉讼法》第204条之规定,2015年《民事诉讼法解释》对案外人异议之诉作了进一步细化规定。案外人申请再审与案外人异议之诉,均系保护案外人合法权益的救济机制。但二者存在本质区别,具体如下。

其一,目的不同。案外人异议之诉,是指案外人就执行标的物有足以排除强制执行之权利,请求法院为不许对该物实施强制执行之判决的诉讼。[1] 强制执行是私权实现程序,以执行效率为价值取向,执行法院对于执行标的物是否为被执行人所有奉行形式化审查原则。“所谓形式化原则,是指执行机构对案外人权利主张之存否的审查,仅限于形式审查,审查的程序、适用的法律、审查结论的效力均不同于审判程序。执行机构所作的案外人权利存否之判断,性质上仅仅针对执行标的物的形式物权而非实质物权,或者权利表象而非真实权利。”[2] 对此,《最高人民法院关于人民法院办理执行异议和复议案件若干问题的规定》(以下简称《执行异议和复议规定》)第25条作出了明确规定。但当形式物权与实质物权、权利表象与真实权利发生分离时,执行法院有误将案外人之财产当作被执行人之财产予以强制执行的可能。此时,案外人的实体权利必然遭受损害,应允许其提起案外人异议之诉以排除强制执行,获得救

---

〔1〕 参见杨与龄编著:《强制执行法论》,中国政法大学出版社2002年版,第200页。

〔2〕 肖建国:《执行标的实体权属的判断标准——以案外人异议的审查为中心的研究》,载《政法论坛》2010年第3期。

济。故案外人异议之诉的目的,系排除法院对特定执行标的物的强制执行。而案外人申请再审之诉旨在突破原生效判决的既判力,撤销侵害案外人利益的生效裁判、调解书。案外人异议之诉与案外人申请再审之诉,在目的功能方面截然不同。

其二,法律性质不同。就诉的类型而言,案外人异议之诉的性质,学理上有形成之诉说、确认之诉说、给付之诉说、命令之诉说、救济之诉说、新形成之诉说。以上诸说中,形成之诉说系通说。采形成之诉说者,系以执行法院所执行之财产,因第三人有实体权利,足以不受执行,但因执行法院误予执行,第三人在诉讼上取得对抗执行之异议权,诉讼结果,如果胜诉,判决可以排除对其强制执行,应为形成判决,故此诉为形成之诉。[1] 若采形成之诉说,则案外人异议之诉的诉讼标的为程序法上的异议权,即案外人异议之诉属于程序法上形成之诉。已如前述,我国学界通说认为再审之诉系程序法上形成之诉。值得注意的是,无论是案外人异议之诉抑或案外人申请再审之诉,仅采通说之际,其性质方属同一。就程序性质而言,《最高人民法院关于适用〈中华人民共和国民事诉讼法〉执行程序若干问题的解释》(以下简称《执行程序解释》)将案外人异议之诉解释为一种不同于普通诉讼的特殊类型诉讼。[2] 换言之,案外人异议之诉属于执行救济之诉,其目的在于排除执行法院对特定执行标的物的强制执行。而案外人申请再审之诉本质上是再审之诉,属于审判监督程序的范畴。此外,案外人异议之诉属于事前救济程序,而案外人申请再审之诉属于事后救济程序。"之所以说案外人异议之诉是一种事前程序,是因为这种诉讼的提起不存在参加他人诉讼的前提,是一种元诉讼。案外人异议之诉是直接针对他人对自己实体权利的争议而提起的,而非针对他人之间的裁判或调解书。"[3]故在案外人异议之诉中,被告可以提起反诉;一审判决作出后,当事人不服还可以上诉。

其三,适用条件不同。(1)当事人不同。案外人异议之诉的原告是"案外人",即原裁判、调解书执行力所及主体之外的人。而案外人申请再审之诉的

---

〔1〕 参见吴光陆:《强制执行法》,台北,三民书局股份有限公司2012年版,第226页。

〔2〕 参见江必新主编:《强制执行法理论与实务》,中国法制出版社2014年版,第455页。

〔3〕 张卫平:《中国第三人撤销之诉的制度构成与适用》,载《中外法学》2013年第1期。

原告虽亦为“案外人”,但却是指为原裁判、调解书既判力所及的案外人(当事人之外的人)。至于案外人异议之诉的被告,因案外人提起案外人异议之诉的目的在于排除执行法院对特定执行标的物的强制执行,而申请执行人申请强制执行的目的在于请求执行法院对执行标的采取强制措施,案外人与申请执行人的主张相对,故应以申请执行人为案外人异议之诉的被告。此外,案外人异议之诉的诉讼标的表现为人民法院的强制执行措施是否妨害了案外人的实体权益,实质是对同一执行标的,案外人所享有的实体权益与执行债权人所享有的债权谁应当优先保护,而这一诉讼标的通常与案外人和被执行人对该执行标的的权属纠纷相联系。[1] 为一次性解决纠纷、避免矛盾裁判,《民事诉讼法解释》第307条对被执行人在案外人异议之诉中的地位也作出了明确规定,被执行人反对案外人异议的,被执行人为共同被告;被执行人不反对案外人异议的,可以列被执行人为第三人。当然,对于共同诉讼的性质,学界存在较大争议,比较法上也存在不同做法。[2] 而案外人申请再审之诉的被告有别于案外人异议之诉,其因案外人的类型、审级等的不同有所区别,已如前述。(2)起诉条件不同。《民事诉讼法解释》第305条规定:“案外人提起执行异议之诉,除符合民事诉讼法第一百一十九条规定外,还应当具备下列条件:(一)案外人的执行异议申请已经被人民法院裁定驳回;(二)有明确的排除对执行标的执行的诉讼请求,且诉讼请求与原判决、裁定无关;(三)自执行异议裁定送达之日起十五日内提起。”就“案外人的执行异议申请已经被人民法院裁定驳回”而言,根据《民事诉讼法》第227条之规定,案外人异议之诉与执行程序中的案外人申请再审并无不同,但执行程序外的案外人申请再审则无此条件。就“有明确的排除对执行标的执行的诉讼请求,且诉讼请求与原判决、裁定无关”而言,案外人异议之诉与案外人申请再审有着本质区别。案外人异议之诉的目的,系排除法院对特定执行标的物的强制执行。而案外人申请再审之诉旨在突破原生效判决的既判力,撤销侵害案外人利益的生效裁判、调解书。故案外人申请再审的诉讼请求应与原裁判有关,且原裁判确有错误。就“自执行异议裁定

---

〔1〕 参见沈德咏主编:《最高人民法院民事诉讼法司法解释理解与适用》,人民法院出版社2015年版,第825页。

〔2〕 参见赖来焜:《强制执行法总论》,台北,元照出版公司2007年版,第703~705页。

送达之日起 15 日内提起”而言，该“15 日”属于法定不变期间，案外人异议之诉与执行程序中的案外人申请再审并无不同。但执行程序外的案外人申请无第一项适用条件，故不存在“15 日起诉期限”之要求。

八、案外人申请再审与第三人撤销之诉的关系

第三人撤销之诉是 2012 年《民事诉讼法》修改新增加的制度，规定于《民事诉讼法》第 56 条第 3 款。第三人撤销之诉从引入之初，就其程序定位、构成适用等就存在较大争议，延续至今。案外人申请再审与第三人撤销之诉既有共性，亦有区别。二者之间的关系，尤其是案外人申请再审的存废问题，一直是学界讨论的热点。

（一）案外人申请再审与第三人撤销之诉的共性

1. 目的的相似性

“在我国民事诉讼的司法实践中，侵害案外第三人权益的现象时有发生，当事人从不自觉到恶意利用诉讼侵害第三人合法权益的情形越发严重。当案外第三人发现生效的判决、裁定侵害其利益后，现行的法律制度不能对第三人的合法权益提供直接、有效的救济，第三人面对代表国家强制力的生效法律文书，十分无助。”[1] 于此背景下，经过学理和实务界的反复争论，我国最终确立了独立型第三人撤销之诉制度。其主要目的在于抑制虚假诉讼，保护第三人的合法权益。而如前所述，因辩论主义和处分权主义的内在局限性，加之调解、诉讼第三人等制度的缺陷，当事人通过虚假诉讼侵害案外人利益的情形并不鲜见，案外人申请再审制度的目的即在于为利益受损的案外人提供事后救济机制。故案外人申请再审与第三人撤销之诉，在设立目的方面具有相似性。

此外，我国台湾地区“民事诉讼法”设立第三人撤销之诉制度系为保障第三人程序权所赋予之事后程序保障，与第三人之诉讼通知（我国台湾地区“民事诉讼法”第 67 条之 1、第 254 条第 4 项）之事前程序保障，一并建构兼顾程序

---

〔1〕 全国人大常委会法制工作委员会民法室编：《民事诉讼法立法背景与观点全集》，法律出版社 2012 年版，第 337 页。

保障及统一解决纠争、制度(或裁判)安定性及具体妥当性等要求。[1] 我国第三人撤销之诉制度虽主要目的是抑制虚假诉讼,但因不能归责于本人的事由未参加诉讼的第三人缺乏事前程序保障,故第三人撤销之诉制度实际上内含保障第三人程序参与权的原理。而案外人申请再审除救济案外人实体权益外,实际上在保障案外人程序参与权方面与第三人撤销之诉并无不同,尤其是案外人因不能归责于本人的事由未参加诉讼。

2. 法律性质的相似性

就诉的类型而言,我国学界通说认为,第三人撤销之诉与再审之诉一样,同属程序法上形成之诉。[2] 但有学者认为,第三人撤销之诉并非程序法上形成之诉,而是一种混合之诉。第三人撤销之诉的法律效果具有混合性,即撤销原裁判、调解书之程序法效果与变动已成立或既存的民事法律关系之实体法效果之混合,变动已成立或既存的民事法律关系之形成效果与判决被告履行一定的给付义务之给付效果之混合。[3] 还有学者认为,第三人撤销之诉并非程序法上形成之诉,亦非混合之诉,其诉讼标的为实体法上的请求权。[4] 本书认为,该问题可参照再审之诉的性质予以探讨。如前所述,德国、日本传统学说认为,再审之诉两个阶段各有独立的诉讼标的,即所谓“二诉讼标的说”。因前一阶段诉的目的在于撤销或变更原生效裁判,故将再审审查阶段的诉称为程序法上形成之诉。因后一阶段系对原案的重新审理,故再审审理阶段的诉讼标的系原确定判决的诉讼标的。与之不同,第三人撤销之诉并不存在上述二阶段,是一种“一阶构造”。但第三人撤销之诉的法律效果是撤销或改变原生效裁判、调解书,或者说是变动已成立或既存的民事法律关系,故其法律效果与再审之诉的再审审查阶段类似。因为当事人谋求启动诉讼程序的背后均为谋求保护实体权益或者为谋求保护实体权益创造条件,且第三人撤销之诉本质上属于新诉,适用一审普通程序审理,故第三人撤销之诉与再审之诉的再

---

〔1〕 参见邱联恭:《第三人撤销诉讼之运用方针》,载《新修正民事诉讼法讲义汇编》,中国台湾地区司法管理机构 2004 年印行。转引自董少谋:《执行程序中案外人之救济途径》,载《中国法学》2009 年第 5 期。

〔2〕 参见张卫平:《中国第三人撤销之诉的制度构成与适用》,载《中外法学》2013 年第 1 期;潘剑锋、韩静茹:《第三人撤销之诉的性质定位与关系探究》,载《山东社会科学》2015 年第 7 期。

〔3〕 参见张妮:《第三人撤销之诉研究》,西南政法大学法学院 2012 年博士学位论文,第 10 页。

〔4〕 参见杨卫国:《案外第三人撤销之诉研究》,中国法制出版社 2015 年版,第 48 ~ 52 页。

审审理阶段亦有相似性。但这并不能否定第三人撤销之诉属于程序法上形成之诉的本质,因为当事人启动第三人撤销之诉直接依据的是程序法上的异议权而非实体法上的请求权。

就程序性质而言,第三人撤销之诉与案外人申请再审之诉同属特殊救济程序、事后救济程序。其一,第三人撤销之诉属于特殊救济程序。因第三人撤销之诉旨在撤销或改变原生效裁判、调解书,故基于已决裁判、调解书的终局性、安定性,应将第三人撤销之诉定位为特殊救济程序。但第三人撤销之诉的程序门槛要低于案外人申请再审之诉,前者并无二阶段之分,是一阶构造;而后者需经前后相继的再审审查和再审审理两个阶段,是二阶构造。值得思考的是,第三人撤销之诉的程序门槛低于当事人申请再审之诉,其原因在于第三人因不能归责于本人的事由未参加诉讼,而当事人除个别情形外均能获得正当程序保障。但第三人撤销之诉的程序门槛低于案外人申请再审之诉却有待商榷,毕竟案外人通常亦是因不能归责于本人的事由而未参加诉讼。此外,因其属于特殊救济程序,故其启动条件要严于一般救济程序。其二,第三人撤销之诉属于事后救济程序。第三人撤销之诉启动的条件之一,即"因不能归责于本人的事由未参加诉讼",且其效果是"改变或者撤销原判决、裁定、调解书",故第三人撤销之诉属于事后救济程序。有观点认为,第三人撤销之诉不同于普通的第三人权益救济程序,从功能、程序结构以及效力等视角来综合考虑,其具有双重程序性质,即兼属事前救济程序和事后救济程序。[1] 本书认为,此系对第三人撤销之诉程序性质的误读。第三人撤销之诉只能于原裁判、调解书生效之后启动,按照前述事前救济程序与事后救济程序的划分方法,其属于事后救济程序。

3. 理论基础的相似性

案外人申请再审、第三人撤销之诉的理论基础之一,均在于判决效力向案外人、第三人的扩张。具体体现在以下三个方面。

第一,既判力主观范围的扩张。既判力原则上只及于对立的双方当事人之间,例外情形下扩张至口头辩论终结后的诉讼承继人、请求标的物的持有人、诉讼担当场合的被担当人。因为有了判决效力相对性原则,他人之间的判

---

〔1〕 参见胡军辉:《论第三人撤销之诉与周边程序的协调》,载《政治与法律》2015 年第 8 期。

决对其他第三人没有约束力,即使他人通过判决错误地确认了案外第三人的财产属于他人,也并不妨碍权利人通过诉讼维护自己的财产权益。[1] 但在例外情形下,案外人、第三人将受当事人之间生效裁判、调解书的拘束,而其因不能归责于本人的事由未参加诉讼,故有通过案外人申请再审之诉或第三人撤销之诉予以救济的必要。事实上,我国现行法并未明确规定既判力制度,因无既判力相对性原则的规制,案外人、第三人的利益更易受到侵害。

第二,反射效不利地及于案外人、第三人。因受当事人之间承受既判力之影响,而使判决反射性地对与当事人具有特殊关系的第三人产生有利或不利之影响,判决的这种效果,不同于既判力的扩张,而应当作为另一种判决效力,并将其称为反射性效力或反射效。[2] 反射效与既判力的作用异曲同工,即禁止法院对产生反射效的事项予以审理。但与既判力不同的是,反射效需当事人援用方发挥作用。当反射效有利地及于案外人、第三人时,自无案外人申请再审之诉、第三人撤销之诉的适用空间。当反射效不利地及于案外人、第三人时,则案外人、第三人利益有受侵害之虞。作为反射效不利地及于第三人的例子包括,“合名公司承受的判决效力及于公司股东”以及“债务人获得的判决之效果及于一般债权人”的情形。[3] 其中,债务人通过虚假诉讼侵害一般债权人利益的情形较为常见。

第三,有广泛效力的形成之诉。形成之诉可分为两类,无广泛效力的形成之诉和有广泛效力的形成之诉。无广泛效力的形成之诉,是指形成判决的形成力和既判力仅存在于对立的双方当事人之间,比如合同变更之诉、合同撤销之诉。有广泛效力的形成之诉,是指形成判决的形成力和既判力不仅存在于对立的双方当事人之间,而且具有对世效力。这类形成之诉主要包括,有关身份关系的人事诉讼(如撤销或解除婚姻之诉、撤销或解除收养之诉)和社团关系的公司诉讼(撤销公司股东会决议之诉)。因有广泛效力的形成之诉,其形成判决具有对世效力,故案外人、第三人亦应受该判决效力之拘束。故案外人、第三人利益有被形成判决侵害之嫌,应赋予案外人、第三人通过案外人申

---

〔1〕 参见张卫平:《中国第三人撤销之诉的制度构成与适用》,载《中外法学》2013 年第 1 期。

〔2〕 参见[日]新堂幸司:《新民事诉讼法》,林剑锋译,法律出版社 2008 年版,第 511 页。

〔3〕 参见[日]高桥宏志:《民事诉讼法制度与理论的深层分析》,林剑锋译,法律出版社 2003 年版,第 613 页。

请再审之诉、第三人撤销之诉获得救济之路径。

(二)案外人申请再审与第三人撤销之诉的区别

案外人申请再审与第三人撤销之诉的区别,主要集中于程序定位、程序构造和适用条件方面。《民事诉讼法》第56条第3款及《民事诉讼法解释》第十四部分对第三人撤销之诉的适用条件作出了明确规定。根据现行法之规定,第三人撤销之诉的适用条件与案外人申请再审,在实体条件(原裁判、调解书错误)、结果条件(利益受侵害)方面并无不同,但在时间条件、管辖法院、主体条件、程序条件、撤销生效裁判方面有所不同。其中,程序定位、程序构造之不同是本质区别,而适用条件虽有不同但并非实质区别。具体如下:

1. 程序定位之区别

案外人申请再审之诉,本质上是依托于再审程序,凡受原生效裁判、调解书既判力拘束的案外人,允许其以自己的名义申请再审,以撤销原生效裁判、调解书的程序。而第三人撤销之诉,既不依托于再审程序、上诉程序,其目的亦有别于复合型案外人撤销之诉,旨在赋予第三人事后程序保障,故允许民事权益受损的第三人,提起诉讼撤销原生效裁判、调解书。换言之,案外人申请再审之诉和第三人撤销之诉虽在目的、功能、法律性质等方面具有相似性,但二者的程序定位却不尽相同。案外人申请再审既是纠错程序,也是对原案件的继续审理,而第三人撤销之诉则是基于新的事实主张撤销或改变原生效裁判,是一个新的诉讼。[1] 故在审级方面,案外人申请再审按原审程序进行,而第三人撤销之诉适用二审终审。此外,在现行法下,案外人申请再审之诉与第三人撤销之诉是并立的事后救济程序。

2. 程序构造之区别

案外人申请再审之诉由前后相继的两个阶段构成,即再审审查阶段和再审审理阶段,属于"二阶构造"。再审审查阶段的任务是对案外人申请再审的事由予以审查。经审查,案外人申请再审的事由成立的,即进入再审审理阶段。再审审理阶段的任务是对原案件重新审理。而第三人撤销之诉并无二阶

〔1〕 参见沈德咏主编:《最高人民法院民事诉讼法司法解释理解与适用》,人民法院出版社2015年版,第775~776页。

段之分，属于“一阶构造”。[1] 案外人申请再审之诉、第三人撤销之诉虽同属特殊救济程序、事后救济程序，但因程序构造不同，且案外人申请再审之诉旨在完全推翻原裁判、调解书的既判力，而第三人撤销之诉则是全部或部分推翻原裁判、调解书的既判力，故第三人撤销之诉的启动门槛实际上要低于案外人申请再审之诉。但因其属于特殊救济程序，故其启动条件要严于一般救济程序。

3. 适用条件之区别

执行程序中的案外人申请再审与执行程序外的案外人申请再审的申请再审期限有所不同。执行程序中的案外人申请再审的期限是，自执行异议裁定送达之日起 6 个月内；而执行程序外的案外人申请再审的期限是，在判决、裁定、调解书发生法律效力后 2 年内，或者自知道或应当知道利益被损害之日起 3 个月内。其中，“6 个月”“2 年”应为除斥期间，“3 个月”应为诉讼时效。而根据《民事诉讼法》第 56 条第 3 款，适用第三人撤销之诉的时间条件是，自知道或者应当知道其民事权益受到损害之日起 6 个月内。第三人撤销之诉系特殊救济程序，为维护生效裁判的终局性、法律关系的安定性，应将“6 个月”定位为除斥期间（不变期间）。事实上，《民事诉讼法解释》第 127 条已明确规定，该“6 个月”为不变期间，不适用诉讼时效中止、中断、延长的规定。

4. 管辖法院之区别

于再审审查阶段，执行程序中的案外人申请再审与执行程序外的案外人申请再审的管辖法院有所不同。执行程序中的案外人申请再审的管辖法院，是作出原判决、裁定、调解书的人民法院。执行程序外的案外人申请再审的管辖法院，则是作出原判决、裁定、调解书的人民法院的上一级人民法院。其中，执行程序中的案外人申请再审的管辖法院，系参照第三人撤销之诉的管辖法院予以规定的。而执行程序外的案外人申请再审的管辖法院，系参照当事人申请再审的管辖法院予以规定的。根据《民事诉讼法》第 56 条第 3 款的规定，

---

[1] 有学者认为，第三人撤销之诉亦应设计为“二阶构造”。第三人撤销之诉的“诉”虽被称为“诉”，但从程序功能的角度上来讲，它实质上属于特殊的再审申请，第三人撤销之诉的诉讼程序则类似再审程序。第三人撤销之诉的完整程序应当分为程序审查与实体审理两个阶段，前者从程序性质上审查认定是否为适当的第三人撤销之诉，类似再审程序的事由审查；后者则通过诉讼程序对相关主体的诉求进行实体审理，类似于再审程序的实体审理程序。参见许尚豪：《程序审查与实体审理：第三人撤销之诉的二阶程序结构研究》，载《政治与法律》2015 年第 12 期。

第三人撤销之诉的管辖法院,系作出该判决、裁定、调解书的人民法院。执行程序外的案外人申请再审的管辖法院之所以不同于第三人撤销之诉,其根源在于第三人撤销之诉是基于新的事实主张提起的新诉。

5. 主体条件之区别

案外人申请再审之“案外人”,是指对原判决、裁定、调解书确定的执行标的或执行标的物主张权利的人,是当事人(原告、被告)之外的人,主要指“有独立请求权第三人”。此外,根据《民事诉讼法解释》第 422 条之规定,被遗漏的必要共同诉讼人申请再审应属当事人申请再审,故“被遗漏的必要共同诉讼人”不属于“案外人”。而根据《民事诉讼法》第 56 条第 3 款的规定,第三人撤销之诉的“第三人”,是指“有独立请求权第三人”和“无独立请求权第三人”。至于“第三人”的具体类型,我国现行法未作出明确规定。

6. 程序条件之区别

执行程序中的案外人申请再审与执行程序外的案外人申请再审的程序条件有所不同。执行程序中的案外人申请再审的程序条件为“案外人对执行标的提出书面异议的,人民法院认为理由不成立裁定驳回”,即《民事诉讼法》第 227 条将案外人异议定位为执行程序中的案外人申请再审的前置程序,要求执行机关针对案外人异议先为形式审查。而执行程序外的案外人申请再审的程序条件为“案外人无法提起新的诉讼解决争议”。根据《民事诉讼法》第 56 条第 3 款的规定,第三人撤销之诉的程序条件为“因不能归责于本人的事由未参加诉讼”。实际上,第三人撤销之诉的程序条件与执行程序外的案外人申请再审,并无本质不同。因第三人撤销之诉为特殊救济程序,故亦应以“第三人无法提起新的诉讼解决争议”为适用前提。

7. 撤销生效裁判之区别

案外人申请再审与第三人撤销之诉,在撤销生效裁判方面的区别有两个。第一,撤销生效裁判类型之区别。案外人申请再审所能撤销的生效判决仅限于给付判决,对于确认判决、形成判决则执行程序外的案外人申请再审和执行程序中的案外人申请再审皆无能为力。而第三人撤销之诉所能撤销的生效判决不仅包括给付判决,亦可撤销确认判决、形成判决。第二,撤销生效裁判内容之区别。在程序效果上,再审之诉和第三人撤销之诉还存在一定的差异,表现为再审之诉以完全推翻原生效裁判为适用原则,而第三人撤销诉讼仅对原生效判决的部分予以改判。[1] 正因如此，第三人撤销之诉在维护原裁判、调解书既判力，维护法律关系的安定性方面，较案外人申请再审更具优势。

（三）学说论争：并存适用说与替代适用说

1. 案外人申请再审与第三人撤销之诉关系的学说论争

执行程序中的案外人申请再审系于1991年《民事诉讼法》第208条、2007年《民事诉讼法》第204条较早规定。此后，2012年《民事诉讼法》维持了2007年《民事诉讼法》第204条之规定。但因《民事诉讼法》关于执行程序中的案外人申请再审，存在结构设置不合理、案外人权利保护的时间范围仅限于执行程序中、未将调解书纳入案外人申请再审的范围等弊病。2008年《民事再审解释》对执行程序外的案外人申请再审作出了明确规定，将案外人权利保护的时间范围扩展至执行程序外，将调解书纳入案外人申请再审的范围，并对案外人申请再审的期限、管辖法院等作出了明确规定。由此，形成了由执行程序中的案外人申请再审与执行程序外的案外人申请再审构成的案外人申请再审制度。而为抑制司法实践中猖獗的虚假诉讼，2012年《民事诉讼法》第56条第3款又明确规定了第三人撤销之诉制度。但现行法并未废除案外人申请再审制度，由此形成了案外人申请再审与第三人撤销之诉并立的案外第三人事后救济机制。但因案外人申请再审与第三人撤销之诉在目的、功能、法律性质、理论基础等方面具有相似性，在救济范围、救济时间、适用主体等方面存在重叠性，故就二者的关系，学界存在较大争议。主要存在以下两种学说：并存适用说与替代适用说。

2. 并存适用说

并存适用说主张为全面保护案外人、第三人的合法权益，应同时保留案外人申请再审和第三人撤销之诉制度。但内部又存在以下四种观点：（1）选择适用说。该说认为，“在现有法律规定的前提下，案外第三人为保护自己的合法权利，应享有对两种程序的选择权，但不能同时选用两种程序，即不能既提起再审之诉，又提起撤销之诉”。[2] （2）各司其职说。该说认为，“第三人撤销之

---

〔1〕 参见肖建国、刘东：《第三人撤销之诉的程序适用及制度完善》，载《山东警察学院学报》2014年第2期。

〔2〕 吴兆祥、沈莉：《民事诉讼法修改后的第三人撤销之诉与诉讼代理制度》，载《人民司法》2012年第23期；袁巍、孙付：《第三人撤销之诉的法律适用与程序构建》，载《山东审判》2013年第1期。

诉与案外人申请再审两种程序制度的适用既有各不相干的场域,也有交叉重叠的范围。在两者适用可能发生竞合的领域,就同一案外第三人而言,应赋予其程序选择权,并进行必要的限制;就不同案外第三人而言,应将案外第三人的程序选择权、诉讼价值与诉的合并有机结合起来加以处理”。〔1〕 (3)优先适用说。该说认为,“一方面,两种制度的功能交叉使双方均无法排除对方的存在,只有两种制度并存才能完全覆盖第三人权利保护体系;另一方面,两者适用的重叠造成制度的浪费、反复,当案外第三人既满足第三人撤销之诉的主体适格条件又符合案外人申请再审的主体适格条件时,第三人撤销之诉的适用应当优先于案外人申请再审”。〔2〕 (4)废除执行中的案外人申请再审说。该说认为,“只需保留执行程序外的案外人申请再审制度,因为当没有被列入当事人且因不可归责于自己或代理人的原因没有参加诉讼的必要共同诉讼人被欺诈时,由于第三人撤销之诉只能适用于第三人,不能适用于必要共同诉讼人,因而此类人不能援用第三人撤销之诉”。〔3〕

3. 替代适用说

替代适用说主张废除案外人申请再审,以第三人撤销之诉替代案外人申请再审的功能。但内部又存在三种有细微差别的观点:(1)废除案外人申请再审,但要扩大第三人撤销之诉适格原告的范围。“在今后的法律运作中,同意只保留第三人撤销之诉,废止案外第三人申请再审。但仅有这一点是不够的,秉持这一主张必须以扩大第三人撤销之诉的适用范围为前提条件,至少应当将诈害第三人及遗漏必要共同诉讼人扩展为适格的撤销之诉的第三人,否则,仅有第三人撤销之诉不能覆盖和满足社会的实际需求。”〔4〕(2)废除案外人申请再审,但认为被遗漏的必要共同诉讼人本身属于第三人撤销之诉的适格原告。“撤销之诉作为一种非常救济制度,其主要立法目的旨在遏制侵害案外人利益的虚假诉讼行为,并以撤销之诉取代案外人申请再审制度,对未能参加诉

---

〔1〕 李卫国、伍芳瑶:《论第三人撤销之诉与案外人申请再审的适用关系》,载《湖北社会科学》2017年第5期。

〔2〕 唐力、谷佳杰:《论第三人撤销之诉制度的系统定位》,载任重执行主编:《民事程序法研究》(第11辑),厦门大学出版社2014年版,第28页。

〔3〕 蔡恒、王学棉:《利益受损案外人救济程序相互关系之探究》,载《法学杂志》2014年第8期。

〔4〕 许少波:《第三人撤销之诉与申请再审的选择》,载《河南大学学报》(社会科学版)2015年第1期。

讼获得程序保障的案外人，在判决、裁定、调解书的效力可能影响其权利时提供的一种救济渠道。提起撤销之诉的主体，除《民事诉讼法》第 56 条规定的有法律上利害关系的第三人情形之外，司法实践中还应当包括遗漏的必要共同诉讼人的情形。"[1]（3）废除案外人申请再审，但并未主张扩大第三人撤销之诉适格原告的范围。"第三人撤销之诉确立后，不宜继续保留案外人申请再审。现行民事诉讼法本来就没有规定案外人申请再审，将再审主体限定在原审当事人，可以说是现行法的应有之义。"[2]"第三人撤销之诉应当取代《民事再审解释》中规定的案外人申请再审。虽然二者在功能上有相似之处，但相比之下第三人撤销之诉的提法更为准确，也更能实现民事司法救济的目的。之所以说案外人申请再审的提法欠严谨，是因为案外人根本就没有参加一审、二审，何来再审？"[3]

4. 本书的观点

本书认为，应废除案外人申请再审制度，以第三人撤销之诉替代案外人申请再审，且无须扩大第三人撤销之诉适格原告的范围，被遗漏的必要共同诉讼人既非案外人申请再审的"案外人"，亦非《民事诉讼法》第 56 条所谓"第三人"。一方面，因虚假诉讼侵害案外第三人利益的情形现实存在，有必要赋予案外第三人事后救济路径。如前所述，既判力原则上只及于对立的双方当事人之间。若坚守既判力相对性原则，则会压缩案外人申请再审或第三人撤销之诉的适用空间。但因我国现行法并未明确规定既判力制度，且实务界较少适用既判力相对性原则，故案外人申请再审或第三人撤销之诉有极大的适用空间。另一方面，因案外人申请再审与第三人撤销之诉在目的、功能、法律性质、理论基础等方面具有相似性，在救济范围、救济时间、适用主体等方面存在重叠性，故应就二者的适用作出明确选择。

无论是"并存适用说"还是"替代适用说"，均承认案外人申请再审与第三人撤销之诉在功能上存在重叠性，但"并存适用说"主张通过案外人申请再审

---

〔1〕 高民智：《关于案外人撤销之诉制度的理解与适用》，载《人民法院报》2012 年 12 月 12 日，第 4 版。

〔2〕 吴泽勇：《第三人撤销之诉的原告适格》，载《法学研究》2014 年第 3 期。

〔3〕 蔡虹：《民事再审程序立法的完善——以〈中华人民共和国民事诉讼法修正案（草案）〉为中心的考察》，载《法商研究》2012 年第 2 期。

与第三人撤销之诉并存以全面覆盖案外第三人权利之救济，即被遗漏的必要共同诉讼人仅能通过案外人申请再审获得救济；而“替代适用说”则主张扩大第三人撤销之诉适格原告的范围以替代案外人申请再审，或者认为第三人撤销之诉的适格原告本身包含被遗漏的必要共同诉讼人，其区别亦在于被遗漏的必要共同诉讼人是否属于案外第三人。“并存适用说”内部又有不同观点。其中，“选择适用说”主张赋予案外第三人程序选择权，其既可选择适用案外人申请再审程序，也可以选择第三人撤销之诉，但不能同时适用案外人申请再审和第三人撤销之诉。因《民事诉讼法解释》第 422 条已明确规定，被遗漏的必要共同诉讼人申请再审属于当事人申请再审。故被遗漏的必要共同诉讼人属于当事人，而非案外人或第三人。基于此，第三人撤销之诉在适格原告、撤销裁判类型等方面，均能涵盖案外人申请再审的适格原告、撤销裁判类型等内容，且在维持原裁判既判力、保障案外第三人的审级利益、启动门槛等方面更具优势。故本书主张，废除案外人申请再审，仅保留第三人撤销之诉。

5. 最高人民法院的观点

我国现行法并未废除案外人申请再审，但就第三人撤销之诉与原审诉讼当事人申请再审、执行程序中的案外人申请再审的关系作出了明确规定。

就第三人撤销之诉与原审诉讼当事人申请再审的关系而言，《民事诉讼法解释》第 301 条规定：“第三人撤销之诉案件审理期间，人民法院对生效判决、裁定、调解书裁定再审的，受理第三人撤销之诉的人民法院应当裁定将第三人的诉讼请求并入再审程序。但有证据证明原审当事人之间恶意串通损害第三人合法权益的，人民法院应当先行审理第三人撤销之诉案件，裁定中止再审诉讼。”即《民事诉讼法解释》第 301 条确立了再审优先原则，再审审理程序吸收第三人撤销之诉程序。因第三人撤销之诉与当事人申请再审只要符合其适用条件即可启动，但二者均指向原裁判、调解书，若同时适用不仅会有产生矛盾裁判之可能，亦是对国家司法资源的浪费并徒增对方当事人的讼累，故如果两个程序均启动的，通过诉的合并方式来一次性解决两个诉。[1] 再审吸收第三人撤销之诉，以两个案件均受理为前提。第三人撤销之诉请求并入再审程序

---

〔1〕 参见沈德咏主编：《最高人民法院民事诉讼法司法解释理解与适用》，人民法院出版社 2015 年版，第 807 页。

审理,应当在再审裁判作出之前进行。如果分属不同法院审理的,第三人撤销之诉案件的审理法院应当作出裁定,将案件移送审理再审案件的人民法院。并入的例外是有证据证明原诉当事人之间存在恶意串通损害第三人利益的情况,此时应当先行审理第三人撤销之诉,再审案件应当中止诉讼。这是因为当事人申请再审的功能主要在于纠错,而第三人撤销之诉的功能主要在于抑制虚假诉讼,故有证据证明原审当事人之间恶意串通损害第三人合法权益的,应当优先适用当事人申请再审程序。《民事诉讼法解释》第301条之规定并无不妥。

案外人既符合《民事诉讼法》第227条规定的申请再审的条件,又符合《民事诉讼法》第56条关于第三人撤销之诉的条件时,案外人是选择适用第三人撤销之诉还是再审程序?第一种意见认为,应当赋予当事人选择权。民事诉讼法明确规定了第三人撤销之诉和再审两种不同救济程序,都属于当事人的权利,两种不同的程序各有其程序利益,如何适用,应由权利人自行选择。第二种意见认为,不宜由当事人选择,应当优先适用再审程序。第三种意见认为,应当按照启动程序的先后,当事人只能选择相应的救济程序:案外人先启动执行异议程序的,对执行异议裁定不服,认为原裁判内容错误损害其合法权益的,只能向作出原裁判的法院申请再审,而不能提起撤销之诉;案外人先启动了第三人撤销之诉,即便在执行程序中又提出执行异议,也只能进行撤销之诉,而不能依照《民事诉讼法》第227条申请再审。《民事诉讼法解释》第303条采纳的是第三种意见,即相对限制案外人的程序选择权,明确规定按照启动程序的先后,当事人只能选择一种相应的救济程序,不能同时启动两种程序,一旦选定则不允许再审变更。[1]《民事诉讼法解释》第303条规定:"第三人提起撤销之诉后,未中止生效判决、裁定、调解书执行的,执行法院对第三人依照民事诉讼法第二百二十七条规定提出的执行异议,应予审查。第三人不服驳回执行异议裁定,申请对原判决、裁定、调解书再审的,人民法院不予受理。案外人对人民法院驳回其执行异议裁定不服,认为原判决、裁定、调解书内容错误损害其合法权益的,应当根据民事诉讼法第二百二十七条规定申请再审,提

---

〔1〕 参见沈德咏主编:《最高人民法院民事诉讼法司法解释理解与适用》,人民法院出版社2015年版,第810页。

起第三人撤销之诉的，人民法院不予受理。”应当说，《民事诉讼法解释》第303条具有积极意义，但仍未就第三人撤销之诉与执行程序外案外人申请再审的关系作出明确规定。

《九民纪要》第122条对《民事诉讼法解释》第303条的规定作了进一步的细化规定，第122条规定：“【程序启动后案外人不享有程序选择权】案外人申请再审与第三人撤销之诉功能上近似，如果案外人既有申请再审的权利，又符合第三人撤销之诉的条件，对于案外人是否可以行使选择权，民事诉讼法司法解释采取了限制的司法态度，即依据民事诉讼法司法解释第303条的规定，按照启动程序的先后，案外人只能选择相应的救济程序：案外人先启动执行异议程序的，对执行异议裁定不服，认为原裁判内容错误损害其合法权益的，只能向作出原裁判的人民法院申请再审，而不能提起第三人撤销之诉；案外人先启动了第三人撤销之诉，即便在执行程序中又提出执行异议，也只能继续进行第三人撤销之诉，而不能依《民事诉讼法》第227条申请再审。”案外人既针对执行依据本身，同时也针对执行标的提出异议的，法院应当向案外人释明，令其明确诉讼请求。如果是针对执行标的的，告知其提起执行异议之诉。案外人针对担保物权提出异议，其救济途径是案外人申请再审、第三人撤销之诉还是执行异议之诉？例如，消费者购房人针对抵押权生效判决提出异议的，如果针对裁判本身提出异议，比如，认为抵押权不成立、无效或者抵押权设立是虚假的，应申请再审或者提起第三人撤销之诉；如果认可抵押权的存在，仅认为从顺位上其应当排在抵押权前面，系针对执行标的提出的异议，应提起执行异议之诉，而不是申请再审或者提起第三人撤销之诉。[1]

---

〔1〕 参见最高人民法院民事审判第二庭编著：《〈全国法院民商事审判工作会议纪要〉理解与适用》，人民法院出版社2019年版，第620页。

第五章　案外人异议

一、案外人执行救济的内容和功能

(一)执行救济的界定

关于执行救济的定义,主要有以下几种具有代表性的观点。

第一种观点认为,执行救济是指执行当事人、利害关系人或者案外人因为执行机构的执行行为而受到损害或有可能受到损害时,根据法律规定予以救济的制度。[1]

第二种观点认为,执行救济是指当事人或利害关系人的利益,因法院的执行行为违法或不当而受到侵害时,为了保护当事人、利害关系人和案外人的合法权益,法律所规定的救济方法和制度。[2]

第三种观点认为,执行救济是指执行当事人或第三人因自己的合法权益受到执行机关强制执行行为的侵害或者有侵害之虞时,依法请求有关机关采取保护和补救措施的法律制度和方法。[3]

第四种观点认为,执行救济是指在执行程序中,执行当事人或案外人因自己的合法权益受到或者可能受到侵害,依法向有关机关提出采取保护和补救措施的请求,有关机关依法矫正或者改正已经发生或者业已造成损害的不当执行行为的法律制度。[4]

第五种观点认为,执行救济是指当事人或者其他利害关系人实体法或者程序法上的合法权益因违法执行行为受到侵害时,予以一定补救的法律

---

〔1〕参见张卫平:《民事诉讼法》(第4版),法律出版社2016年版,第504页。
〔2〕参见江伟主编:《民事诉讼法》(第5版),高等教育出版社2016年版,第417页。
〔3〕参见李浩主编:《强制执行法》,厦门大学出版社2004年版,第348页。
〔4〕参见宋朝武主编:《民事诉讼法学》,高等教育出版社2017年版,第397页。

制度。[1]

第六种观点认为,执行救济是指当事人或利害关系人的程序权利或实体权利因法院的违法或不当的执行行为而遭到侵害时,给予其救济的一套制度。[2]

第七种观点认为,执行救济是指执行当事人或案外人认为自己的合法权益受到执行机关违法或不当执行行为的侵害,依法请求执行裁判机关通过行使执行裁判权予以保护和补救的法律制度和方法。[3]

第八种观点认为,执行救济是指执行当事人或利害关系人因自己的合法权益受到执行机关民事执行行为的侵害,依法请求有关机关采取保护和补救措施的法律制度。[4]

第九种观点认为,强制执行之救济是指当事人或利害关系人之利益,因强制执行违法或不当而受侵害时,得请求救济之方法。[5]

第十种观点认为,强制执行之救济是指当事人或利害关系人,在因强制执行之违法或不当,致其权利或利益受侵害时,得请求救济之方法。[6]

总体而言,上述定义大同小异。但是,存在以下区别:其一,关于执行救济程序的启动主体,第一种观点表述为执行当事人、利害关系人或案外人,第三种观点表述为执行当事人或第三人,第四种和第七种观点表述为执行当事人或案外人,其他六种观点表述为当事人或利害关系人。其二,关于提起执行救济的事由,大多数观点表述为因合法权益受到违法或不当执行行为的侵害,第一种、第三种和第八种观点表述为受到执行行为的侵害但没有明确指出执行行为的错误性质,第五种观点表述为受到违法执行行为的侵害而不包括不当执行行为,第一种、第三种和第四种观点表述为受到损害或有可能受到损害。其三,关于执行救济的法定性,大多数观点表述为法律所规定的救济制度或者依法请求有关机关采取保护和补救措施的法律制度,第五种、第六种、第九种

---

[1] 参见肖建国主编:《民事执行法》,中国人民大学出版社 2014 年版,第 194 页。
[2] 参见董少谋:《民事强制执行法学》(第 2 版),法律出版社 2016 年版,第 194 页。
[3] 参见翁晓斌:《民事执行救济制度》,浙江大学出版社 2005 年版,第 2 页。
[4] 参见谭秋桂:《民事执行原理研究》,中国法制出版社 2001 年版,第 375 页。
[5] 参见杨与龄编著:《强制执行法论》,中国政法大学出版社 2002 年版,第 169 页。
[6] 参见陈计男:《强制执行法释论》,台北,元照出版公司 2002 年版,第 191 页。

和第十种观点的定义中没有明确指出执行救济制度的法定性。

比较上述各种定义的异同，根据执行救济的原理和法律制度，本书将执行救济定义为执行当事人、利害关系人或者案外人因自己的合法权益受到违法或不当执行行为的侵害，法律所规定的救济方法和制度。

（二）案外人执行救济的内容

总体而言，执行救济可以划分为对执行行为的异议和对执行标的的异议两种，只是各国立法表现不同。其中，德国、日本、韩国规定了较完备的执行救济制度，这些国家执行救济立法的特点有两个方面：一是在法院相关执行裁判中，赋予当事人较为充分的程序权利，区分不同的程序利益建立了抗告和申请异议的救济措施。二是区分程序上的救济和实体上的救济，分别规定了不同的救济制度和审理程序，充分体现了审执分立的程序设计理念；执行程序本以实现债权之权利为根本，但又从利益平衡之视角，全面照顾了债务人及案外第三人的实体利益，并辅以充分的诉讼程序保障，建立了完善的执行程序中诉的制度，为当事人实体利益提供充分的程序保障。法国执行救济制度没有程序性和实体性救济之分，主要是根据不同种类执行对象确立了不同的执行异议制度，也具有较强的针对性。俄罗斯执行救济制度与德国相似，也基本上可以分为程序上的救济和实体上的救济，但是，具有笼统性，缺乏针对性。从立法体例和传统来看，我国的执行救济机制与德国、日本、韩国在立法和理论上更具亲缘性和相似性。[1] 我国在理论上，根据救济的方式和内容不同，执行救济一般分为程序性执行救济和实体性执行救济两种类型。

我国《民事诉讼法》及其司法解释则将执行救济具体化为执行行为异议、执行复议、案外人异议、案外人异议之诉和申请执行人许可执行之诉等具体类型，[2] 此外，还有执行参与分配程序中的特殊救济即分配方案异议和分配方案

---

〔1〕 参见唐力：《外国民事强制执行立法比较研究》，载江必新、贺荣主编：《强制执行法的起草与论证》（三），中国法制出版社 2014 年版，第 84 页。

〔2〕 权威教科书依据民事诉讼法的规定将申请变更执行法院和执行回转作为执行救济制度的内容。参见江伟主编：《民事诉讼法》（第 5 版），高等教育出版社 2016 年版，第 419 页、第 427 页。执行回转是指执行完毕后，因为原来的执行根据被撤销，法院根据新的法律文书通过采取强制执行措施，将已经执行的财产返还给原被执行人，从而恢复到原执行程序开始前状态的制度。执行回转制度是我国执行制度的一个特色，在大陆法系国家和地区均不存在执行回转制度。参见张卫平：《民事诉讼法》（第 4 版），法律出版社 2016 年版，第 508 页。

异议之诉。

《民事诉讼法》第 225 条[1]规定了执行行为异议和执行复议，而第 227 条[2]则被认为是案外人异议、案外人异议之诉和申请执行人许可执行之诉的法律依据。《执行程序解释》第 25 条、第 26 条[3]及《民事诉讼法解释》第 508 条至第 512 条[4]则规定了分配方案异议和分配方案异议之诉。

《民事诉讼法》第 225 条规定的执行行为异议，是指当事人、利害关系人认为人民法院的执行行为违反法律规定，向执行法院提出的书面异议。当事人是指申请执行人和被执行人，案外第三人被依法变更为申请执行人或者被依法变更、追加为被执行人的，也属于执行案件当事人。利害关系人是指执行案件当事人以外，与人民法院执行行为存在法律上的利害关系的公民、法人和其他组织，如协助执行人、执行标的优先购买权人等均为利害关系人。我国台湾地区对利害关系人的界定，仅指制度规范中的利害关系人，即当事人以外的人的权益因执行行为受到侵害的情形，并不包括事实上的利害关系。例如，工厂被查封拍卖时，其员工不能以有失业之虞为理由，提出异议。[5]《执行异议和

---

〔1〕《民事诉讼法》第 225 条规定："当事人、利害关系人认为执行行为违反法律规定的，可以向负责执行的人民法院提出书面异议。当事人、利害关系人提出书面异议的，人民法院应当自收到书面异议之日起十五日内审查，理由成立的，裁定撤销或者改正；理由不成立的，裁定驳回。当事人、利害关系人对裁定不服的，可以自裁定送达之日起十日内向上一级人民法院申请复议。"

〔2〕《民事诉讼法》第 227 条规定："执行过程中，案外人对执行标的提出书面异议的，人民法院应当自收到书面异议之日起十五日内审查，理由成立的，裁定中止对该标的的执行；理由不成立的，裁定驳回。案外人、当事人对裁定不服，认为原判决、裁定错误的，按照审判监督程序办理；与原判决、裁定无关的，可以自裁定送达之日起十五日内向人民法院提起诉讼。"

〔3〕《执行程序解释》第 25 条规定："多个债权人对同一被执行人申请执行或者对执行财产申请参与分配的，执行法院应当制作财产分配方案，并送达各债权人和被执行人。债权人或者被执行人对分配方案有异议的，应当自收到分配方案之日起十五日内向执行法院提出书面异议。"第 26 条规定："债权人或者被执行人对分配方案提出书面异议的，执行法院应当通知未提出异议的债权人或被执行人。未提出异议的债权人、被执行人收到通知之日起十五日内未提出反对意见的，执行法院依异议人的意见对分配方案审查修正后进行分配；提出反对意见的，应当通知异议人。异议人可以自收到通知之日起十五日内，以提出反对意见的债权人、被执行人为被告，向执行法院提起诉讼；异议人逾期未提起诉讼的，执行法院依原分配方案进行分配。诉讼期间进行分配的，执行法院应当将与争议债权数额相应的款项予以提存。"

〔4〕《民事诉讼法解释》第 512 条规定："债权人或者被执行人对分配方案提出书面异议的，执行法院应当通知未提出异议的债权人、被执行人。未提出异议的债权人、被执行人自收到通知之日起十五日内未提出反对意见的，执行法院依异议人的意见对分配方案审查修正后进行分配；提出反对意见的，应当通知异议人。异议人可以自收到通知之日起十五日内，以提出反对意见的债权人、被执行人为被告，向执行法院提起诉讼；异议人逾期未提起诉讼的，执行法院按照原分配方案进行分配。诉讼期间进行分配的，执行法院应当提存与争议债权数额相应的款项。"

〔5〕 参见杨与龄编著：《强制执行法论》，中国政法大学出版社 2002 年版，第 172 页。

复议规定》第5条[1]对可以提出执行行为异议的利害关系人范围作了界定。案外人是指当事人即申请执行人和被执行人之外的所有人,其范围广泛,从语义上来讲,应当包括利害关系人,能提起异议的案外人应当说与案件都有利害关系。换言之,根据提出异议的主体是利害关系人还是案外人来区分,实属“剪不断,理还乱”。事实上,执行行为异议可以是当事人的执行行为异议,也可以是案外人的执行行为异议,而案外人异议可以是案外人执行行为异议,也可以是案外人对执行标的之异议,这是根据现行民事诉讼法规定得出的结论,属于实然的层面。[2] 案外人包括利害关系人和不具有法律上利害关系的其他案外人,能够依据《民事诉讼法》第225条提起执行行为异议和申请复议的案外人须符合利害关系人的条件。因此,案外人异议不能等同“案外人关于执行标的的异议”,除第227条规定的案外人对执行标的之实体异议外,还应包括基于第225条的案外人执行行为异议的程序异议。若仅从第227条的规定出发,从实然的角度来看,案外人异议则特指案外人关于执行标的的异议,即对执行标的主张实体权利而提出的异议。广义的案外人异议包括《民事诉讼法》第227条规定的狭义的案外人异议和第225条规定的具备利害关系人条件的案外人执行行为异议。

基于上述分析,《民事诉讼法》第225条规定的执行复议,是指当事人、利害关系人或者案外人不服执行法院作出的执行行为异议审查裁定,向上一级人民法院申请复议的救济制度。

《民事诉讼法》第227条规定的狭义的案外人异议,是指执行案件当事人以外的第三人,对执行标的主张阻止执行的实体权利,请求对该标的停止执行而向执行法院提出的实体异议。在大陆法系国家,案外人对执行标的主张实体权利,请求停止对该标的强制执行的诉求,是通过直接向审判机构提起第三

---

〔1〕《执行异议和复议规定》第5条规定:“有下列情形之一的,当事人以外的公民、法人和其他组织,可以作为利害关系人提出执行行为异议:(一)认为人民法院的执行行为违法,妨碍其轮候查封、扣押、冻结的债权受偿的;(二)认为人民法院的拍卖措施违法,妨碍其参与公平竞价的;(三)认为人民法院的拍卖、变卖或者以物抵债措施违法,侵害其对执行标的的优先购买权的;(四)认为人民法院要求协助执行的事项超出其协助范围或者违反法律规定的;(五)认为其他合法权益受到人民法院违法执行行为侵害的。”

〔2〕参见陈娴灵:《执行异议、案外人异议与参与分配异议辨析》,中国民事诉讼法学研究会2016年年会暨民事执行的理论与立法研讨会会议论文,西安,2016年11月,第564页。

人异议之诉(我国称为案外人异议之诉)的方式获得救济。我国《民事诉讼法》设置了案外人实体救济前置程序,案外人应先向执行法院提出案外人异议,经执行机构对案外人异议进行审查后,对异议审查结果不服的,才能向执行法院的审判机构提起案外人异议之诉。案外人异议之诉是指在执行程序中,案外人为维护自己的合法权益,向执行法院提出的对有关执行标的实体法律关系进行审理与裁判,以纠正执行错误的请求。[1]

申请执行人许可执行之诉,是指申请执行人提起的,请求法院就其与对方当事人之间因执行标的产生的实体权利义务关系进行审理和裁判,判决对执行标的继续执行的请求。《民事诉讼法解释》将其称为申请执行人提起的执行异议之诉,第306条[2]对申请执行人提起执行异议之诉的条件和立案审查期限作了具体规定,第308条[3]对申请执行人执行异议之诉的当事人作了明确规定。该诉与案外人有关,但不属于案外人自身的执行救济方法。

债务人异议之诉是指债务人对于执行依据所载明的请求权,有消灭或妨碍债权人请求的事由,而提起民事诉讼,请求法院判决排除执行依据的执行力,停止执行依据的强制执行。[4] 关于是否建立债务人异议之诉的问题,争议较大。我国现行民事诉讼法没有对此作出规定。《民事诉讼法解释》第309条[5]规定被执行人不能在中止执行裁定作出后提起执行异议之诉,主要基于以下考虑:(1)执行程序系由申请执行人发动,对执行标的的执行异议系由案外人提出,对是否执行特定标的的争议发生在申请执行人和案外人之间。无论案外人对执行标的的异议是否被驳回,只要没有进入执行异议之诉,就与被执行人的利益没有直接关系。如果被执行人认为应当继续执行,其可以主动

---

〔1〕 参见宋朝武主编:《民事诉讼法学》,高等教育出版社2017年版,第401页。

〔2〕《民事诉讼法解释》第306条规定:"申请执行人提起执行异议之诉,除符合民事诉讼法第一百一十九条规定外,还应当具备下列条件:(一)依案外人执行异议申请,人民法院裁定中止执行;(二)有明确的对执行标的继续执行的诉讼请求,且诉讼请求与原判决、裁定无关;(三)自执行异议裁定送达之日起十五日内提起。人民法院应当在收到起诉状之日起十五日内决定是否立案。"

〔3〕《民事诉讼法解释》第308条规定:"申请执行人提起执行异议之诉的,以案外人为被告。被执行人反对申请执行人主张的,以案外人和被执行人为共同被告;被执行人不反对申请执行人主张的,可以列被执行人为第三人。"

〔4〕 参见江伟主编:《民事诉讼法》(第5版),高等教育出版社2016年版,第422页。

〔5〕《民事诉讼法解释》第309条规定:"申请执行人对中止执行裁定未提起执行异议之诉,被执行人提起执行异议之诉的,人民法院告知其另行起诉。"

履行,但无权请求人民法院对该执行标的强制执行;如果被执行人认为有债权消灭等阻却执行的实体理由,应当终结执行的,可以对执行行为提出执行异议,但该执行异议是基于债权已经实现、被抵销等阻却执行的实体理由,而不是因为人民法院强制执行的执行标的错误。(2)案外人对执行标的提出执行异议,人民法院经审查裁定中止对该标的的执行的,如果申请执行人未在法定期限内提起执行异议之诉,表明申请执行人对中止执行裁定没有异议,人民法院应当裁定解除已经采取的执行措施。由于人民法院已经依法解除了对执行标的所采取的执行措施,即针对该执行标的的执行程序已经终结,此时申请执行人可以请求执行法院对被执行人的其他财产继续执行,被执行人无权要求人民法院继续执行该标的。(3)在被执行人未主动履行执行依据所确定的义务时,除非执行依据所确定的给付是交付特定物或者为特定行为,申请执行人有权申请人民法院执行被执行人的任何可供执行的责任财产,而无须限定于案外人所提异议的执行标的。(4)案外人对执行标的提出执行异议,人民法院经审查裁定中止对该标的的执行后,如果被执行人与案外人对该执行标的权属产生争议,应当另行起诉,不影响申请执行人继续对被执行人其他责任财产申请强制执行。[1] 被执行人权利的救济途径是另行起诉。申请执行人未对中止执行裁定提起异议之诉,而被执行人主张案外人异议不成立提起执行异议之诉的,人民法院不予受理,告知被执行人可以对其与案外人就执行标的存在的争议另行起诉。由此可见,债务人异议之诉与案外人有关联,但不属于案外人自身的执行救济方法。

鉴于执行参与分配程序的特殊性,将分配方案异议和分配方案异议之诉作为特殊的执行救济。换言之,属于广义的执行救济之范畴。分配方案异议,是指在实现金钱债权的执行中,申请执行人、被执行人对执行机构制作的财产分配方案提出不同意见并要求纠正的请求。[2] 分配方案异议之诉,是指提出分配方案异议的申请执行人或者被执行人,因不同意未提出异议的申请执行人或者被执行人的反对意见,而提起对其异议理由进行审理和裁判,以确定是

---

〔1〕 参见沈德咏主编:《最高人民法院民事诉讼法司法解释理解与适用》,人民法院出版社 2015 年版,第 831 ~ 832 页。

〔2〕 参见宋朝武主编:《民事诉讼法学》,高等教育出版社 2017 年版,第 399 页。

否修改分配方案的请求。[1] 它是在实现金钱债权的执行程序中,多个申请执行人对同一被执行人申请执行或者对同一执行财产申请参与分配而适用的一种实体救济制度。

(三)案外人执行救济的功能

执行救济制度对于当事人和案外人的功能可以概括为以下三个方面。

1.权利救济功能

执行行为是人民法院运用国家强制力,强制实现执行依据中所确定权利的公法行为。强制力是执行程序最显著的特征。执行权具有积极性和主动性,存在违法或者不当执行的可能。

执行权的违法或者不当行使一般表现在三个方面:一是违背执行的谦抑或者适度原则,超越限度对被执行人的财产采取执行措施或者对被执行人、协助执行人滥用拘留、罚款等强制手段。二是在没有法律依据的情况下,突破执行依据确定的被执行人范围,随意追加、变更案外人为被执行人。三是违反执行程序中对财产权属的形式审查原则,违法对案外人的财产采取执行措施。人民群众将执行程序中的这些违法或者不当执行问题通称为"执行乱"。"执行乱"现象给人民法院的公正形象造成了一定的负面影响,容易使执行程序当事人产生抵触情绪,在一定程度上加剧了"执行难"。

造成违法或者不当执行的原因,主要有三个方面:一是立法对执行异议、复议和异议之诉制度的供给不足。《民事诉讼法》仅有第225条、第227条两个条文作了规定,但对异议期限、主体范围、裁定形式等实践中迫切需要明确的诸多问题仍语焉不详,《民事诉讼法解释》《执行异议和复议规定》等司法解释颁布实施后配套的法律规则才比较完善。二是部分执行人员的业务水平有待进一步提高。长期以来,一些地方法院忽视执行机构的职业化建设,将一些不具备基本政治和业务素质的人员安置在执行实施机构甚至执行裁决机构,这些人员难以适应人民法院的执行办案新常态,办不了案、办不好案的问题突出。三是个别执行人员故意违法执行。个别执行人员基于利益驱动,无视法

[1] 参见宋朝武主编:《民事诉讼法学》,高等教育出版社2017年版,第403页。

律程序,滥用执行权力,不给好处不执行,给了好处乱执行。[1]

《民事诉讼法》赋予当事人、利害关系人、案外人对执行行为广泛的异议权,并区分程序异议和实体异议的不同,分别赋予不服异议裁定时向上一级人民法院提起复议和向执行法院提起执行异议之诉的权利,法院运用执行裁决权或者执行审查权对执行实施权行使的合法性和适当性进行审查,确保执行权的正当行使,保障当事人、利害关系人和案外人的合法权益受到违法或者不当执行行为侵害时得到及时且充分的救济。

执行程序在注重权利保障的同时,还应做到申请执行人与被执行人之间、申请执行人与案外人之间、案外人与受让人之间的利益平衡。

2. 权力制约功能

权力制约的方法主要有两种:一是权力之间的制衡,即以一种公权力制约另一种公权力;二是以权利制约权力,即为当事人、案外人设定救济权利。执行救济作为"以权利制约权力"的方式,是监督执行权行使的有效措施。[2] 执行救济制度赋予当事人、案外人的异议权以及提起异议之诉的权利,引入执行裁判权对执行实施权行使的合法性和适当性进行审查。因此,执行救济制度既是一种"以权利制约权力"的权力制约方式,又是一种"以权力制约权力"的权力制约方式。

3. 纠纷解决功能

执行救济制度还是一种纠纷解决机制。通过执行救济制度运行所解决的纠纷限于在执行过程中发生的争议,既包括执行当事人或案外人对执行机关之间的争议,也包括执行当事人之间、案外人与执行当事人之间的民事争议。[3]

2011 年 12 月 20 日至 2018 年 6 月 20 日,最高人民法院公布了 18 批 96 个指导性案例[4],包括民事、刑事、行政等方面,其中有 3 个执行复议案、1 个执

---

[1] 参见江必新、刘贵祥主编:《最高人民法院关于人民法院办理执行异议和复议案件若干问题规定理解与适用》,人民法院出版社 2015 年版,序言。

[2] 参见杨荣馨主编:《民事诉讼原理》,法律出版社 2003 年版,第 690 页;朱新林:《论民事执行救济》,中国政法大学出版社 2015 年版,第 19 页。

[3] 参见翁晓斌:《民事执行救济制度》,浙江大学出版社 2005 年版,第 15 页。

[4] 根据 2010 年 11 月 26 日《最高人民法院关于案例指导工作的规定》第 2 条的规定,指导性案例是指裁判已经发生法律效力并符合以下条件的案例:(1)社会广泛关注的;(2)法律规定比较原则的;(3)具有典型性的;(4)疑难复杂或者新类型的;(5)其他具有指导作用的案例。

行异议之诉纠纷案[1],由此可见,执行救济制度具有重要的地位和功能。

二、案外人执行行为异议

(一)案外人执行行为异议的事由

依据《民事诉讼法》第225条之规定,提起执行行为异议的主体是当事人和利害关系人。当事人是指申请执行人和被执行人,案外第三人被依法变更为申请执行人或者被依法变更、追加为被执行人的,也属于执行案件当事人。利害关系人是指执行案件当事人以外,与人民法院执行行为存在法律上的利害关系的公民、法人和其他组织,如协助执行人、执行标的优先购买权人等均为利害关系人。

案外人,是指当事人即申请执行人和被执行人之外的所有人,其范围广泛,从语义上来讲,应当包括利害关系人,能提起异议的案外人应当说与案件都有利害关系。事实上,执行行为异议可以是当事人的执行行为异议,也可以是案外人的执行行为异议,而案外人异议可以是案外人执行行为异议,也可以是案外人对执行标的之异议,这是根据现行民事诉讼法规定得出的结论,属于实然的层面。[2] 案外人包括利害关系人和不具有法律上利害关系的其他案外人,能够依据《民事诉讼法》第225条提起执行行为异议和申请复议的案外人须符合利害关系人的条件。因此,案外人异议不能等同"案外人关于执行标的的异议",除第227条规定的案外人对执行标的之实体异议外,还应包括基于第225条规定的案外人执行行为异议的程序异议。若仅从第227条的规定出发,从实然的角度来看,案外人异议则特指案外人关于执行标的的异议,即对执行标的主张实体权利而提出的异议。广义的案外人异议包括《民事诉讼法》第

---

〔1〕 2014年12月28日第8批指导性案例的35号指导案例——广东龙正投资发展有限公司与广东景茂拍卖行有限公司委托拍卖执行复议案、36号指导案例——中投信用担保有限公司与海通证券股份有限公司等证券权益纠纷执行复议案、37号指导案例——上海金纬机械制造有限公司与瑞士瑞泰克公司仲裁裁决执行复议案和2015年11月19日第11批指导性案例的54号指导案例——中国农业发展银行安徽省分行诉张某某、安徽长江融资担保集团有限公司执行异议之诉纠纷案。参见最高人民法院编:《最高人民法院指导性案例(第一批—第十六批)》,人民法院出版社2017年版,第122~138页、第224~229页。

〔2〕 参见陈娴灵:《执行异议、案外人异议与参与分配异议辨析》,中国民事诉讼法学研究会2016年年会暨民事执行的理论与立法研讨会会议论文,西安,2016年11月,第564页。

227 条规定的狭义的案外人执行标的异议和第 225 条规定的具备利害关系人条件的案外人执行行为异议。

1. 案外人作为利害关系人提出执行行为异议的一般事由

根据《执行异议和复议规定》第 7 条[1]之规定，案外人作为利害关系人提出执行行为异议的一般事由包括以下三种情形。

(1)对执行措施不服。执行措施，是指执行人员在实施强制执行时所采取的具体方法和手段，其采取和实施必须符合法定的条件和程序。尤其是财产控制以及变价手段，对利害关系人影响重大。例如，执行法院在查封、扣押财产时超出范围查封、扣押；在查封、扣押、冻结财产时未依法作出裁定；在采取执行措施需要有关单位或者个人协助的不依法作出协助执行通知书或者不依法通知有关协助执行机关办理查封登记；拍卖公告的范围违反法律规定，拍卖流拍后长期拖延不及时进行下一次拍卖；对依法应当拍卖的财产直接予以变卖；等等，利害关系人可以向执行法院提出异议。

(2)执行行为违反法定程序。如果执行法院在实施强制执行措施时违反法律和司法解释有关执行程序的规定应遵守的程序手续，利害关系人有权提出异议。比如，执行法院不经查封、扣押、冻结就直接处分被执行的财产，利害关系人可以提出异议。

(3)其他侵害利害关系人合法权益的执行行为。如果执行法院的执行措施违法，或者实施强制执行的方法不当，或者违背强制执行应遵守的程序，侵害了利害关系人的其他合法权益，利害关系人有权提出异议，要求停止或纠正违法的执行行为。其他合法权益是指不能排除执行的合法权益，如果主张的是排除执行的实体权益，应当依照《民事诉讼法》第 227 条提出案外人执行标的异议。例如，执行法院没有执行依据而实施执行，超过执行依据所确定的债权范围实施执行，对法律禁止执行的财产予以查封、拍卖，直接裁定分割被执行人与案外人共有的财产等，如果侵害利害关系人合法权益的，利害关系人均

〔1〕《执行异议和复议规定》第 7 条第 1 款规定："当事人、利害关系人认为执行过程中或者执行保全、先予执行裁定过程中的下列行为违法提出异议的，人民法院应当依照民事诉讼法第二百二十五条规定进行审查：(一)查封、扣押、冻结、拍卖、变卖、以物抵债、暂缓执行、中止执行、终结执行等执行措施；(二)执行的期间、顺序等应当遵守的法定程序；(三)人民法院作出的侵害当事人、利害关系人合法权益的其他行为。"

可以提出异议。

2. 案外人作为利害关系人提出执行行为异议的特别事由

《执行异议和复议规定》第5条[1]对可以提出执行行为异议的利害关系人的范围及其事由作了界定。

(1)他案债权人认为法院的执行行为违法,妨碍其轮候查封、扣押、冻结的债权受偿。一是他案债权人为普通债权人。先查封法院出于地方保护,长期控制执行标的物而不采取变价处分措施,致使轮候查封的债权人长期未得清偿,或者先查封法院执行措施不当,比如,以补正裁定的方式扩大不动产面积,导致普通债权人受偿金额减少甚至无法受偿,从平等保护债权人出发,应赋予他案的普通债权人提出异议的权利。二是他案债权人为优先权人。他案债权人基于抵押权等优先权有权对先查封法院提出执行异议。例如,先查封法院不积极采取财产变价处分措施,以拖延的方式来迫使轮候查封的担保物权人放弃一部分权利,实现先查封法院申请执行人的部分受偿。

(2)竞买人认为法院的拍卖措施违法,妨碍其参与公平竞价。司法拍卖程序如果违法,将直接影响竞买人公平竞价的权利。例如,竞买人认为拍卖机构与其他竞买人存在关联关系,或者恶意串通,导致其无法公平竞价而损害其合法权益,有权提出异议,由法院对拍卖程序和拍卖结果的合法性进行审查,如果拍卖程序违法,裁定该拍卖无效。

(3)优先购买权人认为法院的拍卖、变卖或者以物抵债措施违法,侵害其对执行标的之优先购买权,认为执行行为对其程序权利造成影响。例如,在拍卖执行标的物之前,忽略承租人的优先购买权,未通知承租人参与竞买,承租人可以提出执行行为异议;在拍卖程序中,有最高应价时,优先购买权人表示以该最高价买受,执行法院仍将标的物拍归其他竞买人的,优先购买权人可以提出执行行为异议。

---

[1] 《执行异议和复议规定》第5条规定:"有下列情形之一的,当事人以外的公民、法人和其他组织,可以作为利害关系人提出执行行为异议:(一)认为人民法院的执行行为违法,妨碍其轮候查封、扣押、冻结的债权受偿的;(二)认为人民法院的拍卖措施违法,妨碍其参与公平竞价的;(三)认为人民法院的拍卖、变卖或者以物抵债措施违法,侵害其对执行标的的优先购买权的;(四)认为人民法院要求协助执行的事项超出其协助范围或者违反法律规定的;(五)认为其他合法权益受到人民法院违法执行行为侵害的。"

（4）协助义务人认为法院要求协助执行的事项超出其协助范围或者违反法律规定。协助义务人，是指基于一定的义务，而以一定行为辅助执行机构，使债权人的债权得以实现的有关单位和个人。协助义务人参与执行过程，主要是在法院查明财产和实施强制执行措施两个阶段。如果协助义务人认为法院的协助执行要求超出其协助范围或者违反法律规定，直接影响其合法权益的，有权对相关执行行为提出异议。比如，执行法院要求协助义务人协助办理房产的产权证，而该房产并不具备办理产权证的条件时，协助义务人可以依法提出执行异议。

（5）认为其他合法权益受到法院违法执行行为侵害的人。这是以概括的方法对利害关系人的其他情形进行兜底规定。其他合法权益，是指程序性权益和不能排除执行的实体权益。[1] 如果是主张能够排除执行的实体权利，则属于执行标的异议。比如，被执行人的财产不足以清偿全部债务时，其他经生效法律文书所确认的持有普通金钱债权的债权人申请参与分配时，对财产采取控制和处分措施的人民法院出于地方保护，区别对待本院申请执行人与其他申请参与分配的债权人，甚至驳回其他债权人参与分配的申请，其他债权人有权提出执行行为异议。

（二）案外人执行行为异议的程序

1. 案外人作为利害关系人提出执行行为异议的方式和时间

案外人作为利害关系人认为符合异议条件时，可以向执行法院书面提出执行行为异议。提交书面申请书的内容主要包括：异议请求；与请求事项相关的案件事实；异议理由。并应附具异议人身份证明、证明异议成立的有关证据材料、送达地址和联系方式等材料。

执行行为异议应于执行程序开始后、执行程序终结之前提出。由于执行行为异议系以排除违法的执行行为为目的，自然应对于已开始的执行行为才可提出异议。执行终结之后需要纠正的违法执行行为已经不存在，失去了异议的对象。对于超出执行行为异议期限，并不代表就失去了对执行违法行为予以纠正的救济途径，其仍可以通过向执行法院或上一级法院申诉，由法院启

---

[1] 参见江必新、刘贵祥主编：《最高人民法院关于人民法院办理执行异议和复议案件若干问题规定理解与适用》，人民法院出版社 2015 年版，第 78 页。

动执行监督程序予以审查处理。执行程序终结主要包括生效法律文书确定的内容全部执行完毕、裁定终结执行、裁定不予执行和当事人之间达成执行和解协议并且已经履行完毕等四种情形。[1] 但是,终结执行本身作为一种特殊的执行措施,对当事人和利害关系人的权利会产生重大影响,所以,对其仍可以提出异议。[2]

2. 管辖法院

案外人作为利害关系人对执行行为有异议的,应当向负责执行的法院提出。实行专属管辖,由实施强制执行行为的法院行使专属管辖权,有利于节约成本和提高效率。但是,对于在被指定执行、提级执行、委托执行而发生执行管辖权转移后,对原法院执行行为异议,不再由原来的执行法院管辖,而由现在管辖案件的法院审查处理。这是因为,因法定事由或者特定情势执行权被移转于其他法院,则原执行法院对执行案件已丧失了管辖权,对于执行行为是否符合法律规定的执行审查权也一并丧失,应当由其后享有管辖权的法院享有基于对原执行案件享有的管辖权所派生出的执行审查权。[3] 但是,也有例外情形,当审查异议的法院与原执行法院存在上下级关系时,限于审级关系,如果异议成立直接撤销原执行法院的执行行为,会造成下级法院撤销直接上级法院的裁定,而其复议法院又是原执行法院的情形,因此,在受指定或者受委托的法院是原执行法院的下级法院的情况下,仍由原执行法院行使执行审查权。

3. 执行行为异议的审查处理

执行法院对案外人作为利害关系人提出执行行为异议的立案审查的内容分为形式审查和实体审查。形式审查是对异议申请书是否具备应记载的事项、异议的证据和证据来源、异议手续是否齐备等材料进行的审查。实体审查

---

〔1〕 参见江必新、刘贵祥主编:《最高人民法院关于人民法院办理执行异议和复议案件若干问题规定理解与适用》,人民法院出版社 2015 年版,第 86 页。

〔2〕 《最高人民法院关于对人民法院终结执行行为提出执行异议期限问题的批复》(2016 年)对终结执行行为提出异议的期限作出了特别规定:当事人、利害关系人应当自收到终结执行法律文书之日起 60 日内提出;未收到法律文书的,应当自知道或者应当知道人民法院终结执行之日起提出。

〔3〕 《执行异议和复议规定》第 4 条第 1 款规定:"执行案件被指定执行、提级执行、委托执行后,当事人、利害关系人对原执行法院的执行行为提出异议的,由提出异议时负责该案件执行的人民法院审查处理;受指定或者受委托的人民法院是原执行法院的下级人民法院的,仍由原执行法院审查处理。"

主要是对异议人的主体资格、是否属于异议范围的事项、是否符合提起异议的期限、法院是否具有管辖权等问题进行的审查。立案审查的处理方式分为三种:通知立案受理;裁定不予受理;裁定驳回异议申请。对裁定不予受理或者驳回申请不服的,救济措施是向上一级法院申请复议。对执行法院消极立案即既不立案又不作出不予受理裁定的或者消极审查即受理后无正当理由超过法定期限不作出异议裁定的,救济措施是异议人向上一级法院提出异议。

对利害关系人的执行行为异议,执行法院应当依法组成合议庭进行审查,办理执行实施案件的人员应当回避。审查以书面审查为主,特殊情况下,对于案情复杂、争议较大的,可依法举行听证。审查期间,利害关系人撤回异议的,属于其行使处分权的范围,一般应当准许,但是,对于执行行为明显违法的,法院不予准许。

法院应当自收到书面异议之日起15日内作出裁定。执行行为异议审查结果包括以下四种情形:(1)异议不成立,直接裁定驳回异议即可。(2)异议成立,一方面,要裁定异议成立;另一方面,如果需要变更或者撤销相关执行行为的,异议裁定直接变更或者撤销即可,不需要异议人另行申请变更和撤销。(3)异议人的部分异议理由成立,则应裁定理由成立的部分异议成立,并变更相关执行行为即可。(4)执行行为成立,但执行行为没有可撤销或者可变更内容的,只需裁定异议成立即可。

(三)案外人执行行为异议的法律效果

执行行为异议审查和复议期间,原则上不停止执行。理由是提出执行行为异议和申请复议的事由较为宽泛,异议审查和复议期间一律停止执行势必导致执行程序无法正常进行,也难以防止被执行人、利害关系人滥用执行行为异议权和申请复议权,恶意拖延执行。但是,如果一概不停止执行,一旦执行完毕,当事人、利害关系人可能因而遭受无法弥补的损害,因此,被执行人、利害关系人提供充分、有效的担保请求停止相应处分措施的,法院可以准许停止执行;申请执行人提供充分、有效的担保请求继续执行的,应当继续执行。此外,撤销或者变更原执行行为的裁定生效后,执行法院即应停止执行行为,并按裁定要求予以撤销或变更。

三、案外人执行复议

(一)案外人执行复议的功能和价值

案外人执行复议,是指案外人作为利害关系人对执行法院作出的执行行为异议审查裁定不服,向上一级法院申请复议的救济制度。它具有以下功能:(1)有助于完善程序性执行救济制度。赋予案外人作为利害关系人提出执行行为异议权以及执行复议权是完善程序性执行救济制度的题中应有之义。(2)有助于扩大执行救济的范围和强度。赋予案外人作为利害关系人的执行行为异议权和申请复议权,扩大了执行救济的主体范围;使其充分参与到执行救济程序中,弥补了执行监督制度的不足,增强了程序性执行救济的强度。(3)有助于减少执行中地方保护主义的影响。由上一级法院进行执行复议,在一定程度上能够排除地方保护主义的干扰,对执行法院的程序性裁定进行再救济。[1]

案外人执行复议制度具有以下价值:(1)实现权利救济。权利救济是执行异议复议程序的核心价值。案外人作为利害关系人提起执行行为异议是第一次权利救济,不服执行行为异议裁定而申请复议是再救济。(2)保障程序公正。执行法院在裁定时应依法告知当事人和利害关系人向上一级法院申请复议予以再救济的权利和期限,是在执行救济体系中程序公正的重要体现。(3)提高执行效率。诉讼效率是异议程序和复议程序建构所必须考虑的重要因素。[2] 执行效率是诉讼效率的应有之义,在执行复议程序中,注重追求效率来审查执行行为的合法性与适当性的程序性争议。

(二)案外人执行复议的程序构造

1.案外人执行复议的提起程序

申请执行复议的主体是以利害关系人的身份申请执行复议的案外人。申请执行复议的形式应当采取书面形式,载明复议请求、相关的案件事实和复议的理由等内容。申请执行复议的期间和方式是执行行为异议裁定送达之日起

---

〔1〕 参见柯阳友、张佳薇:《执行复议制度新论》,载《河北工业大学学报》(社会科学版)2016 年第 4 期。

〔2〕 参见张卫平:《民事诉讼:回归原点的思考》,北京大学出版社 2011 年版,第 216 页。

10日内向上一级法院申请复议。

2. 案外人执行复议的审查程序

执行复议的审查主体是依法组成的执行裁判合议庭。审查方式原则上采取书面审查。但是,案情复杂、争议较大的,可以依法举行听证。审查范围原则上限于利害关系人的复议请求,主要涉及对执行行为异议裁定结论的评判,也对执行行为的合法性和适当性进行审查。

3. 案外人执行复议的裁决

依据《执行异议和复议规定》第23条的规定,案外人作为利害关系人不服执行行为异议裁定的,根据不同情形,上一级法院对执行复议的裁决有以下五种方式:(1)裁定驳回复议申请并维持异议裁定。适用的情形是执行行为异议裁定认定事实清楚和适用法律正确。(2)裁定撤销或变更异议裁定。适用的情形是异议裁定认定事实错误或适用法律错误。(3)裁定撤销异议裁定并发回重新审查。适用的情形有三种:异议裁定认定的基本事实不清和证据不足;异议裁定遗漏异议请求;异议裁定存在严重违反法定程序的情形。(4)直接作出新裁定。适用的情形是对于基本事实不清和证据不足的,上一级法院查清案件事实后,直接作出新裁定。(5)裁定撤销异议裁定并发回重新作出裁定。适用的情形是执行法院对案外人执行标的异议错误地适用执行行为审查程序处理。因为案外人执行标的异议的救济渠道是案外人执行异议之诉,而不是申请复议。

典型案例5-1 马某林、周某琴与马某涛执行异议案[1]

基本案情和裁判结果:2013年12月13日,北京市第二中级人民法院(以下简称北京二中院)作出刑事判决,判决马某涛犯诈骗罪,判处有期徒刑12年,查封、冻结马某涛位于朝阳区的案涉房产并将该房产变价款按比例发还被害人。马某涛不服,向北京市高级人民法院(以下简称北京高院)提起上诉。2014年3月11日,北京高院作出刑事裁定,驳回上诉,维持原判。在执行刑事判决过程中,案外人马某

---

〔1〕 参见李舒、唐青林、吴志强编著:《保全与执行裁判规则解读》,中国法制出版社2018年版,第302~305页;最高人民法院(2016)最高法执监418号执行裁定书。

林、周某琴因主张对涉案房产享有所有权而向北京二中院提出执行异议,请求中止对案涉房产的执行。北京二中院认为,执行过程中案外人依据对涉案财物享有所有权,主张裁判认定该财物为赃款赃物属于认定错误的,应通过审判监督程序救济。据此,北京二中院于2016年6月20日作出执行裁定,驳回案外人马某林、周某琴的异议请求。马某林、周某琴不服该裁定,向北京高院申请复议。2016年9月9日,北京高院作出执行裁定,驳回马某林、周某琴的复议申请,维持北京二中院裁定。马某林、周某琴向最高人民法院申诉,请求撤销北京高院和北京二中院裁定,将案涉房产返还马某林、周某琴。2016年12月28日,最高人民法院裁定驳回马某林、周某琴的申诉请求。

本案争议的焦点,是案外人马某林、周某琴主张的案涉房产所有权应当如何救济的问题。最高人民法院认为,关于案外人对刑事裁判涉财产部分提出执行异议的审查程序问题,《最高人民法院关于刑事裁判涉财产部分执行的若干规定》第14条规定,案外人对执行标的主张足以阻止执行的实体权利,向执行法院提出书面异议的,执行法院应当依照《民事诉讼法》第225条的规定,通过执行异议、复议程序审查处理。因此,北京高院、北京二中院依法受理案外人马某林、周某琴异议,并适用《民事诉讼法》第225条的规定进行审查,于法有据,并无不当。关于案外人对涉案财物是否属于赃物提出异议的救济程序问题,《最高人民法院关于刑事裁判涉财产部分执行的若干规定》第15条规定:一方面,案外人的申诉可以通过裁定补正的,执行法院应将异议材料移送刑事审判部门处理;另一方面,案外人的申诉无法通过裁定补正的,应当告知异议人通过审判监督程序处理。在本案中,案外人马某林、周某琴的申诉请求,涉及位于北京市朝阳区某房产的权属争议,而北京二中院刑事判决明确指出案涉房产变价款按照比例发还被害人,申诉人马某林、周某琴的主张属于对原刑事裁判涉财产部分有关赃物认定内容不服,无法通过裁定补正。北京二中院刑事判决、北京高院刑事裁定中有关涉案款物的认定以及变价处理意见明确,所附扣押物品清单包括案涉房产,申诉人马某林、周某琴如对据以执行的刑事裁判有关涉案款物认定和处理不服,可以通过审判监督程序主张权利。

四、案外人执行标的异议

案外人执行标的异议,是指执行案件当事人以外的第三人,对执行标的主张阻止执行的实体权利,请求对该标的停止执行而向执行法院提出的实体异议。

(一)关于案外人执行标的异议前置程序的争论

在2007年《民事诉讼法》的修改过程中,对案外人异议制度的程序设计存在四种分歧较大的观点。[1] 修改后的立法规定:案外人对执行标的提出异议的,先由执行法院进行初步审查并作出相应的处理;案外人、当事人对执行法院初步审查作出的裁定不服的,可以再区分不同情况通过审判监督程序或者提起诉讼寻求救济。立法确立了案外人执行标的异议前置和案外人执行异议之诉后置的构造。全国人大常委会法工委民法室在阐述该条的立法理由时指出:考虑审判程序比较复杂,如果对所有的案外人提出的异议不经过审查而直接进入审判程序,不仅会影响执行效率,而且一部分债务人还可能拖延履行,从而不利于债权的及时实现。仅通过执行机构的初步审查就可以解决一部分案外人执行标的异议。[2]

立法确立案外人执行标的异议前置后,民事诉讼法学界产生了废除论与肯定论两种不同的观点。废除论的主要观点是废除案外人执行标的异议前置,构建独立的案外人执行异议之诉,其主要理由可归纳为三点:(1)案外人执

---

〔1〕 第一种观点主张,案外人对执行标的有异议的,应直接提取诉讼,由审判部门通过诉讼程序审理,执行机构不作任何审查。第二种观点主张,案外人异议涉及的问题繁简不一,而审判程序往往比较复杂,如果案外人异议问题一律通过诉讼解决,将使问题过于复杂化,不仅影响执行效率,还可能给债务人拖延履行义务留下空间,不利于债权及时得到实现。因此,有必要通过执行机构的审查解决一部分问题。这种观点又有两种不同的思路,一是将执行机构的审查作为前置程序,案外人异议应先由执行机构进行初步审查,对执行机构处理不服的,才能提起诉讼。二是把执行机构的审查和诉讼作为两种并列的程序,由当事人或利害关系人自主选择。第三种观点主张,应在区分不同异议请求的基础上规定不同的处理途径,基于所有权提出异议的,应通过诉讼程序处理;基于所有权以外的权利提出异议的,可以由执行机构负责审查处理。第四种观点主张,案外人应先向执行机构提出,但执行机构不作任何审查,只负责征求债权人意见,债权人同意撤销对异议标的执行的,执行法院应尊重其意愿撤销执行;反之,债权人不同意撤销执行的,案外人可以提起诉讼。参见最高人民法院民事诉讼法修改研究小组编著:《〈中华人民共和国民事诉讼法〉修改的理解与适用》,人民法院出版社2007年版,第140页。

〔2〕 全国人大常委会法制工作委员会民法室编著:《〈中华人民共和国民事诉讼法〉条文说明、立法理由及相关规定》,北京大学出版社2007年版,第47页。

行标的异议前置程序违背“审执分离”原则,因为确认实体法律关系属于审判机构的权限,不应由执行机构行使该权力。(2)案外人请求排除对执行标的之执行构成了独立的诉,应当通过专门的诉讼程序予以救济。(3)案外人执行标的前置程序之后,如果认为原判决、裁定有错误可以启动再审程序,造成程序上的混乱。[1] 肯定论者认为,案外人执行标的异议能够减少进入诉讼程序的执行异议之诉案件,并不是必然增加债权人维权的负担和成本,而且民事审判权与执行裁决权的界限不是很明显,可以赋予执行机构的实体审查权。[2] 废除论者从法解释学的视角认为,案外人执行标的异议前置程序对民事诉讼的基本原理和程序正当性理论构成挑战。肯定论者以民事执行权的分权优化配置理论和提高执行效率的视角,认为“执行法官不能进行实体审查”的观点并不妥当。[3]

案外人执行标的异议前置程序具有一定的诉前截流效果和防止恶意转移财产,但是有违“审执分离”原则,实践中案外人执行异议之诉容易演变为确权诉讼。[4] 前置程序的设立使执行机构对案外人的执行标的异议进行初步的审查,过滤部分案件,防止案外人直接起诉来拖延执行,有利于提高执行效率,符合我国国情。但是,从实践来看,有些案外人绕开《民事诉讼法》第 227 条,不向执行法院提出异议,而是直接向其他法院另行提起确权之诉,使案外人执行标的异议前置程序的过滤功能失灵。

(二)案外人执行标的异议的事由和审查标准

《执行程序解释》第 15 条对案外人执行标的异议的事由作了概括,即案外人对执行标的主张所有权或者有其他足以排除执行标的转让、交付的实体权利。可以从以下三个方面来理解:案外人执行标的异议是指案外人基于对执行标的主张实体权利提出的异议;案外人所主张的实体权利应当是依法足以

---

〔1〕 参见唐力:《论民事执行的正当性与程序保障——以第三人异议之诉为中心》,载《法学评论》2009 年第 5 期;刘学在、朱建敏:《案外人异议制度的废弃与执行异议之诉的构建——兼评修改后的〈民事诉讼法〉第 204 条》,载《法学评论》2008 年第 6 期;赵信会:《论民事执行异议之诉对〈民事诉讼法〉关于执行异议之诉改革的评价》,载《政法论丛》2009 年第 3 期。

〔2〕 参见百晓锋:《论案外人异议之诉的程序构造》,载《清华法学》2010 年第 3 期。

〔3〕 参见马登科等:《案外人救济制度研究》,法律出版社 2016 年版,第 132 页。

〔4〕 参见唐力等:《新民事诉讼法实施状况评估与对策建议》,中国法制出版社 2018 年版,第 228 ~ 233 页。

阻止强制执行的实体权利,而不是所有的实体权利;案外人执行标的异议的事由除所有权外,还包括其他足以阻止强制执行的实体权利。[1]

根据《执行异议和复议规定》第24条之规定,[2]案外人提出的排除执行异议的事由应当具备以下三个条件:(1)案外人必须是其所主张的实体权利的权利人,必须与异议的事项存在实体上的利害关系。(2)案外人所主张的权利必须是合法的,例如,以暴力手段强行占有的,该占有不能被保护;案外人的实体权利是真实存在的,例如,依照伪造的租赁合同主张租赁权,就不能得到保护。(3)案外人所主张的实体权利能够排除申请执行人债权。《执行程序解释》第15条使用了"阻止"一词,该词不足以表达案外人执行标的异议的内容和目的,《执行异议和复议规定》第24条改为"排除"一词。从实践来看,能够产生排除效力的实体权利主要包括所有权、物权期待权、特殊的担保物权、租赁权和用益物权。[3]

《民事诉讼法》第227条将案外人执行标的异议审查作为案外人执行异议之诉的前置程序,对案外人的实体权利的审查标准问题存在形式审查标准和实质审查标准两种争议。

持形式审查标准的观点认为,案外人执行标的异议审查应根据登记、占有等物权公示方法和权利外观主义来判断财产权属。主要理由有三个方面:(1)《民事诉讼法》第227条建立案外人执行标的异议前置程序的目的,就是过滤一部分明显成立或者不成立的案外人执行标的异议,为执行程序的进行或停止排除障碍。(2)执行机构进行案外人执行标的异议审查的主要目的,在于迅速对案外人执行标的异议成立与否进行判断,程序上对各方当事人的权利保障并不周全,尤其是审查期限只有15日,没有言词辩论等程序保障,无法承担实质审查的任务。(3)案外人执行标的异议审查结论并不是终局结论,案外人、当事人对异议审查裁定不服的,可以通过依法提起执行异议之诉或者申请再审等法律途径进行救济。如果执行机构进行实质审查,势必混淆案外人执

---

〔1〕 参见江必新主编:《新民事诉讼法执行程序讲座》,法律出版社2012年版,第97页。

〔2〕 《执行异议和复议规定》第24条规定:"对案外人提出的排除执行异议,人民法院应当审查下列内容:(一)案外人是否系权利人;(二)该权利的合法性与真实性;(三)该权利能否排除执行。"

〔3〕 参见江必新、刘贵祥主编:《最高人民法院关于人民法院办理执行异议和复议案件若干问题规定理解与适用》,人民法院出版社2015年版,第340页。

行标的异议与执行异议之诉的不同功能，造成程序拖延和司法资源浪费。

持实质审查标准的观点认为，执行机构根据实际权属状况进行实质审查。主要理由是：(1)执行实施过程中，对被执行人责任财产权属判断的规则就是物权公示原则和权利外观主义；如果案外人执行标的异议审查标准与执行过程中财产权属判断标准一致，则案外人执行标的异议制度没有意义。(2)对案外人实体权利的判断，按照实际权属进行认定，不受登记、占有等物权公示方法和权利外观的限制，有利于公平保护案外人合法权益。如果案外人有充分证据证明，权利表象与真实权利不一致，其为执行标的实际权利人且该权利能够阻止执行的，执行法院对其异议应予支持。[1]

如果采用形式审查标准，案外人执行标的异议与执行过程中法院对被执行人财产权属判断标准基本重合；如果采用实质审查标准，案外人执行标的异议审查与案外人执行异议之诉的审理标准基本一致，案外人执行标的异议审查成了案外人执行异议之诉的预演。本书主张“以形式审查为原则，实质审查为例外”的审查标准，以登记、占有等权利表征来判断权属为原则，例外情形下如果执行标的没有登记或者占有的，则根据合同等证明财产权属或者权利人的相关证据进行实质审查。实质审查是形式审查原则的辅助性标准和必要补充。

执行机构对案外人权利主张之存否的审查，仅限于形式审查，针对执行标的物的形式物权而非实质物权，或者是权利表象而非真实权利。案外人执行标的异议审查的程序、适用的法律、审查结论的效力均不同于审判程序。[2] 与案外人执行异议之诉不同，案外人执行标的异议程序只是初步审查判断，审查标准总体上与执行实施程序中财产权属判断规则更为接近，在价值取向上更侧重于效率，不能完全以案外人执行异议之诉的审判标准衡量执行程序中的案外人执行标的异议审查。因此，形式审查应为民事执行中案外人执行标的异议审查的基本规则，将对执行标的权属进行实质审查的任务，交由执行异议之诉承担。在无法进行形式审查时，如没有登记、占有的情形，则根据合同等

---

〔1〕 参见江必新、刘贵祥主编：《最高人民法院关于人民法院办理执行异议和复议案件若干问题规定理解与适用》，人民法院出版社2015年版，第347页。

〔2〕 参见肖建国：《执行标的的实体权属的判断标准——以案外人异议的审查为中心的研究》，载《政法论坛》2010年第3期。

证明财产权属或者权利人的相关证据进行实质审查。

执行程序中对执行标的权属的判断,动产和不动产适用物权公示原则,股权、知识产权等无形财产权则借助于权利外观主义。执行异议之诉作为案外人、申请执行人不服执行法官形式判断结论的后续救济,能够减少物权公示原则和权利外观主义的不足以及对执行程序产生的消极影响,例如,没有法定公示方法的权利或者存在多个公示方法并产生冲突的权利。案外人执行标的异议审查的权属判断标准并不是对案外人权利进行最终确权,案外人实体权利的确定应由执行异议之诉作出最终判断。经过执行异议之诉得出的审理结果,产生既判力,直接约束执行程序。[1] 从而区分民事执行中案外人执行标的异议审查与执行异议之诉的职能定位。

(三)案外人执行标的权属的具体判断标准

对于案外人执行标的异议,法院应当按照下列标准判断执行标的权属和是否系权利人:

1. 执行标的为不动产

(1)不动产已登记的,按照不动产登记簿判断权利人。不动产物权的法定公示方式是不动产登记。不动产登记簿是国家建立的档案簿册,其公信力以国家的行为担保,并依此为不动产物权变动的可信性提供保障。法律规定物权的归属和内容以不动产登记簿为根据,目的是从国家公信力的角度对物权相对人的利益进行保护,是物权公示原则的价值和要求。[2] 我国有一些不动产权利的取得并不是在纳入登记之时,其中最典型的就是土地承包经营权,土地承包经营权的设立不以登记为生效要件,而是以土地承包合同生效为前提。[3] 土地承包经营权自承包合同生效时设立,登记造册是对承包经营权予以确认的程序。土地承包经营权证、林权证、草原使用权证是承包人享有土地承包经营权的法律凭证。对于土地承包经营权等不以登记为设立要件的不动产物权,如果处在设立阶段,尚未建立登记的,则不以登记为权属判断标准,应

---

〔1〕 参见江必新、刘贵祥主编:《最高人民法院关于人民法院办理执行异议和复议案件若干问题规定理解与适用》,人民法院出版社2015年版,第352页。

〔2〕 参见全国人大常委会法制工作委员会民法室编:《中华人民共和国物权法解读》,中国法制出版社2007年版,第38页。

〔3〕 参见孙宪忠:《不动产登记基本范畴解析》,载《法学家》2014年第6期。

按照土地承包经营合同等导致执行标的物权设立、变动的合法事由判断权属。但是,对于已经登记的,又发生权属变动的,则以登记为准。

(2)对于正在建设过程中或者尚未登记的建筑物、构筑物及其附属设施成为执行标的的,这类不动产权属的判断则根据土地使用权登记情况、建设工程规划许可证、建设工程施工许可证等相关证据判断权利人。土地使用权的登记情况是判断这些地上物权属的重要依据。而建设工程规划许可、建设工程施工许可等行政审批资料,对于证明建筑物、构筑物及其附属设施的建造者具有重要意义。我国存在许多因合法建造房屋等事实行为设立物权的情况,这种情形下的建房有些虽然缺少登记行为,但不能将这种行为形成的建筑物作为无主财产对待,对其所有权,法律承认归建房人所有。比如,农民在宅基地上建造的住房,自建成之日起就取得该住房的所有权。

2. 执行标的为特定动产或其他动产

(1)机动车、船舶、航空器等特定动产如果已经登记的,按照相关管理部门的登记判断权利人。这些特定动产采用登记对抗主义。执行程序的权属判断标准为相关管理部门的登记。

(2)未登记的特定动产和其他动产,按照实际占有情况判断权利人。"实际占有"是指对动产的直接占有。间接占有在所有人与直接占有人之间往往存在某种法律关系,这种法律关系难以通过明显的外观事实予以公示,而且对这种法律关系的判断往往需要进行实质审查才能确定,在案外人异议 15 日审查期间内难以实现,因此间接占有、指示交付和占有改定等涉及实质审查层面的问题,不在案外人执行标的异议审查程序中进行,而由执行异议之诉审理。[1]

3. 执行标的为存款和有价证券

对于银行存款,执行法院应按照在金融机构开立的账户名称判断是否为被执行人所有。对于存管在金融机构的有价证券,按照登记结算机构登记的账户名称判断权属,它主要是以电子化的权利表征形式存在。对于股票、基金份额等有价证券由具备合法经营资质的证券公司、基金托管人名义持有的,按照该机构登记的实际投资人账户名称判断证券的权利人。

---

[1] 参见乔宇:《执行异议复议与异议之诉》,中国法制出版社 2018 年版,第 52 页。

4. 执行标的为股权

上市公司股权属于有价证券,表现形式是股票,应以证券登记结算机构登记的账户名称判断权属。有限责任公司股权有股东名册的记载和工商登记两种法定公示方法,同时实践中还存在以出资证明、股权转让协议来表征股权的情况。工商登记对社会具有公示公信效力,股东名册属于公司的内部文件,其公示性弱于工商登记。在有限责任公司的股权强制执行中,以工商登记和企业信用公示系统公示的信息作为判断相关股权权属的依据。

5. 执行标的为其他财产和权利

其他财产和权利区分有登记与无登记两种情形判断权利人。有登记的其他财产和权利,是指除动产、不动产、股权等之外的其他以登记为权利公示方式的财产及财产权。执行中常见的有登记的其他财产权主要是专利权、商标专用权,两者都具备了登记、公告等法定的权利公示方法,因此以行政机关的登记判断权利人。案外人主张实体权利的其他财产和财产权利,如果该财产和财产权并没有登记这种权利公示方法的,执行法院应按照合同等导致权利设立、变更、消灭的相关事实,审查判断案外人执行标的异议是否成立。这种审查属于实质审查。对于票据、仓单、提单、债券等表征财产权利的有价证券,按照权利凭证等相关证据判断权利归属。

(四)案外人依据另案生效法律文书提出排除执行异议的判断标准

1. 三种不同的观点述评

执行程序中,案外人持法院、仲裁委员会另案确权或者交付执行标的的法律文书,对执行标的主张阻止执行的所有权和其他实体权利,也就是执行依据发生冲突如何处理,存在以下三种不同的观点:

第一种观点认为,案外人持另案确权的法律文书提出异议,执行法院应当予以支持。确权法律文书对执行法院和执行当事人均具有拘束力,执行法院必须依据确权法律文书无条件解封已经法定程序认定属于第三人的财产。这种观点不符合案外人执行异议之诉制度的设计要求。案外人或者申请执行人对执行标的异议裁定不服的,应通过执行异议之诉程序解决。

第二种观点认为,任何类型的另案确权法律文书对于执行法院和申请执行人均不产生既判力。无论是判决,还是仲裁裁决,既判力的相对性原则要求仅限于参加诉讼或者仲裁并受到程序保障的案件当事人。申请执行人并没有参加被执行人与案外人之间的确权诉讼或仲裁,也没有受到充分的程序保障,确权生效法律文书当然不能及于申请执行人和执行法院,不能以此为由从程序上排除强制执行。这种观点运用既判力理论进行分析,有一定道理,但是却存在只看重程序权利却忽视实体权利的问题,而且既判力只限于本案的当事人,不能对案外人产生拘束力。

第三种观点认为,对另案确权法律文书应具体分析,不能一概而论。对基于所有权等物权请求权所进行的确权,除非申请执行的债权优先于所有权,执行法院应当承认其排除执行的效力。对于因合同或者合同解除、合同无效等进行的确权,其基础权利实质是债权请求权,不能排除执行。对于判决交付特定物的,也按照此原则处理。这种观点从权利基础的角度出发解决问题,但也存在一定的弊端,主要表现为被执行人与案外人串通,通过法院或者仲裁机构确权的方式转移查封、冻结的财产,在此情形下,申请执行人的权利极易受到损害。[1]

上述三种观点,本书认为以第三种观点为妥,其他观点在实践中均存在无法克服的弊端。《执行异议和复议规定》第 26 条采纳了第三种观点。一是区分本案执行的类型是金钱债权执行还是非金钱债权执行,二是在金钱债权执行中,根据另案生效法律文书作出的时间是在被执行标的被查封、扣押、冻结(以下统称查封)之前还是之后区别情况对待。

2. 金钱债权执行的判断标准

(1)另案生效法律文书作出的时间是在执行标的被查封之前。其一,标的物所有权属于案外人的法律文书。分为三种情形:一是就案外人与被执行人之间的权属纠纷作出的法律文书;二是保管、租赁、借用等基于债权纠纷作出的返还标的物的法律文书;三是案外人受让执行标的之拍卖、变卖成交或者以物抵债且该权利能够排除执行的裁定。在这三种情形下,法院应当支持案外人的主张。理由如下:权属纠纷属于物权上的纠纷,如果确定权属,应予支持;法律文书确定保管、租赁、借用等基于债权纠纷作出的返还标的物,案外人对

---

〔1〕 参见刘贵祥、范向阳:《〈关于人民法院办理执行异议和复议案件若干问题的规定〉的理解与适用》,载《人民司法》2015 年第 11 期;江必新、刘贵祥主编:《最高人民法院关于人民法院办理执行异议和复议案件若干问题规定理解与适用》,人民法院出版社 2015 年版,第 376 ~ 379 页。

返还的标的物享有的是物权，对其异议应予支持；法院确定变价的裁定且案外人享有的权利能够排除执行的，具有公法性质，维护法院变价财产的效力，故可以排除本案的执行。其二，案外人与被执行人之间除上述所列合同之外的债权纠纷，判决、裁决执行标的归属于案外人或者向案外人交付、返还执行标的的法律文书。这类法律文书确定的交付、返还是基于债权请求权，其权利基础为债权，此时执行标的所有权仍属于被执行人。根据债权平等原则，基于一般债权的交付请求权不能对抗本案对标的物变价的执行，其应当依据查封先后确定受偿顺序。[1]

(2)另案生效法律文书作出的时间是在执行标的被查封之后。无论案外人所持有的生效法律文书的基础权利是什么，法院都不予支持。这是因为，在执行法院查封执行标的后，案外人主张对执行标的的实体权利，应当通过案外人执行异议之诉制度实现，而不是另行诉讼。

(3)《九民纪要》第124条规定："【案外人依据另案生效裁判对金钱债权的执行提起执行异议之诉】作为执行依据的生效裁判并未涉及执行标的物，只是执行中为实现金钱债权对特定标的物采取了执行措施。对此种情形，《最高人民法院关于人民法院办理执行异议和复议案件若干问题的规定》第26条规定了解决案外人执行异议的规则，在审理执行异议之诉时可以参考适用。依据该条规定，作为案外人提起执行异议之诉依据的裁判将执行标的物确权给案外人，可以排除执行；作为案外人提起执行异议之诉依据的裁判，未将执行标的物确权给案外人，而是基于不以转移所有权为目的的有效合同（如租赁、借用、保管合同），判令向案外人返还执行标的物的，其性质属于物权请求权，亦可以排除执行；基于以转移所有权为目的有效合同（如买卖合同），判令向案外人交付标的物的，其性质属于债权请求权，不能排除执行。应予注意的是，在金钱债权执行中，如果案外人提出执行异议之诉依据的生效裁判认定以转移所有权为目的的合同（如买卖合同）无效或应当解除，进而判令向案外人返还执行标的物的，此时案外人享有的是物权性质的返还请求权，本可排除金钱债权的执行，但在双务合同无效的情况下，双方互负返还义务，在案外人未返还

---

〔1〕参见江必新、刘贵祥主编：《最高人民法院关于人民法院办理执行异议和复议案件若干问题规定理解与适用》，人民法院出版社2015年版，第381页。

价款的情况下,如果允许其排除金钱债权的执行,将会使申请执行人既执行不到被执行人名下的财产,又执行不到本应返还给被执行人的价款,显然有失公允。为平衡各方当事人的利益,只有在案外人已经返还价款的情况下,才能排除普通债权人的执行。反之,案外人未返还价款的,不能排除执行。"参照《执行异议和复议规定》第 26 条的规定,可以请求排除执行的另案生效法律文书的类型包括:一是案外人和被执行人之间权属纠纷的法律文书,并确认案外人对执行标的享有物权;二是案外人和被执行人之间租赁、借用、保管等不以转移财产权属为目的的合同纠纷,判决、裁决执行标的归属于案外人或者向其返还执行标的;三是人民法院在执行过程中作出的拍卖成交裁定书、变卖成交裁定书和以物抵债裁定书。

3. 非金钱债权执行的判断标准

交付特定物等非金钱债权执行中,案外人依据另案生效法律文书提出排除执行异议,该法律文书对执行标的权属作出不同认定的,实际上是两个生效法律文书出现了矛盾,案外人的执行标的异议实质上是对执行依据本身的异议。这种情况下,执行法院应当告知案外人依法申请再审或者通过提起第三人撤销之诉等程序解决,而不能通过案外人执行异议之诉解决。

《九民纪要》第 123 条规定:"【案外人依据另案生效裁判对非金钱债权的执行提起执行异议之诉】审判实践中,案外人有时依据另案生效裁判所认定的与执行标的物有关的权利提起执行异议之诉,请求排除对标的物的执行。此时,鉴于作为执行依据的生效裁判与作为案外人提出执行异议依据的生效裁判,均涉及对同一标的物权属或给付的认定,性质上属于两个生效裁判所认定的权利之间可能产生的冲突,人民法院在审理执行异议之诉时,需区别不同情况作出判断:如果作为执行依据的生效裁判是确权裁判,不论作为执行异议依据的裁判是确权裁判还是给付裁判,一般不应据此排除执行,但人民法院应当告知案外人对作为执行依据的确权裁判申请再审;如果作为执行依据的生效裁判是给付标的物的裁判,而作为提出异议之诉依据的裁判是确权裁判,一般应据此排除执行,此时人民法院应告知其对该确权裁判申请再审;如果两个裁判均属给付标的物的裁判,人民法院需依法判断哪个裁判所认定的给付权利具有优先性,进而判断是否可以排除执行。"

不同的生效裁判根据法律关系的不同作出不同的确权裁判以及不同的给

付裁判。由于不同裁判均是生效裁判，一个生效裁判能否排除另一生效裁判的执行，成为实务中的一个难点问题。一是要正确理解确权裁判和给付裁判的效力。确权裁判是对当事人对执行标的物权利状态的确认，给付裁判是在认定当事人享有请求权的基础上，判令对方当事人履行原已存在的义务。[1] 因此，申请执行人依据确权裁判申请法院对执行标的物不正确的物权登记状态进行更正时，案外人若依据另一确权裁判提出执行异议，则属于对执行依据有异议，不应当在执行异议之诉中解决，而是应当对作为执行依据的确权裁判申请再审。二是要合理判断给付裁判的优先性。基本判断标准是物权优先于债权、特殊债权优先于普通债权。如果作为执行依据的给付裁判中确定具有强制执行效力的给付行为本身是基于申请执行人对执行标的物享有所有权，而案外人申请执行异议的给付裁判中确定具有强制执行效力的给付行为是基于案外人对执行标的物享有债权的，则申请执行人的权利基础优先于案外人的权利基础，不应当认为案外人有权排除执行。如果申请执行人依据对执行标的物享有抵押权的基础，取得了法院裁定拍卖执行标的物的给付裁判，案外人基于对执行标的物享有租赁权（租赁发生在抵押之后）的基础，取得了法院判决承租人接收执行标的物的给付裁判，案外人不能依据该基于租赁权的给付裁判排除申请执行人基于抵押权的给付裁判的执行。[2] 对于特殊债权的保护顺位则基于法律、司法解释的特别规定，如建设工程价款优先受偿权。

4. 相关问题

（1）案外人认为仲裁裁决本身有错误，针对仲裁裁决提起执行异议之诉如何处理？案外人权利如何救济？根据《最高人民法院关于人民法院办理仲裁裁决执行案件若干问题的规定》（2018 年 3 月 1 日起施行）第 2 条的规定，案外人对仲裁裁决执行案件申请不予执行的，负责执行的中级人民法院应当另行立案审查处理。可见，案外人如果对作为执行依据的仲裁裁决或仲裁调解书有异议的，该司法解释赋予了案外人依法申请不予执行的权利。案外人提起执行异议之诉的，不予受理，已经受理的，裁定驳回起诉。

---

〔1〕 参见房绍坤：《导致物权变动之法院判决类型》，载《法学研究》2015 年第 1 期。

〔2〕 参见最高人民法院民事审判第二庭编著：《〈全国法院民商事审判工作会议纪要〉理解与适用》，人民法院出版社 2019 年版，第 622 页。

（2）案外人认为公证债权文书本身有错误，针对公证债权文书提起执行异议之诉如何处理？案外人系针对作为执行依据的公证债权文书提出异议，案外人提起执行异议之诉的，应当不予受理，已经受理的，应当裁定驳回起诉。案外人认为作为执行依据的公证债权文书存在错误应通过其他法定程序进行救济。[1] 其一，案外人可以依照《公证法》第39条的规定，向公证机关提出复查。公证书内容违法或者与事实不符的，公证机关应当撤销该公证书。案外人也可以提起诉讼，请求人民法院判令公证机关撤销公证债权文书。其二，执行终结前，案外人可以依照《民事诉讼法》第238条第2款和《公证法》第37条的规定向执行法院提出申请裁定不予执行该公证债权文书。其三，根据《最高人民法院关于公证债权文书执行若干问题的规定》第24条的规定，就公证债权文书涉及的民事权利义务争议直接向有管辖权的人民法院提起基础关系诉讼。

（五）案外人基于不动产物权期待权提出排除执行异议的判断标准

1. 不动产买受人基于物权期待权提出异议的判断标准

在执行程序中对不动产受让人进行优先保护的理论基础是买受人物权期待权保护。买受人物权期待权是指买受人签订了买卖合同并已经履行了合同部分义务，虽然尚未取得合同标的物的所有权，但是赋予其类似所有权人的地位，其物权的期待权具有排除执行等物权效力。[2]

《执行异议和复议规定》第28条规定了案外人作为不动产买受人基于物权期待权提出异议的判断标准，必须具备以下条件：（1）申请实现的债权应当限于金钱债权。（2）执行法院查封之前被执行人与案外人已签订合法有效的书面买卖合同。作为物权期待权基础权利的债权必须合法有效。（3）在价款交付上，案外人已支付全部价款或者按照约定支付了部分价款并且按照法院的要求将剩余价款交付执行。（4）执行法院查封前案外人已经合法占有不动产，目的是减少被执行人与案外人恶意串通的可能性。（5）案外人没有办理过户登记不是因为自身原因。非因案外人自身原因是指登记机关未及时办理、

---

[1] 参见最高人民法院民事审判第二庭编著：《〈全国法院民商事审判工作会议纪要〉理解与适用》，人民法院出版社2019年版，第607页。

[2] 参见江必新、刘贵祥主编：《最高人民法院关于人民法院办理执行异议和复议案件若干问题规定理解与适用》，人民法院出版社2015年版，第422页。

出卖人拒不协助、办理过户存在客观障碍等致使没有办理过户登记手续。属于案外人自身原因的情形主要有:知道或者应当知道标的物上设有抵押权等权利限制;标的物受到限购、限制流通转让等过户登记政策限制等情形,依然购买导致无法办理过户登记;对于已经符合办理过户登记条件的房屋,无正当理由没有在合理时间内办理过户登记手续。[1]

《九民纪要》第127条规定:"【案外人系商品房消费者之外的一般买受人】金钱债权执行中,商品房消费者之外的一般买受人对登记在被执行人名下的不动产提出异议,请求排除执行的,《最高人民法院关于人民法院办理执行异议和复议案件若干问题的规定》第28条规定,符合下列情形的依法予以支持:一是在人民法院查封之前已签订合法有效的书面买卖合同;二是在人民法院查封之前已合法占有该不动产;三是已支付全部价款,或者已按照合同约定支付部分价款且将剩余价款按照人民法院的要求交付执行;四是非因买受人自身原因未办理过户登记。人民法院在审理执行异议之诉案件时,可参照适用此条款。实践中,对于该规定的前三个条件,理解并无分歧。对于其中的第四个条件,理解不一致。一般而言,买受人只要有向房屋登记机构递交过户登记材料,或向出卖人提出了办理过户登记的请求等积极行为的,可以认为符合该条件。买受人无上述积极行为,其未办理过户登记有合理的客观理由的,亦可认定符合该条件。"

在执行异议之诉案件审理过程中,可参照《执行异议和复议规定》的规定。在裁判文书的表述上,准确的表述应当是"参照"而非"依照",因为执行标的异议属于执行程序,其审查标准是以形式审查为原则,以实质审查为例外;执行异议之诉作为审判程序,其审查标准是实质审查,有一审、二审和再审程序。[2]买受人未办理过户登记的原因应综合主观、客观两方面因素认定,主观方面应重点考察买受人是否存在怠于甚至故意不办理权属变更登记,或由于自身没有尽到合理注意义务,而导致权属变更登记不能等情形。例如,为逃税等故意未办理登记,没有注意他人设定的抵押或者政策限制所造成的变更登记障碍。

---

〔1〕 参见江苏省高级人民法院编:《强制执行新实践》,法律出版社2018年版,第435页。

〔2〕 参见最高人民法院民事审判第二庭编著:《〈全国法院民商事审判工作会议纪要〉理解与适用》,人民法院出版社2019年版,第641页。

客观方面应重点考察是否存在诸如登记机构、出卖人及其他不归属买受人所能控制的原因而办理不能,例如,案涉房屋所在土地未取得土地使用权证,出卖人不配合提供相关购房原始发票,案涉房屋被法院查封无法过户,出卖人被采取刑事强制措施无法取得联系。

2. 房屋消费者基于物权期待权提出异议的判断标准

房屋消费者物权期待权保护,是指在执行程序中,基于对消费者生存权这一更高价值的维护,赋予消费者对买受房屋的物权期待权以排除执行的效力。

《执行异议和复议规定》第 29 条规定了案外人作为房屋消费者基于物权期待权提出异议的判断标准,必须具备以下条件:(1)申请执行的债权是金钱债权。(2)在执行法院查封之前已经签订了合法有效的书面买卖合同。(3)保护的对象必须是消费者。在自然属性上看,消费者必须是自然人,法人或者其他组织不存在生活消费的问题。由于优先保护是为了保护个人消费者的居住权而设置的,消费者购房应是直接用于满足其生活居住需要,而不是用于经营。并且案外人没有其他用于居住的房屋,它是指买受人在被执行房屋所在地长期居住,而在同一地点其名下没有其他能够用于居住的房屋。(4)异议指向标的物必须是房地产经营者所开发的商品房,也就是只限于一手房买卖,不包括二手房交易的买受人,防止给被执行人与案外人通谋以逃避执行的可乘之机。(5)交付了 50% 以上的购房款。在案外人仅支付部分购房款的情形下,执行法院可以对买受人应当支付的剩余房款,按照到期债权进行执行。

《九民纪要》第 125 条规定:"【案外人系商品房消费者】实践中,商品房消费者向房地产开发企业购买商品房,往往没有及时办理房地产过户手续。房地产开发企业因欠债而被强制执行,人民法院在对尚登记在房地产开发企业名下但已出卖给消费者的商品房采取执行措施时,商品房消费者往往会提出执行异议,以排除强制执行。对此,《最高人民法院关于人民法院办理执行异议和复议案件若干问题的规定》第 29 条规定,符合下列情形的,应当支持商品房消费者的诉讼请求:一是在人民法院查封之前已签订合法有效的书面买卖合同;二是所购商品房系用于居住且买受人名下无其他用于居住的房屋;三是已支付的价款超过合同约定总价款的百分之五十。人民法院在审理执行异议之诉案件时,可参照适用此条款。问题是,对于其中'所购商品房系用于居住且买受人名下无其他用于居住的房屋'如何理解,审判实践中掌握的标准不一。‘买受人名下无其他用于居住的房屋’,可以理解为在案涉房屋同一设区的市或者县级市范围内商品房消费者名下没有用于居住的房屋。商品房消费者名下虽然已有1套房屋,但购买的房屋在面积上仍然属于满足基本居住需要的,可以理解为符合该规定的精神。对于其中‘已支付的价款超过合同约定总价款的百分之五十’如何理解,审判实践中掌握的标准也不一致。如果商品房消费者支付的价款接近于百分之五十,且已按照合同约定将剩余价款支付给申请执行人或者按照人民法院的要求交付执行的,可以理解为符合该规定的精神。”

近年来房屋行政主管部门一直推行房屋买卖合同网签备案制度,当事人若未签订纸质房屋买卖合同,而仅是进行了网签,是否构成上述规定的书面买卖合同,十分关键。房屋买卖中的网签,是指买卖双方就房屋买卖具体内容协商达成一致后,在网络交易平台上进行签约的一种交易方式,网签系统是房屋行政主管部门为防止一房多卖而建立的网络化管理系统。因此,网签除反映了买卖双方的意思表示以外,还附加了房屋行政主管部门对双方合同关系的确认及公示,足以认定为买卖双方就标的房屋签订了书面房屋买卖合同。〔1〕

3. 预告登记权利人基于物权期待权提出异议的判断标准

预告登记,是指为保全一项请求权而进行的不动产登记,该项请求权所要达到的目的,是在将来发生不动产物权变动。它是不动产登记的特殊类型。预告登记的本质特征是使被登记的请求权具有物权的效力,进行了预告登记的请求权,对后来发生的与该项请求权内容相同的不动产物权的处分行为,具有对抗的效力,这样,所登记的请求权就得到了保护。〔2〕 预告登记是与本登记相对应的概念。本登记是指对于已经实际发生的物权变动进行的登记,通常所说的登记都是指本登记。〔3〕 预告登记效力属于物权性质,但是纳入登记的请求权本身却没有效力,只是登记这种公示的行为使这种请求权具有了排他效力。经预告登记保全的请求权,不但可以对抗不动产的所有权人和其他物

〔1〕 参见司伟、王小青:《执行异议之诉中不动产买受人排除强制执行的要件审查》,载《人民司法》2019年第23期。

〔2〕 参见全国人大常委会法制工作委员会民法室编著:《中华人民共和国物权法解读》,中国法制出版社2007年版,第47页。

〔3〕 参见王利明:《物权法研究》(修订版),中国人民大学出版社2007年版,第353页。

权人,也可以对抗任意第三人。[1]

《执行异议和复议规定》第30条规定了在金钱债权执行过程中,案外人作为预告登记权利人基于物权期待权,即不动产物权受让人基于其请求权已经办理预告登记的事实,提出案外人执行标的异议的,其判断标准分为两种情况:(1)如果受让人提出异议请求停止处分不动产,因预告登记的目的就是排除包括强制执行在内的处分行为,法院对停止处分的异议请求应予支持。(2)如果受让人请求排除法院查封,则应审查其是否符合取得物权的条件,如果符合,则受让人可以确定地取得不动产物权,法院应当解除查封。

(六)案外人基于不动产租赁权提出排除执行异议的判断标准

《执行异议和复议规定》第31条规定了案外人基于不动产租赁权提出排除执行异议的判断标准:(1)对于在执行法院查封之前已经签订合法有效的书面租赁合同并占有使用该不动产的,承租人可以请求在租赁期内阻止向受让人移交占有被执行的不动产。由于租赁合同没有登记制度,对买卖不破租赁规则的适用既需要合法有效的书面租赁合同,又必须在查封前占有租赁不动产,这是公示要件,以保证租赁合同的真实性,防止案外人与被执行人通谋以干扰执行。(2)如果案外人与被执行人恶意串通,以明显不合理的低价承租被执行人不动产,或者伪造交付租金收据,那么承租人有关阻止移交占有不动产的请求,法院不予支持。

(七)案外人实体权利与申请执行人优先受偿权冲突的处理

申请执行人对执行标的依法享有优先受偿权的,有权对执行标的的价值,先于无优先顺位的普通债权受偿。优先受偿权是指申请执行人就特定执行标的的价值优先受偿的权利。根据《执行异议和复议规定》第27条的规定,执行过程中,案外人对执行标的主张所有权或者租赁权、消费者物权期待权等其他阻止执行的实体权利的情况下,依据法律、司法解释规定,申请执行人对执行标的的优先受偿权足以对抗案外人权利的,法院对案外人执行标的异议不予支持。但在法律、司法解释另有规定的情况下,如果申请执行人的优先受偿权不能对抗案外人权利的,法院对案外人执行标的异议应予支持。执行实践中常见的优先受偿权主要包括担保物权和建设工程价款优先受偿权,其他类型

---

〔1〕 参见孙宪忠:《中国物权法总论》(第2版),法律出版社2009年版,第350页。

优先受偿权的执行案件相对较少。

1. 案外人主张所有权与申请执行人实现抵押权

(1)申请执行人抵押权依法成立后,抵押财产被转让情形下的案外人执行标的异议的审查规则。

如果执行依据已经对抵押权成立后,抵押人转让抵押财产的争议问题作出裁决,并认定申请执行人有权就抵押财产优先受偿,那么抵押财产的受让人应受执行依据法律效力的拘束,受让人对此结论不服的,应通过对执行依据申请再审的法律途径进行救济。此时受让人属于执行依据裁判范围之内的当事人,不属于执行程序中的案外人。

执行程序中,有关抵押财产转让的案外人执行标的异议审查面临的主要问题是:抵押权成立后,抵押人未经抵押权人同意转让抵押财产的事实与执行依据裁判内容无关,或者说未经执行依据审查处理的情况下,抵押权人与抵押财产受让人的权利冲突问题。被执行人转让已被法院依法实施财产保全的抵押财产,在程序上就不具有对抗申请执行人的效力。执行法院无须进行实体法上的判断,就可以对受让人提出的案外人执行标的异议不予支持。司法实践中,需要适用相关实体法规定审查的情形,主要是抵押财产没有被查封的,抵押人将抵押物转让他人的情况。对于依法成立并按照法定公示方法完成公示的抵押权的保护,优于所有权,因此在债权人申请实现依法成立并公示的抵押权与受让人主张所有权的争议中,法院支持抵押权人和限制所有权,而不论抵押权有没有追及效力和抵押财产的转让如何受限。关于异议请求被驳回后案外人的救济程序问题,如果抵押财产转让发生于执行依据确定后,案外人实体权利主张与执行依据无关,应提起案外人执行异议之诉予以救济。[1]

(2)案外人对抵押财产主张所有权与抵押权的善意取得的审查。

如果案外人对抵押财产主张所有权的异议,涉及抵押权本身是否依法成立的问题,案外人执行标的异议审查可能会与抵押权的善意取得发生联系。如果根据案件事实,可以认定申请执行人善意取得抵押权的,不论抵押财产是否属于案外人所有,申请执行人对执行标的的抵押权,均可对抗案外人主张所

---

〔1〕 参见江必新、刘贵祥主编:《最高人民法院关于人民法院办理执行异议和复议案件若干问题规定理解与适用》,人民法院出版社2015年版,第392~398页。

有权的异议请求。如果不能认定申请执行人善意取得抵押权,法院对案外人对执行标的的权利主张予以支持。

2. 案外人主张土地使用权与申请执行人实现抵押权

申请执行人对土地使用权依法设立的抵押权,具有对抗案外人土地使用权的效力,无论土地使用权是否为案外人享有,执行法院对案外人的异议请求不予支持。但是,根据《物权法》第184条的规定,宅基地使用权不得抵押。

3. 案外人主张所有权与申请执行人实现质权或者留置权

执行实践中,通过强制执行程序实现担保物权的案件,主要是实现抵押权的情形,实现质权的案件较抵押权而言数量较少,实现留置权的案件更为少见。理由在于:质权人通常已经占有质押财产,在实现质权时可依法采取自力救济的方式,通过质权人单方面自行拍卖、变卖质押财产来实现质权,无须通过司法程序,质权的这种权利实现方式,分流了一部分不需要司法程序介入的案件;留置权成立时,债权人已经合法占有了债务人的财产,在留置权实现条件成就时,留置权人可以依法通过自力救济的方式,自行拍卖、变卖留置物,以留置物的变现价款优先受偿债权,无须通过司法机关,因此,通过强制执行程序实现留置权的案件更为少见。[1]

动产质权和权利质权设立后,出质人未经质权人同意转让质押财产的,质押财产受让人原则上不能对抗质权人。如果质权人同意转让的,除依法将转让所得价款向质权人提前清偿债务或者提存以外,当事人也可以形成合意,受让人取得质押财产所有权,但其上负担的质权仍然存在,受让人取得有质权负担的财产。如果受让人在执行过程中,对质押财产的执行提出案外人执行标的异议,法院不予支持。依法成立的留置权,基于占有所产生的公示效力,留置权也具有对抗第三人的效力,包括留置物的所有权人。

4. 案外人主张建设工程所有权、消费者物权期待权或者租赁权与申请执行人建设工程价款优先受偿权

建设工程价款优先受偿权,是指承包人对于建设工程的价款就该工程折价或者拍卖的价款享有优先受偿的权利。案外人对建设工程主张所有权与申请执行人建设工程价款优先受偿权产生冲突的情形,主要涉及建设工程的转

---

〔1〕 参见乔宇:《执行异议复议与异议之诉》,中国法制出版社2018年版,第72页、第76页。

让问题。如果执行依据已经对建设工程转让后，申请执行人优先受偿权与受让人所有权的法律关系作出裁判，则受让人属于执行依据法律效力所及的当事人，不是执行程序中的案外人。如果执行依据认定申请执行人建设工程价款优先受偿权成立，但并不涉及建设工程转让问题，建设工程受让人在执行过程中，提出案外人异议主张所有权的，执行法院应依法审查。

如果建设工程已经被法院查封的，对已经被查封的财产所作的移转行为，不得对抗申请执行人。需要讨论的问题是，建设工程没有被查封的情况下，受让人能否对抗建设工程价款优先受偿权人。目前，法律对建设工程转让并未作限制，也没有明确规定建设工程价款优先受偿权的追及效力。而且，建设工程价款优先受偿权没有相应的权利公示方法，第三人很难明确知晓建设工程价款未受清偿的事实。对于优先受偿权人与建设工程受让人的权利冲突如何处理，暂无明确的法律规范遵循，实践中的认识也不统一。[1] 本书认为，法律明确规定了建设工程价款优先受偿的效力。建设工程价款优先受偿权不以占有或登记为要件，其不经公示就具有优先效力。如果没有追及效力的保护，建设工程价款优先受偿权很容易在建设工程所有权发生转移时落空，应当赋予建设工程价款优先受偿权一定的追及效力，即使建设工程所有权发生转移，承包人依然可以行使建设工程价款优先受偿权，以对抗案外人的所有权。

受让人如果尚未取得建设工程的所有权，而是对建设工程主张应向其交付的债权请求权的，交付标的物的债权请求权通常情况下不能阻止执行，也不能对抗建设工程价款优先受偿权。但是，案外人对建设工程主张消费者物权期待权的，即符合为了生活消费而购买商品房并且交付了购买商品房的全部或者大部分款项的，就能对抗承包人的建设工程价款优先受偿权；消费者在完成房屋所有权过户登记，已经取得房屋所有权的情况下，也能对抗建设工程价款优先受偿权。

《九民纪要》第 126 条规定："【商品房消费者的权利与抵押权的关系】根据《最高人民法院关于建设工程价款优先受偿权问题的批复》第 1 条、第 2 条的

[1] 参见江必新、刘贵祥主编：《最高人民法院关于人民法院办理执行异议和复议案件若干问题规定理解与适用》，人民法院出版社 2015 年版，第 406 页。

规定，交付全部或者大部分款项的商品房消费者的权利优先于抵押权人的抵押权，故抵押权人申请执行登记在房地产开发企业名下但已销售给消费者的商品房，消费者提出执行异议的，人民法院依法予以支持。但应当特别注意的是，此情况是针对实践中存在的商品房预售不规范现象为保护消费者生存权而作出的例外规定，必须严格把握条件，避免扩大范围，以免动摇抵押权具有优先性的基本原则。因此，这里的商品房消费者应当仅限于符合本纪要第125条规定的商品房消费者。买受人不是本纪要第125条规定的商品房消费者，而是一般的房屋买卖合同的买受人，不适用上述处理规则。"

第一，从商品房消费者享有的权利性质来看，其享有的是物权期待权。其优先于抵押权有理论依据。物权优先于债权，本来是民法的一项基本原则，但基于生存利益至上的考虑，可以有例外规定。涉案房屋并未办理过户登记，买受人享有的是请求出卖人将涉案房屋过户至其名下的债权请求权，其本质仍是债权，但房屋买受人对于成为房屋的所有权人享有很大的期待利益，法学理论将其定义为物权期待权，并基于生存利益至上的考虑，赋予其优先于抵押权的效力。[1]

第二，从交易安全的保护角度来看，对于商品房消费者来说，在开发商的房屋能够预售的情况下，完全有理由相信其所购买的房屋不存在任何权利瑕疵。而在商品房消费者支付了购房款或者大部分购房款的情况下，如果还不能取得标的物，则其对于交易安全的信赖会受到严重损害，合同法立法指导思想中的在价值取向上应注重交易安全保护的目标就无法实现。

第三，从交易成本支出的角度来看，应保护商品房消费者的利益。一方面，就购房人而言，其对于出卖人如何使用所收取的款项并不关心，往往也无能力控制，购房人也很难对开发商清偿银行借款的情况进行调查。与此相反，抵押权人则更有能力控制开发商，其既可以在设定抵押时同开发商约定出售商品房之前应先清偿其债务，也可以在出借款项时设定一定的条件限制开发商在未清偿其债务之前销售，且抵押权人实施这种控制行为比起购房人来说成本更少且效果更直接。另一方面，针对我国现实的经济发展要求，对于房地

---

〔1〕 参见最高人民法院民事审判第二庭编著：《〈全国法院民商事审判工作会议纪要〉理解与适用》，人民法院出版社2019年版，第634页。

产这种高杠杆化的产业,高效率及缩短开发周期是其开发盈利的基本要求。如果要求购房人在购买商品房时,需要调查开发项目是否存在抵押权负担,这必然影响交易的效率,延缓交易的完成,从而影响房地产项目的开发进度,进一步影响房地产业的持续发展。[1]

拍卖财产上的租赁权不因拍卖而消灭,但该权利继续存在于拍卖财产上,对在先的优先受偿权的实现有影响的,法院应当依法将其除去后进行拍卖。由于建设工程价款优先受偿权没有法定公示方法,第三人很难知晓标的物上负担建设工程价款优先受偿权,因此设立在后的租赁权不能对抗建设工程价款优先受偿权。

5. 案外人主张所有权、租赁权等实体权利与申请执行人其他优先受偿权

担保物权、建设工程价款优先受偿权是执行中常见的优先受偿权,其他优先受偿权的执行在实践中相对少见。其他优先受偿权主要包括船舶优先权和民用航空器优先权。

船舶优先权,是指海事请求人依照海商法规定,向船舶所有人、光船承租人、船舶经营人提出海事请求,对产生该海事请求的船舶具有优先受偿的权利。船舶优先权是海商法中特有的一项权利,无须登记。船舶优先权先于船舶留置权受偿,船舶留置权先于船舶抵押权受偿。船舶优先权应当通过法院扣押产生优先权的船舶行使。船舶优先权具有附随性,一经产生就附着在船舶上,随船舶的转移而转移,只有法定原因发生才消灭。船舶优先权具有对抗船舶所有权的效力。

民用航空器优先权,是指债权人依照民用航空法规定,向民用航空器所有人、承租人提出赔偿请求,对产生该赔偿请求的民用航空器具有优先受偿的权利。援救该民用航空器的报酬、保管维护该民用航空器的必需费用,具有民用航空器优先权,它先于民用航空器抵押权受偿,其应当通过法院扣押产生优先权的民用航空器行使。民用航空器优先权不因民用航空器所有权的转让而消灭,但是,民用航空器经强制拍卖的,强制拍卖的买受人依法取得民用航空器

---

〔1〕 参见张燕、仲伟珩:《银行抵押权、预售商品房购房人权利的冲突与解决》,载《人民司法》2017年第16期;最高人民法院民事审判第二庭编著:《〈全国法院民商事审判工作会议纪要〉理解与适用》,人民法院出版社2019年版,第635页。

所有权。[1]

(八)案外人执行标的异议与执行行为异议竞合的处理

有学者认为,案外人既可以提出案外人实体异议,也可以以利害关系人的身份提出执行行为异议。[2] 基于"审执分立"原则的要求和对案外人实体权利的程序保障,《民事诉讼法》建立了案外人实体异议与执行行为异议两类不同性质的异议,并适用不同的程序。

1. 案外人执行标的异议与执行行为异议的区别

执行法院在审查执行异议的过程中,容易混淆案外人执行标的异议和利害关系人执行行为异议,主要表现有两种情形:一是将案外人执行标的异议识别成利害关系人执行行为异议,并对执行行为的合法性进行审查,在异议裁定中赋予当事人向上一级法院提出复议的权利;二是将利害关系人执行行为异议识别成案外人执行标的异议,并引导当事人提起执行异议之诉。执行异议审查程序的错误,容易导致执行过程中的纠纷不能及时得到妥当处理,损害当事人的合法权益。执行标的异议与执行行为异议的区别主要表现在以下三个方面:

(1)依据的基础权利不同。案外人执行标的异议是案外人认为法院的执行行为侵害了其实体权利,是基于对执行标的主张实体权利提出的异议,即实体异议。案外人作为利害关系人提出执行行为异议是认为执行行为本身违反程序性规定,侵害了其合法权益,以法院违反执行程序为由提出的异议,即程序异议。从实践中看,所有的异议从表面上都指向执行行为,主张执行行为错误,但是判断一个异议是实体异议还是程序异议,其判断标准是异议所依据的基础权利的性质。如果异议指向的对象是执行标的物,且所提异议依据的是所有权或者其他足以阻止执行标的物转让、交付的实体权利的,就构成实体异议。反之,如果案外人或者利害关系人所提异议所依据的基础权利为程序权利,比如超标查封的权利,则构成程序异议。[3]

(2)异议指向的对象和目的不同。案外人实体异议指向的是法院正在执

---

〔1〕 参见乔宇:《执行异议复议与异议之诉》,中国法制出版社 2018 年版,第 80 页。
〔2〕 参见陈娴灵:《我国民事执行异议之诉研究》,湖北人民出版社 2009 年版,第 36 页。
〔3〕 参见范向阳主编:《执行异议之诉的规则与裁判》,人民法院出版社 2019 年版,第 19 页。

行的标的物,目的是排除法院对某一执行标的物的执行,保护其私法上的实体权利不受侵害。执行行为异议指向的是法院的执行程序,目的是纠正违法的执行行为,保证自己公法上的程序权利和利益不受非法侵害,并不以排除执行为必要。[1]

(3)程序功能不同。案外人实体异议的功能,一是确权,二是对法院是否停止对特定标的物的执行作出裁断。实体异议程序对公法关系的判断,仅限于在判断实体权属的基础上,对是否停止执行作出判定。执行行为异议程序的功能是对执行行为进行合法性判断,是否撤销或者变更执行行为。

2. 案外人同时提出执行标的异议和执行行为异议的情形及其处理

案外人同时提出执行标的异议和执行行为异议的,是异议竞合。《执行异议和复议规定》第 8 条区分了两种情形及其处理方式。

(1)基础权利及目的竞合。[2] 案外人提出两类异议,所依据的基础权利都是实体权利,提出异议的目的都是请求法院停止对特定标的物的执行,但其形式上既对执行标的又对执行行为提出异议。处理方式是只要对实体异议进行审查,就没有必要审查执行行为异议,即实体异议吸收程序异议。

(2)主体竞合。[3] 案外人既以实体权利为基础提出执行标的异议,又提出与实体权利无关的执行行为异议,异议的目的分别是阻止对特定标的物的执行和纠正违法的执行,实际上是同一个异议主体分别作为案外人和利害关系人提出了两类不同性质的异议,应当分别适用不同的审查程序,分别作出裁定。[4]

---

〔1〕 参见章武生、金殿军:《案外人异议之诉研究》,载《法学家》2010 年第 5 期。

〔2〕《执行异议和复议规定》第 8 条第 1 款规定:"案外人基于实体权利既对执行标的提出排除执行异议又作为利害关系人提出执行行为异议的,人民法院应当依照民事诉讼法第二百二十七条规定进行审查。"

〔3〕《执行异议和复议规定》第 8 条第 2 款规定:"案外人既基于实体权利对执行标的提出排除执行异议又作为利害关系人提出与实体权利无关的执行行为异议的,人民法院应当分别依照民事诉讼法第二百二十七条和第二百二十五规定进行审查。"

〔4〕 参见江必新、刘贵祥主编:《最高人民法院关于人民法院办理执行异议和复议案件若干问题规定理解与适用》,人民法院出版社 2015 年版,第 112 页。

典型案例5－2　西部信托公司与陕西交通物业有限责任公司、陕西道路科工贸有限公司申请复议案[1]

基本案情和裁判结果：陕西省高级人民法院（以下简称陕西高院）依据已经发生法律效力的最高人民法院（2005）民二终字第31号民事判决，在执行申请执行人西部信托公司与陕西宏华房地产开发公司、中国航空器材进出口总公司西北公司、陕西省交通职工技协服务部（以下简称交通技协）借款担保纠纷案中，根据申请执行人西部信托公司提供的财产线索，于2012年1月18日作出执行裁定，查封了西安市某科技大厦第12层建筑面积1278.5平方米、第6层建筑面积为115.83平方米的房产（以下简称涉案房产）。案外人陕西交通物业有限责任公司（以下简称交通物业公司）提出异议，要求解除对涉案房产的查封，称：2004年6月，西安市中级人民法院（以下简称西安中院）作出民事裁定，将涉案房产作价688.851378万元，以物抵债给该案申请执行人交通技协。后交通技协又将涉案房产转让给陕西道路工贸有限公司（以下简称道工贸公司），西安中院作出协助执行通知书，要求西安市国土资源局和房屋管理局高新分局将涉案房产直接过户至道工贸公司名下。道工贸公司营业执照被吊销后，陕西省交通运输厅作为道工贸公司的控股单位收回了涉案房产，并将其交由交通物业公司占有、经营。因此，涉案房产现已由交通物业公司合法取得，不再属交通技协所有，陕西高院的查封措施不当，应予撤销。陕西高院经审查，认为交通物业公司的异议理由成立，作出执行裁定：交通物业公司异议成立。如不服该裁定，可在该裁定送达之日起10日内向最高人民法院申请复议。西部信托公司向最高人民法院申请复议称：道工贸公司虽被吊销营业执照，但未进行清算并办理工商注销登记，其企业法人主体仍然存续，交通物业公司不是涉案房产的所有权人，也不具有提出执行异议的主体资格，因此，陕西高院执

---

[1] 参见江必新、刘贵祥主编：《最高人民法院关于人民法院办理执行异议和复议案件若干问题规定理解与适用》，人民法院出版社2015年版，第113～115页；最高人民法院（2013）执复字第11号执行裁定书。

行裁定错误，请求予以撤销。最高人民法院于2013年8月8日作出执行裁定：撤销陕西高院执行裁定；发回陕西高院依据《民事诉讼法》第227条之规定重新审查并作出裁定。

本案是将案外人执行标的异议（实体异议）错误地作为案外人执行行为异议处理的典型案例。案外人基于对执行标的物主张实体权利而提出异议，以排除对该执行标的物之强制执行的，属于案外人执行标的异议，不论其主张实体权利的依据是否涉及其他法院的相关生效法律文书，均应当适用《民事诉讼法》第227条的规定处理，以保护案外人和当事人通过诉讼途径寻求实体救济的合法权益。在本案中，案外人交通物业公司以西安中院作出的有关民事裁定和协助执行通知书为依据，主张自己已合法取得该涉案房产，陕西高院不应再将该涉案房产作为交通技协财产予以执行，属于以主张实体权利的方式寻求排除强制执行的执行标的异议，应依据《民事诉讼法》第227条进行审查并作出异议裁定。因本案案外人执行标的异议与作为执行依据的最高人民法院（2005）民二终字第31号民事判决书无关，案外人、当事人对异议裁定不服的，应当通过向执行法院提起诉讼解决。陕西高院执行裁定适用了修改前的《民事诉讼法》第202条关于执行行为异议的规定，赋予案外人、当事人向上级法院申请复议的权利，属于适用程序法律错误。

第六章　案外人执行异议之诉

一、执行异议之诉概要

我国执行异议之诉制度一直处于发展与完善中。2007年《民事诉讼法》第一次明确规定了案外人执行异议之诉和申请执行人执行异议之诉,2012年《民事诉讼法》保留了这两种执行异议之诉的内容,仅对条文序号作了修改。申请执行人执行异议之诉也称为申请执行人许可执行之诉。2008年《执行程序解释》增加规定了执行分配方案异议之诉。2015年《民事诉讼法解释》关于执行异议之诉的规定,是针对案外人执行异议之诉和申请执行人执行异议之诉作出的,其适用范围并不包括执行分配方案异议之诉。2016年《最高人民法院关于民事执行中变更、追加当事人若干问题的规定》第32条至第34条规定了作为执行当事人变更追加救济措施的执行异议之诉。《九民纪要》"十一、关于案外人救济案件的审理"中第119条、第123条至第127条对案外人执行异议之诉的适用作了规定。不同的执行异议之诉尽管都是为了解决执行程序中产生的实体争议,但各种具体的执行异议之诉的具体目的、适用条件存在较大差异。

执行异议之诉,是指当事人或案外人通过诉讼的形式,实现对执行中的违法行为予以纠正或解决当事人之间权利义务争议的一种特殊的诉讼形态。[1]案外人执行异议之诉是指在执行程序中,案外人为维护自己的合法权益,向执行法院提出的对有关执行标的实体法律关系进行审理与裁判,以纠正执行错误的请求。申请执行人执行异议之诉,是指申请执行人提起的,请求法院就其与对方当事人之间因执行标的产生的实体权利义务关系进行审理和裁判,判决对执行标的继续执行的请求。执行分配方案异议之诉,是指提出分配方案

〔1〕 参见张卫平:《民事诉讼法》(第4版),法律出版社2016年版,第506页。

异议的申请执行人或者被执行人，因不同意未提出异议的申请执行人或者被执行人的反对意见，而提起对其异议理由进行审理和裁判，以确定是否修改分配方案的请求。[1]

债务人执行异议之诉，是指债务人对于执行依据所载明的请求权，有消灭或妨碍债权人请求的事由，而提起民事诉讼，请求法院判决排除执行依据的执行力，停止执行依据的强制执行。[2] 关于是否建立债务人执行异议之诉，争议较大。但由于民事诉讼法未建立债务人执行异议之诉制度，立法机关亦反对在司法解释中创设新类型诉讼，因此被执行人不能依据《民事诉讼法》第 227 条提起执行异议之诉。[3] 案外人对执行标的提出执行异议，法院经审查裁定中止对该标的的执行，被执行人与案外人对执行标的权属产生争议的，应当另行起诉。因此，申请执行人未对中止执行裁定提起异议之诉，而被执行人主张案外人异议不成立提起执行异议之诉的，法院不予受理，告知被执行人可以对其与案外人就执行标的存在的争议另行起诉。[4]

二、案外人执行异议之诉的性质

案外人执行异议之诉的性质是其程序设计的基础，实质上是设计案外人权利在执行中的保护形态，以及由此而产生的案外人执行异议之诉的诉讼标的、既判力内容以及判决的作用等问题。[5] 传统民事诉讼将诉的类型划分为确认之诉、给付之诉和形成之诉三类，而对案外人执行异议之诉属于何种诉的类型即性质，主要有以下几种学说。[6]

（1）形成之诉说。该学说认为，案外人提起执行异议之诉的诉权在性质上

---

〔1〕 参见宋朝武主编：《民事诉讼法学》，高等教育出版社 2017 年版，第 401 ~ 403 页。

〔2〕 参见江伟主编：《民事诉讼法》（第 5 版），高等教育出版社 2016 年版，第 422 页。

〔3〕 参见沈德咏主编：《最高人民法院民事诉讼法司法解释理解与适用》，人民法院出版社 2015 年版，第 832 页。

〔4〕 《民事诉讼法解释》第 309 条规定："申请执行人对中止执行裁定未提起执行异议之诉，被执行人提起执行异议之诉的，人民法院告知其另行起诉。"

〔5〕 参见唐力：《论民事执行的正当性与程序保障——以第三人异议之诉为中心》，载《法学评论》2009 年第 5 期。

〔6〕 参见张卫平：《案外人异议之诉》，载《法学研究》2009 年第 1 期；杨与龄编著：《强制执行法论》，中国政法大学出版社 2002 年版，第 201 页；唐力：《案外人执行异议之诉的完善》，载《法学》2014 年第 7 期；朱腾飞：《案外人异议之诉研究》，中国政法大学出版社 2016 年版，第 19 ~ 24 页。

属于形成权,其目的是要求撤销执行机构的错误执行行为,变更现有的执行法律关系。该说是德国和日本的通说。其认为案外人提起执行异议之诉的目的是阻却对特定标的物的强制执行,变更现有的执行法律关系,其诉讼标的是诉讼法上的异议权。按照这种观点,执行异议之诉案件的审理范围只包括案外人是否有阻却执行的正当理由,而对案外人是否对执行标的享有实体权利不予裁判,因此案外人是否享有阻却执行的实体权利只是判决的事实理由,不具有既判力。

(2)确认之诉说。该学说认为,案外人执行异议之诉的目的是请求法院确认其与被执行人就执行标的法律关系存在或不存在。它又分为两种观点:一种是诉讼法上的确认之诉,即请求确认执行标的物不是被执行人的责任财产;另一种是实体法上的确认之诉,即通常所说的确权之诉,要求确认案外人对执行标的具有所有权或者其他足以阻却执行的实体权利。依照此说,判决主文仅作确认判决,不涉及执行行为,因此执行异议之诉判决不具有执行力,案外人需依照该判决向执行机构另行提出执行异议,方可达到其阻却执行的目的。

(3)给付之诉说。该学说分为消极的给付之诉说与积极的给付之诉说。消极的给付之诉说认为,案外人执行异议之诉是案外人一方面请求其对执行标的物享有所有权或者其他足以排除强制执行标的物的权利,另一方面请求债权人不得对执行标的物为强制执行,其诉讼标的是执行申请人不作为的给付请求权。积极的给付之诉说认为,案外人执行异议之诉是要求执行机关停止、解除或者撤销已经实施的执行行为,其诉讼标的是案外人对于执行标的物享有实体法上的权利。

(4)救济之诉说。该学说认为,案外人执行异议之诉既不是单一的确认之诉,也不是单一的形成之诉,而是确认之诉与形成之诉的合成,既具有确认的法律效果,也具有排除执行的形成效果,这既克服了单一的形成之诉的既判力难题,又克服了确认之诉无执行力的问题。

(5)命令之诉说。此说认为,案外人执行异议之诉的胜诉判决为执行机构设定了相应义务,即宣告执行机构须为一定行为,因此其不属于任何一种既有的诉的类型。这里的命令并非指职务关系上的命令,而是设定特定的义务。简言之,该诉是确定案外人主张的实体法上的权利义务关系,并就确认结果命令执行机构不得执行。

上述五种学说从不同的角度阐述了案外人执行异议之诉的特点，各有一定的理据。本书倾向于采纳救济之诉说，认为案外人执行异议之诉是一种具有确认之诉与形成之诉复合性的新类型之诉。在执行异议之诉案件审理过程中，既要对案外人对执行标的是否具有某种实体权利作出审查判断，又应当对该实体权利能否阻却执行以及是否阻却执行进行审查判断，并据此作出判决。基于案外人提起执行异议之诉的双重目的，该诉应具有同时确认对执行标的物的实体权利和停止执行的双重作用，以解决实体争议和能否执行的问题。因此，案外人执行异议之诉既具有确认所主张的实体权利之确认之诉的性质，又具有排除执行的形成之诉的性质，既符合诉讼经济，又符合执行规律。

三、案外人执行异议之诉的要件

（一）主体要件

案外人执行异议之诉由案外人提起，应当以案外人为原告。案外人是指执行依据之执行力所及主体范围之外的人。案外人只需认为其对执行标的享有实体权益，而法院的强制执行行为妨害了其所享有的实体权益的，就有权提起执行异议之诉，请求排除执行行为对其权益的侵害，至于是否能够证明该事实存在，则不影响其原告资格。此外，根据《民事诉讼法》第227条的规定，案外人执行异议之诉的原告还应当是对该执行标的提出过书面异议并被法院裁定驳回的案外人。

案外人执行异议之诉的目的主要是排除对特定执行标的的强制执行，阻却执行的进行。而申请执行人的目的是请求法院对该执行标的采取强制执行措施，以实现自己的权利。因此，申请执行人与案外人的主张相对，应当作为案外人执行异议之诉的被告。

案外人在执行异议之诉中的权属主张既包括案外人对该执行标的提出确权诉讼请求，也包括案外人虽未对该执行标的提出确权请求但将其对该标的享有实体权益作为支持其排除执行诉讼请求的理由。[1] 案外人执行异议之诉的诉讼标的表现为法院的强制执行措施是否妨害了案外人的实体权益，实质

---

〔1〕 参见沈德咏主编：《最高人民法院民事诉讼法司法解释理解与适用》，人民法院出版社2015年版，第826页。

是对于同一执行标的,案外人所享有的实体权益与执行债权人所享有的债权谁应当优先保护,而这一诉讼标的通常与案外人和被执行人对该执行标的的权属纠纷相联系。案外人提起执行异议之诉后,必然会涉及执行标的的权属问题,如果被执行人对案外人的权属主张无异议,则不必作为该案被告,但从查清案件事实和彻底解决纠纷的角度考虑,有必要将被执行人作为第三人参加诉讼;如果被执行人对案外人的权属主张有异议,则应当作为该案的被告,将被执行人与申请执行人作为共同被告,对于查清案件事实、防止出现矛盾裁判和高效解决纠纷具有积极意义。

（二）诉讼请求要件

案外人提起执行异议之诉必须有明确地排除对执行标的执行的诉讼请求,且诉讼请求与原判决、裁定无关。因为案外人执行异议之诉的目的是排除法院对特定执行标的的执行。案外人在明确提出排除对执行标的执行的诉讼请求时,还可以就其对执行标的享有的权利提起确权之诉,但不能在执行异议之诉中单独就执行标的提起确权之诉,因为其属于另诉的范畴,不属于执行异议之诉,不应由执行法院管辖,而应当按照民事诉讼法关于管辖的规定来确定管辖法院。[1]

案外人所提出的诉讼请求须与原判决、裁定无关。执行标的与执行依据所确定的标的可能并不相同。如果执行标的与执行依据所确认标的相同,如原判决判令被执行人向申请执行人交付特定物,此时执行标的错误实质上不是执行行为本身存在错误而是执行依据存在错误,仅排除执行行为并不足以保护案外人对该标的所享有的实体权益。这种情况需要对错误的执行依据进行纠正。因此,案外人所提出的诉讼请求如果与原判决、裁定有关,就应当提起案外人申请再审之诉,请求撤销原判决、裁定。

案外人执行异议之诉的前提是执行行为发生错误,比如将案外人的财产当成被执行人的财产错误地予以强制执行,而执行所依据的生效判决主文本身正确。案外人申请再审的前提是生效判决的主文本身有错误,误将案外人的财产当成债务人的财产予以裁判。因此,案外人主张和维护自身权益,应当

---

〔1〕 参见江必新主编:《最高人民法院民事诉讼法司法解释专题讲座》,中国法制出版社 2015 年版,第 241 页。

具体分析其主张和生效裁判以及执行标的等之间的关系。如果案外人是认为作为执行依据的判决、裁定本身有错误，比如误将案外人的财产作为债务人的财产，判决债务人将该财产交付债权人，案外人应当按照审判监督程序予以救济，以最终确定该标的物能否执行。当生效裁判并未直接指向被执行财产，而该财产仅是在执行过程中作为被执行人的责任财产而被采取了强制执行措施，案外人认为该财产不属于被执行人所有或者不应作为被执行的责任财产被执行时，则应当通过案外人异议以及执行异议之诉实现救济。[1]

（三）事由要件

提起案外人执行异议之诉，须具备诉讼理由即事由。事由是对执行标的享有足以排除强制执行的民事权益，具体表现为享有所有权或者其他阻止标的物转让、交付的权利。无论案外人在执行标的物上存在的权利是否为物权，只要案外人不具有忍受强制执行的合法理由，就可以提起执行异议之诉。结合民事实体法的规定，案外人足以排除强制执行的权利主要有：所有权、用益物权、担保物权、占有、债权等。[2]

在执行异议之诉中，案外人应当就其对执行标的享有足以排除强制执行的民事权益承担证明责任，[3]主要基于以下理由：(1)执行异议之诉因案外人或者当事人不服执行标的异议裁定而提起，审理对象是案外人对执行标的是否享有足以排除法院强制执行的权利，应当由对执行标的主张权利的案外人对其主张承担证明责任，这符合“谁主张，谁举证”的证明责任分配原则。(2)法院在执行程序中对执行标的采取查封、扣押、冻结等强制执行措施的依据是以权利外观如不动产登记、动产占有、银行账户名称等作为判断被执行人权属的一般标准，案外人主张其对执行标的享有阻止执行的权利，理应承担证明责任。(3)相对申请执行人而言，案外人距离权利相关证据更近，举证更易。执行异议之诉的诉讼标的是案外人是否有权请求排除对执行标的采取的强制

[1] 参见人民法院出版社编：《最高人民法院司法观点集成》（执行卷），人民法院出版社 2017 年版，第 640 页。

[2] 参见最高人民法院执行局编：《法院执行理论与实务讲座》，国家行政学院出版社 2010 年版，第 250 页。

[3] 《民事诉讼法解释》第 311 条规定：“案外人或者申请执行人提起执行异议之诉的，案外人应当就其对执行标的享有足以排除强制执行的民事权益承担举证证明责任。”

执行措施,而这一诉讼标的的基础是案外人与被执行人谁对该执行标的享有实体权利,二者的权利是否相互排斥,谁的权利具有优先性。但是,申请执行人并不掌握案外人和被执行人之间对该执行标的权属法律关系的证据。(4)当事人原则上不应对消极事实承担证明责任。无论是案外人执行异议之诉还是申请执行人执行异议之诉,申请执行人主张应当继续执行,均以否定案外人对执行标的的权利主张为前提。而对于案外人对执行标的的权利主张不成立这一消极事实,不应由申请执行人承担证明责任。即使申请执行人举出相关证据,目的也是对抗案外人的权利主张,性质为抗辩。因此,由案外人承担证明责任符合证明责任分配的一般原理。〔1〕

在执行异议之诉中,利益和主张相对的双方首先是案外人和申请执行人,被执行人承认案外人对执行标的享有足以排除强制执行的实体权益可以作为认定案件事实的证据,但并不能据此免除案外人的证明责任。在申请执行人提起执行异议之诉的情况下,按照"谁主张,谁举证"的原则,似应由申请执行人对其诉讼请求所依据的事实承担证明责任。申请执行人之所以提起执行异议之诉,是因为案外人在执行过程中对执行标的提出书面异议,执行标的异议和执行异议之诉实际上均由案外人阻止执行的主张而引起,应当由案外人承担证明责任。此外,法院在执行程序中取得的证据材料和双方当事人在执行标的异议中提交的证据材料可以在执行异议之诉中交由双方当事人质证并作为认定案件事实的依据。

案外人在对执行标的提起书面异议和执行异议之诉中均应对执行标的享有足以排除强制执行的民事权益承担证明责任,但二者的证明标准并不相同。〔2〕 在执行标的异议中,由于法院只有 15 日的审查期限,而执行机构不属于审判机构,执行标的异议审查程序也不是审判程序,执行机构只需对执行标的权利归属的外观进行审查,并作出案外人对执行标的是否享有权利和该权利是否足以排除强制执行的判断。在执行异议之诉中,案外人对于其就执行标的享有民事权益且足以排除强制执行所要达到的证明标准则高得多,只有

〔1〕 参见沈德咏主编:《最高人民法院民事诉讼法司法解释理解与适用》,人民法院出版社 2015 年版,第 835 页。

〔2〕 同上书,第 836 页。

让法院认为其对执行标的享有足以排除强制执行的民事权益具有高度可能性时,才算完成了证明责任。

(四)管辖要件

案外人执行异议之诉由执行法院专属管辖,主要基于以下几点考虑:(1)执行异议之诉直接影响执行程序的进行,由执行法院进行审理,更有利于沟通信息,提高效率,有利于防止案外人和被执行人恶意串通逃避执行,同时也方便当事人和案外人参加诉讼。如果执行异议之诉不由执行法院专属管辖,则会割裂本诉与已进行的执行的关系,容易造成审判和执行的混乱。(2)执行异议之诉由执行法院的审判部门审理,并非由执行部门审查,审理的核心内容是当事人之间的权属纠纷,并不存在执行人员自己审查自己的执行行为的问题。(3)当事人对执行法院作出的执行异议之诉判决、裁定不服的,有权提起上诉,由执行法院管辖并不会影响司法公正和当事人权益保护。(4)如果按照民事诉讼法关于管辖的规定确定管辖法院,执行异议之诉的管辖法院可能是执行法院的下级法院,若当事人提起上诉,反而要由执行法院作出终审判决,不利于保护当事人权利。[1] (5)执行异议之诉由执行法院管辖是大陆法系国家和地区的通例。例如,德国《民事诉讼法》第 771 条规定第三人向实施强制执行的地区法院提起异议之诉,日本《民事诉讼法》第 38 条和我国台湾地区“民事诉讼法”第 15 条均有相同规定。有学者提出,案外人执行异议之诉应向作出生效裁判的上一级法院提出,因为上一级法院可以直接决定原裁判是否中止执行,原裁判是否应取消或者变更,能及时保护案外人的权益,提高程序上的效率。[2] 该观点更有利于保护案外人的程序利益和实体利益。

(五)前置程序要件

在执行程序中,案外人有权提出两类异议:一是根据《民事诉讼法》第 225 条的规定,案外人作为利害关系人认为执行行为违反法律规定的,可以向负责执行的法院提出书面的执行行为异议,法院作出裁定后,案外人作为利害关系人不服的,可以自裁定送达之日起 10 日内向上一级法院申请复议,但是不能提起执行异议之诉。二是根据《民事诉讼法》第 227 条的规定,在执行过程中,案

---

〔1〕 参见江必新主编:《新民事诉讼法执行程序讲座》,法律出版社 2012 年版,第 101 页。

〔2〕 参见董少谋:《执行程序中案外人之救济途径》,载《中国法学》2009 年第 5 期。

外人有权对执行标的提出书面异议,法院作出裁定后,案外人如果不服,不能申请复议,但可以提起执行异议之诉。案外人提起执行异议之诉必须以其对执行标的提出书面异议被裁定驳回为前提,并在执行标的异议裁定送达之日起15日内提起,这是前置程序及其时间条件。

案外人提起执行异议之诉是否需要以其对执行标的提出异议并被裁定驳回为前提,在理论上存在争议。反对设置前置程序的观点认为,前置程序使案外人权利救济程序更为拖沓;案外人执行异议之诉通常法律关系较为复杂,前置的执行标的异议审查程序难以查清复杂的法律关系;案外人执行标的异议本质上是案外人与当事人之间的实体权益纠纷,由执行机构对其进行审查有悖于“审执分离”原则;从比较法的角度看,德国《民事诉讼法》第771条和日本《民事执行法》第38条均未对执行异议之诉设置前置程序。我国立法机关持肯定说,设置了前置程序,理由是案外人对执行标的提出异议的情形多样,繁简不一,将执行机构的执行标的异议审查程序前置,可以过滤掉一大批不必进入诉讼程序的争议,减少案外人讼累,节约司法资源,提高执行效率。[1]

典型案例6-1　孙某明与江苏威特集团有限公司、盐城经济开发区祥欣农村小额贷款有限公司案外人执行异议纠纷案[2]

基本案情:2007年6月5日,江苏威特集团有限公司(以下简称威特公司)向中国建设银行盐城市城北支行(以下简称建行城北支行)借款,将盐城市某综合楼5110.24平方米房屋抵押给建行城北支行,该行于2009年12月4日办理了上述房产抵押注销手续。同日,威特公司向盐城经济开发区祥欣农村小额贷款有限公司(以下简称祥欣公司)借款400万元,以上述综合楼363.51平方米作价530万元设定最高额抵押,双方签订了《最高额抵押合同》并办理了他项权证(登记时间为2009年12月4日)。1998年9月15日,威特公司与盐

---

〔1〕 参见夏婷婷、唐屾:《审执分离视角下的案外人执行异议之诉探析》,载刘贵祥、宋朝武主编:《强制执行的理论与制度创新》,中国政法大学出版社2017年版,第277页;沈德咏主编:《最高人民法院民事诉讼法司法解释理解与适用》,人民法院出版社2015年版,第818页。

〔2〕 参见《中华人民共和国最高人民法院公报》2015年第7期,第37~42页;最高人民法院(2013)民提字第207号民事裁定书。

城市望海建筑工程有限公司(以下简称望海公司)签订建设施工合同,将威特公司综合楼发包给望海公司承建,望海公司又将工程转包给孙某明,孙某明为工程实际施工人。2009年10月20日,威特公司与孙某明签订协议书,确认欠孙某明工程款405万元,并以该综合楼一楼两大间房屋(建筑面积103.85平方米)抵冲工程款3,738,600元,余款另行结算。2010年10月26日,盐城市亭湖区人民法院(以下简称亭湖法院)作出民事判决,确认孙某明与威特公司于2009年10月20日签订的协议合法有效。在祥欣公司申请执行威特公司等借款合同纠纷一案中,盐城市中级人民法院(以下简称盐城中院)对威特公司登记的抵押财产采取强制执行措施时,孙某明提出执行异议。盐城中院于2011年4月25日作出民事裁定,认为孙某明虽然就案涉房屋与威特公司签订了以房抵债的协议,但双方未能办理过户登记手续,孙某明主张已经取得案涉房屋所有权的异议理由,不能成立,裁定驳回孙某明的执行异议。孙某明不服,向盐城中院提起案外人执行异议之诉。

裁判结果:盐城中院一审认为:(1)关于祥欣公司向威特公司发放贷款是否符合法律规定的问题,生效判决对此已经作出认定,孙某明认为祥欣公司发放贷款行为违法的主张,不予采纳。(2)在威特公司与孙某明签订协议,将案涉房屋转让给孙某明以冲抵孙某明的工程款时,存在因威特公司向建行城北支行借款而将案涉房产抵押给建行城北支行的情况,因此孙某明不能取得案涉房屋的所有权,判决驳回孙某明的诉讼请求。孙某明不服,向江苏省高级人民法院(以下简称江苏高院)提出上诉。江苏高院二审认为:(1)虽然孙某明与威特公司就案涉房屋达成了以房抵债的协议有效,但是孙某明一直未能办理产权变更手续,孙某明并未取得所有权。(2)关于孙某明提出的威特公司与祥欣公司之间的借款合同无效的上诉理由,由于双方之间的借款纠纷,已经人民法院生效判决予以确认,孙某明关于双方的借款合同无效的主张,没有法律依据。江苏高院于2012年11月20日作出判决:驳回上诉,维持原判。孙某明不服,向最高人民法院申请再审,最高人民法院于2013年6月21日裁定再审并且予以提审。

> 最高人民法院再审认为:孙某明在诉讼理由中明确就祥欣公司与威特公司之间贷款行为以及其抵押权的效力问题提出异议,其所提诉讼请求意在否定盐城中院生效民事判决作为执行依据的合法性,在此情况下,本案属于《民事诉讼法》有关"案外人、当事人对裁定不服,认为原判决、裁定错误的,依照审判监督程序处理"的规定情形,孙某明通过案外人执行异议之诉解决本案争议,没有法律依据。最高人民法院于2014年5月30日裁定撤销江苏高院、盐城中院相关民事判决,驳回孙某明的起诉。

从诉讼结果看,对于孙某明来说,本案从盐城中院、江苏高院到最高人民法院,走了一圈回到了原点。最高人民法院在本案的裁判摘要中指出:执行异议之诉针对的是执行行为本身,核心在于以案外人是否对执行标的具有足以阻却执行程序的正当权利为前提,就执行程序应当继续还是应当停止作出评价和判断。如果案外人权利主张所指向的民事权利义务关系或者其诉讼请求所指向的标的物,与原判决、裁定确定的民事权利义务关系或者该权利义务关系的客体具有同一性,执行标的就是作为执行依据的生效裁判确定的权利义务关系的特定客体,其则属于"认为原判决、裁定错误"的情形,应依照审判监督程序办理。也就是说,提出执行异议之诉,并不是对执行的生效的法律文书本身的合法性、准确性提出异议,而是针对具体执行行为指向的标的物。本案中,孙某明否认的是祥欣公司对案涉房产的抵押权,所请求的指向是要求否定盐城中院判决祥欣公司享有抵押权的权利,依法属于审判监督程序处理的问题,而不是提出执行异议之诉解决的问题。

四、案外人执行异议之诉的实体审查与处理

案外人执行异议之诉案件实体审查的核心问题有两个层次:一是案外人对执行标的是否享有实体权利;二是实体权利是否足以阻却执行。

(一)以不动产为执行标的执行异议之诉的实体权利认定

在司法实践中,以不动产为执行标的执行异议之诉主要表现为以房屋为执行标的的执行案件,该类案件在执行异议之诉纠纷案件中所占比重是最大

的。由于涉及房产纠纷,往往具有很强的政策性、民生性,审理难度更大。主要在以下几个问题上存在较大争议:

1. 借名买房中借名人提起的执行异议之诉的处理

实践中,由于限购、限贷、逃避债务、规避税收或基于身份关系(如夫妻或父母子女)等原因,存在借名买房的情况。在案外人借用被执行人的名义购买房屋并办理登记的情况下,法院对登记在被执行人名下的房屋进行查封后,案外人提出执行异议之诉的,应当如何处理,存在两种观点:一种观点认为,根据物权变动登记生效和公示公信原则,案外人与被执行人之间的借名登记约定不能对抗善意的申请执行人,因此对案外人停止执行的请求不予支持;另一种观点认为,在借名买房的情况下,案外人对房屋享有事实上的所有权,其权利应当优先于申请执行人享有的普通债权,即使案外人对于因限购、逃避债务、规避税收、获得贷款等原因而借名登记具有过错,但其所应承担的只是行政管理上的责任,而不致在私法上丧失对房屋的所有权,因此对案外人主张被执行人名下的房屋归其所有并要求停止执行的,应予支持。[1]

本书认为,执行法院针对登记在被执行人名下的房屋强制执行,案外人以其与被执行人之间存在借名买房关系,主张其系房屋实际所有权人为由,请求对案涉房屋停止执行并确认所有权的,不予支持,案外人可以就其与被执行人之间的借名买房协议提起合同之诉予以救济。理由如下:第一,借名买房的借名人与出名人通常会相互约定,借名人以出名人名义购买房屋并办理产权登记,该房屋的占有、使用、收益、处分权限仍归借名人享有。借名人与出名人之间的借名买房协议,只在其内部产生债权债务关系,而不发生物权变动的效果,不能据此认定借名人是房屋的所有权人。借名人可以请求将房屋过户到自己名下,其享有的是债权请求权,而不是物权,不能阻却执行。第二,基于物权公示原则,设立或转让物权,必须采用法律规定的公示方式,才能取得对抗第三人的效果。因此,借名人与出名人之间的借名登记约定不能对抗善意的申请执行人。第三,借名登记合同是借名人与出名人之间的合意,借名人对房屋登记在他人名下本身具有过错,而且借名协议通常是为了规避国家法律与

〔1〕 参见王毓莹:《执行异议之诉案件的裁判思路》,载最高人民法院民事审判第一庭编:《民事审判指导与参考》(2016 年第 3 辑),人民法院出版社 2017 年版,第 48 页。

政策,对由此产生的风险理应自行承担。

典型案例6-2　乘某江与沈某国、殷某龙案外人执行异议之诉案[1]

基本案情:盐城市盐都区人民法院(以下简称盐都法院)于2009年9月7日受理了沈某国诉殷某龙民间借贷纠纷案,根据沈某国的申请,该院于2009年9月9日作出裁定查封了殷某龙的一处房产,判决生效后,沈某国申请执行,盐都法院作出裁定拍卖殷某龙所有的上述房产。案外人乘某江向盐都法院提出执行异议,请求撤销或中止执行该裁定。盐都法院于2014年1月13日作出裁定驳回乘某江的执行异议。乘某江据此提起诉讼,请求法院判决对其出资以殷某龙名义购买的该处房产停止执行。盐都法院判决驳回乘某江的诉讼请求。乘某江不服,向江苏省盐城市中级人民法院(以下简称盐城中院)提起上诉。盐城中院以一审事实不清、适用法律不当为由,裁定撤销原判决,发回重审。

裁判结果:盐都法院重审认为,殷某龙的债权人可以向人民法院申请对其合法财产予以变卖、拍卖的价款受偿其债务。乘某江对案涉房屋既不享有物权,也不享有其他足以阻止执行的实体权利。故乘某江要求停止对案涉房屋的执行,没有事实和法律依据,不予支持。乘某江不服,又向盐城中院提起上诉。盐城中院认为,乘某江要求对案涉房屋停止执行,但现有证据不足以证实其对案涉房屋享有所有权或其他足以阻止标的物执行的实体权利。乘某江享有的是债权请求权,而非物权请求权,江苏闻新房地产开发有限公司与殷某龙的房屋买卖合同已经在房管部门进行合同备案登记,其对案涉房屋享有相关权益。盐城中院驳回上诉,维持原判。乘某江不服,向江苏省高级人民法院(以下简称江苏高院)申请再审。江苏高院于2016年4月13日裁定再审。江苏高院再审认为:首先,乘某江是本案争议房产的实际购买人,该房产虽因开发公司原因不能办理过户手续,但

---

[1] 参见范向阳主编:《执行异议之诉的规则与裁判》,人民法院出版社2019年版,第69~71页;江苏省高级人民法院(2016)苏民再168号民事判决书。

是买受人名为殷某龙,实为乘某江,有证据证明殷某龙已经将附带有一定福利性质的购房权以2万元的价格转让给乘某江,购房款也是乘某江实际支付。因此,殷某龙对房产的权利是名义上的,不是实质上的,乘某江才是房产的实际购买人及权利人。其次,乘某江已经实际占有了争议房屋,殷某龙并没有向乘某江主张返还房屋的权利。沈某国只是殷某龙的一般债权人,对于房产也不享有物权。最后,根据《执行异议和复议规定》第28条的规定,即使殷某龙已经取得了房产证,只要他在查封之前已经将房产转让给乘某江,而乘某江提出执行异议时已经支付全部房款并且合法占有房屋,未办理过户的原因也不可归责于他时,乘某江的相关主张也应当得到法院支持。江苏高院于2017年4月27日作出判决:不得执行案涉房屋。

江苏高院的裁判要旨如下:虽然案涉房产登记在出名人(被执行人)名下,只要出名人在查封之前已经将房产转让给借名人占有使用,而借名人提出执行异议时已经支付全部房款并且合法占有房屋,未办理过户的原因也不可归责于借名人时,申请执行人无权执行借名人本应占有且已经实际占有的房产。再审法院判决的主要依据是《执行异议和复议规定》第28条,该条是出于保护无过错买受人和消费者权益的目的而设立。《执行异议和复议规定》第28条规定了案外人作为不动产买受人基于物权期待权提出异议的判断标准,必须具备以下条件:(1)申请实现的债权应当限于金钱债权。(2)执行法院查封之前被执行人与案外人已签订合法有效的书面买卖合同。作为物权期待权基础权利的债权必须合法有效。(3)在价款交付上,案外人已支付全部价款或者按照约定支付了部分价款并且按照法院的要求将剩余价款交付执行。(4)执行法院查封前案外人已经合法占有不动产,目的是减少被执行人与案外人恶意串通的可能性。(5)案外人没有办理过户登记不是因为自身原因。

2. 以房抵债的债权人提起的执行异议之诉的处理

案外人主张其与被执行人之间存在以房抵债关系,但未办理产权变更登记手续,其作为以房抵债的债权人主张停止执行能否获得支持,在实践中存在两种观点:一种观点认为,只要以房抵债协议是真实的,且签订于法院采取强制执行措施之前,并已经实际占有的,就应当保护实际权利人的利益。另一种观点认为,物权以登记为公示公信要件,非经登记,不得对抗第三人。[1] 本书认为,申请执行人享有的是普通债权,而以房抵债的权利人实际占有了涉案房屋,具有准物权的性质,其应优先于普通债权;执行异议之诉中,应重点对案外人与被执行人之间是否存在合法有效的到期债权债务关系、案涉房屋被查封前订立的以房抵债的书面合同、被执行人所欠债务数额与房屋实际价值是否合理等进行审查。

3. 合资、合作开发房地产的合作方提起的执行异议之诉的处理

案外人与被执行人签订合同约定合资、合作开发房地产,分得一定比例的不动产所有权,案外人提起执行异议之诉应否支持?从维护交易安全和保护善意第三人利益的角度,如果房地产项目是以被执行人名义开发或者登记在被执行人名下,案外人仅以合资、合作开发协议请求停止执行的,不予支持;如果经审查该房地产项目的开发建设手续办理在双方名下,以双方名义共同开发,案外人请求排除执行的,可予支持。[2]

4. 房地产挂靠人提起的执行异议之诉的处理

法院针对登记在被执行人名下的建设用地使用权、土地承包经营权、房屋所有权实施强制执行,案外人以其与被执行人存在房地产开发资质借用关系,其系涉案建设用地、土地承包经营权的实际使用权人、房屋的实际所有权人为由,请求停止执行并确认其权利的,不予支持。[3] 理由是,建设用地使用权、土地承包经营权、房屋所有权作为物权,均应当以登记为公示要件;挂靠协议不能对抗第三人,且双方签订的挂靠协议本身违法,借名开发属违反法律、行政法规的行为,应由挂靠人承担不良后果。

5. 被拆迁人提起的执行异议之诉的处理

案外人系被拆迁人,其针对登记在被执行人(拆迁人)名下的房屋提起执行异议之诉的,如何处理,是司法实践中经常遇到的问题。根据《最高人民法

---

〔1〕 参见高仁宝等编著:《执行异议之诉法律适用指引》,法律出版社 2018 年版,第 40 页;王毓莹:《执行异议之诉案件的裁判思路》,载最高人民法院民事审判第一庭编:《民事审判指导与参考》(2016 年第 3 辑),人民法院出版社 2017 年版,第 48 页。

〔2〕 参见高仁宝等编著:《执行异议之诉法律适用指引》,法律出版社 2018 年版,第 39 页。

〔3〕 参见王毓莹:《执行异议之诉案件的裁判思路》,载最高人民法院民事审判第一庭编:《民事审判指导与参考》(2016 年第 3 辑),人民法院出版社 2017 年版,第 49 页;高仁宝等编著:《执行异议之诉法律适用指引》,法律出版社 2018 年版,第 39 页。

院关于审理商品房买卖合同纠纷案件适用法律若干问题的解释》(以下简称《商品房买卖合同司法解释》)第7条的规定,在拆迁人作为被执行人的案件中,对尚未办理房屋产权登记手续的拆迁安置房进行强制执行的,已经签订了拆迁补偿安置协议的被拆迁人(案外人)在执行异议被驳回后,可以提起执行异议之诉。经审理确认拆迁人与被拆迁人在法院查封之前已经签订合法有效的拆迁补偿安置协议,并且在拆迁补偿安置协议中明确约定了拆迁用房的具体位置、用途,能够明确指向执行标的的,因其已享有足以对抗第三人的特殊债权,对被拆迁人停止执行的诉讼请求应当予以支持。[1]

典型案例6-3 新乡市红旗区洪门镇骆驼湾社区居委会与河南中州建设有限公司、新乡市富城置业有限公司案外人执行异议之诉案[2]

基本案情:2008年5月2日,新乡市红旗区洪门镇骆驼湾社区居委会(以下简称骆驼湾居委会)与新乡市红旗区建设局(以下简称红旗区建设局)、新乡市富城置业有限公司(以下简称富城公司)签订《骆驼湾知音幼儿园补偿安置协议书》,约定区建设局因牧野湖建设须拆除骆驼湾的知音幼儿园,并征用土地,就补偿安置达成协议:骆驼湾居委会以知音幼儿园房屋5642.58平方米、土地16.865亩、全部附属物置换富城公司提供的富城花园商业营业房720.316平方米,该营业房单价7500元/平方米,共计5,402,370元。次日,富城公司与骆驼湾居委会按照上述约定签订了《房屋转让协议书》。2017年5月2日,新乡市中级人民法院(以下简称新乡中院)根据申请执行人河南中州建设有限公司(以下简称中州公司)的请求作出执行裁定和协助执行通知书,对本案富城花园两处房产(以下简称案涉房屋)予以查封。骆驼湾居委会对执行标的提出异议,新乡中院于2017年7月6日作出执行裁定,驳回骆驼湾居委会的异议。骆驼湾居委会不服该

[1] 参见王毓莹:《执行异议之诉案件的裁判思路》,载最高人民法院民事审判第一庭编:《民事审判指导与参考》(2016年第3辑),人民法院出版社2017年版,第49页。

[2] 参见河南省高级人民法院(2018)豫民终856号二审民事判决书。

裁定,向新乡中院提起案外人执行异议之诉,请求人民法院判决排除对案涉房屋的执行。

裁判结果:新乡中院认为,因骆驼湾居委会要求排除执行不能完全满足《执行异议和复议规定》第28条的四项情形,故骆驼湾居委会要求立即停止对富城公司案涉房屋的查封,并排除中州公司对该两处案涉房产的执行的诉讼请求,与第28条规定的四项情形不能完全相符,不享有足以排除强制执行的民事权益,对骆驼湾居委会的诉讼请求不予支持。新乡中院于2018年4月18日判决驳回骆驼湾居委会的诉讼请求。骆驼湾居委会不服该判决,向河南省高级人民法院(以下简称河南高院)提起上诉。河南高院认为:《商品房买卖合同司法解释》第7条规定的法理依据是:被拆迁人因其拥有所有权的房屋被拆迁,对取得拆迁安置或置换房屋的所有权产生期待,这种期待权是基于其对被拆迁的房屋拥有的所有权而产生,而第三人因与拆迁人签订房屋买卖合同,而对取得房屋所有权产生期待,这种期待权的产生是基于房屋买卖合同这种债权行为,两者同为期待权,但根据物权效力优先原则,被拆迁人对拆迁房屋所拥有的期待权,其效力优于就同一房屋与被拆迁人签订房屋买卖合同的第三人,此处的第三人系交易关系中的第三人。而作为执行程序中的普通金钱债权人,只享有对债务人责任财产的一般期待权,并不能产生对特定财产的期待权。被拆迁人对拆迁安置或者置换房屋所享有的权利是一种特种债权,具有物权的优先效力,优于申请执行人的金钱债权。并且,被拆迁人对拆迁房屋所拥有的期待权利,往往涉及生存利益,与申请执行人对房屋的金钱债权相比,权利层级更高,更有保护的优先性。河南高院于2018年6月19日作出判决,判决不得执行案涉房屋。

本案的一审法院以案涉房屋不完全符合《执行异议和复议规定》第28条规定的四种情形为由驳回了被拆迁人排除执行的诉讼请求。二审法院依据《商品房买卖合同司法解释》第7条第1款的规定,撤销一审判决,并改判支持被拆迁人排除执行的诉讼请求。《商品房买卖合同司法解释》第7条第1款规定："拆迁人与被拆迁人按照所有权调换形式订立拆迁补偿安置协议，明确约定拆迁人以位置、用途特定的房屋对被拆迁人予以补偿安置，如果拆迁人将该补偿安置房屋另行出卖给第三人，被拆迁人请求优先取得补偿安置房屋的，应予支持。"

6. 共有权人提起的执行异议之诉的处理

鉴于共有关系既包括按份共有也包括共同共有，并且案外人与被执行人对共有份额存在争议，因此，案外人基于对执行标的共有权人身份提出执行异议之诉而请求排除执行的，处理方式如下：如果该共有为按份共有且标的物可分割的，对案外人所有的部分排除执行，或者该共有为共同共有且共有份额存在争议的，应在执行异议之诉中对案外人享有的份额进行认定，按照确定的份额作出排除执行的判决。[1] 理由在于，案外人以共同共有人身份提起执行异议之诉，目的是要求对其享有的份额阻却执行，该案外人是否享有共有份额以及享有多少，本身就是执行异议之诉中需要解决的问题，如果裁定中止审理并告知案外人另行提起析产诉讼，徒增讼累。

7. 物权预告登记人提起的执行异议之诉的处理

金钱债权执行中，在执行标的被查封前已经办理了受让房屋或者其他不动产所有权、用益物权预告登记的，不动产受让人提起执行异议之诉，请求排除处分的，应予支持。受让人提供证据证明其已符合所有权、用益物权登记条件，且在预告登记有效期间以内，请求排除执行的，应予支持。[2] 理由如下：根据《物权法》第20条的规定，预告登记后，未经预告登记权利人同意，处分该不动产的，不发生物权效力。预告登记后，受让人对不动产的请求权具有物权效力，产生排他性，可以对抗第三人，因此预告登记人作为案外人提起执行异议之诉的，应予支持。

---

〔1〕 参见江苏省高级人民法院编：《强制执行新实践》，法律出版社2018年版，第434页。

〔2〕 参见高仁宝等编著：《执行异议之诉法律适用指引》，法律出版社2018年版，第39页。

典型案例6－4　陈某江与上海丽华房地产发展有限公司案外人执行异议之诉案[1]

基本案情：陈某江与上海丽华房地产发展有限公司（以下简称丽华公司）于2012年1月9日签订了包括诉争房屋在内的7份《上海市商品房预售合同》（以下简称《预售合同》），就系争房屋签订的《预售合同》中约定总房价款暂定为1,454,195元。同日，陈某江与丽华公司、案外人相某某签订《补充协议》1份，约定丽华公司向陈某江出售位于嘉定区房屋共7套，建筑面积合计为721.32平方米，总房价款为1000万元，陈某江承诺在丽华公司办理房地产买卖预告登记并取得预告登记证明当日向丽华公司一次性付清房款；丽华公司在2013年1月12日前有权解除预售合同，陈某江在收到全额房款以及全部利息当日协助丽华公司办理预告登记注销手续。丽华公司承诺在2013年1月12日前，对占用陈某江资金给予其利息补偿，每季度按总房款的7.5%支付；陈某江在2013年1月12日起至申领房屋产权证之前，有权单方解除《预售合同》，丽华公司在收到解除通知之日起3日内退还全额房款。此外，该协议还对违约、相某某在丽华公司违约的情况下须承担连带保证责任等做了约定。2012年1月11日，陈某江向丽华公司支付1000万元包括系争房屋在内的7套房屋的全部合同价款。2012年1月11日，上海市嘉定区房地产登记处核发了预告登记权利人为陈某江的系争房屋预告登记证明。另外，丽华公司与陈某江于2014年7月9日签订的《补充协议》约定，双方就陈某江购买丽华公司预售的7套房屋确认已于2012年1月9日订立了预售合同并已生效，现丽华公司确认因其自身原因，无法全面履行预售合同义务并按期交付房屋，为减少进一步逾期交房带来的损失，丽华公司同意将房屋的使用权和收益权交付陈某江。合同签订后，系争房屋即由丽华公司实际交付陈某江使用。案外人宁佰公司于2012年1月13日向陈某江支付246万元、允申公司于2012年9月21日向陈某江支付了220万元，两公司向法院说明他们支付陈某江的款项系代丽华公

[1] 参见上海市高级人民法院（2016）沪民终93号二审民事判决书。

司向陈某江支付995万元和1000万元两笔借款的利息。陈某江表示收到上述款项,其收取该款项是依据《补充协议》的约定。上海市第二中级人民法院(以下简称上海二中院)在其他案件中,于2014年6月19日查封了登记在丽华公司名下的系争房屋。案外人陈某江对执行标的提出异议,上海二中院审查后裁定驳回陈某江的异议。陈某江向上海二中院提起案外人执行异议之诉。

裁判结果:上海二中院认为,双方签订《预售合同》及《补充协议》的真实目的是担保双方之间形成的借贷关系,确保出借人在其借款无法清偿时可以直接获得标的物,而非以支付房款为代价取得房地产权利的房屋买卖;双方在原审法院出具相关查封裁定之后进行系争房屋的交接,但该占有并非基于正常交付行为而产生,陈某江提出案外人执行异议,依据不足,判决驳回了陈某江的诉讼请求。陈某江不服该判决,向上海市高级人民法院(以下简称上海高院)提起上诉。上海高院于2016年5月30日作出判决驳回了陈某江的上诉请求,维持一审判决。

《最高人民法院关于审理民间借贷案件适用法律若干问题的规定》第24条规定,“当事人以签订买卖合同作为民间借贷合同的担保,借款到期后借款人不能还款,出借人请求履行买卖合同的,人民法院应当按照民间借贷法律关系审理,并向当事人释明变更诉讼请求。当事人拒绝变更的,人民法院裁定驳回起诉”。依据该司法解释,在签订民间借贷合同的同时签订买卖合同的,这样的买卖合同本质上属于借贷担保,法律关系仍然是借贷合同关系,当事人不能以买卖合同提起诉讼,在此情况下即使办理了商品房买卖合同的预告登记,也不能取得物权效力。本案中,一审、二审法院均认为,在一次性付款后出售人仍然向买受人逐月支付利息,同时享有随时赎回的权利,显然超出了一般买卖合同的正常交易的范畴,所以认定《预售合同》和《补充协议》的实质是附有担保的民间借贷法律关系,在此情况下,双方签订的有关商品房买卖合同的目的并非获得物权,而是获得担保,因此不符合《执行异议和复议规定》第30条的规定,并不能产生取得物权的效力,也不符合物权登记条件,不能产生排除执行的效力。另外,只有办理了物权预告登记才能取得物权效力,而如果仅是商品房预售登记,不属于物权法上的预告登记,不能自然取得阻却执行的效果,还要根据《执行异议和复议规定》判断能否阻却执行。

(二)以动产为执行标的执行异议之诉的实体权利认定

1. 以特殊动产为执行标的的执行异议之诉实体权利的认定

特殊动产主要是指《物权法》第 24 条规定的船舶、航空器和机动车,在司法实践中主要以机动车、船舶为主。常见的情形是案外人与被执行人就机动车或者船舶签订买卖合同,款项已交清,机动车或者船舶也已经转移了占有,仅未办理过户手续,此时,被执行人的债权人因金钱债务申请法院强制执行查封或扣押了该机动车或者船舶,案外人提起执行异议之诉,其是否具有阻却执行的权利?机动车、船舶等特殊动产的物权变动适用双重形式要件,交付是物权发生变动的生效要件,登记是物权具有对抗善意第三人效力的要件。因此,在被执行人与案外人即买受人之间,只要被执行人已经将该特殊动产交付给买受人,即使买受人未办理过户登记,其亦已取得该特殊动产的所有权,但是基于特殊动产的登记对抗原则,不能对抗善意第三人。如果案外人提起执行异议之诉,请求排除执行的,且同时具备下列条件的,应予支持:(1)案外人与被执行人在执行法院查封前已签订合法有效的机动车或者船舶书面买卖合同;(2)案外人在执行法院查封前已向被执行人支付了全部价款;(3)案外人在执行法院查封前已实际占有并使用该机动车或船舶;(4)案外人对未办理所有权转移登记没有过错。[1]

2. 机动车、船舶挂靠人提起执行异议之诉的处理

基于我国特殊的车辆、船舶经营管理规定,车辆、船舶往往要挂靠在有经营资质的运输公司名下方能投入营运,由此导致车辆、船舶的实际所有人与登记所有人相脱离。实际所有人请求对该标的物停止执行并确认所有权的,应否支持?法院针对登记在被执行人名下的机动车或船舶等特殊动产标的物实施强制执行,案外人以其与被执行人之间存在挂靠关系,其系标的物的实际所有权人为由,要求对该标的物停止执行,经审理查明案外人确系执行标的物的所有权人的,对其停止执行的请求一般应予支持。[2]

---

〔1〕 参见江苏省高级人民法院编:《强制执行新实践》,法律出版社 2018 年版,第 438 页。

〔2〕 参见高仁宝等编著:《执行异议之诉法律适用指引》,法律出版社 2018 年版,第 63 页。

3. 账户借用人提起的执行异议之诉的处理

在现实生活中,基于各种各样的原因,当事人借用他人名义开设账户或者借用他人账户从事交易的现象屡见不鲜。当账户名义主体涉及诉讼或者执行案件时,因法院对案涉账户予以查封或者扣划账户内款项时,实际使用该账户的案外人往往以案涉账户系其借用为由提出案外人异议或者执行异议之诉,有以下两种裁判思路:一是对案外人的异议请求及诉讼请求不予支持,理由是货币为特殊的种类物,具有所有权与占有权一致的特点,被执行人在银行设立结算账户,资金存入该账户,归属于开户单位。二是应坚持实事求是的原则,如果案外人有充分证据证明案涉账户系其独占享用,应支持案外人的异议请求或诉讼请求,而不是简单地予以驳回。[1]

本书认为,对案外人主张其借用被执行人名义开设账户,请求确认账户内资金所有权以及排除执行的,应不予支持。本书赞同以下例外情形下的观点:如果案外人提供的证据充分表明:(1)被执行人与其在该账户被查封或者冻结前已经订立书面的账户借用协议;(2)案外人绝对控制并独占使用该账户;(3)被执行人从未使用该账户或者该账户与被执行人的其他账户或往来款项不存在混用情形;(4)不存在恶意串通、逃避债务的可能;(5)借用账户行为不违反《合同法》第52条以及善良风俗等情形的,在例外情形下应当支持案外人提出的异议请求或诉讼请求。但总体上,应当从严掌握,而且案外人必须承担上述证明责任,否则不予支持。[2]

典型案例6-5　廊坊市奥凯商贸有限责任公司与江苏银行股份有限公司北京分行等案外人执行异议之诉案[3]

基本案情:廊坊市奥凯商贸有限责任公司(以下简称奥凯公司)于2010年11月15日与廊坊市汇通房地产开发有限公司(以下简称汇通公司)签订了房地产项目合作开发合同,约定双方合作开发永清县某小区项目。合同第2条约定:小区项目以汇通公司名义进行开

[1] 参见乔宇:《执行异议复议与异议之诉》,中国法制出版社2018年版,第146页。
[2] 参见江苏省高级人民法院编:《强制执行新实践》,法律出版社2018年版,第444页。
[3] 最高人民法院(2016)最高法民申2528号民事裁定书。

发,奥凯公司提供项目开发所需要的全部资金,项目征地手续由汇通公司办理,奥凯公司承担全部的费用。汇通公司负责日常的工程施工管理工作,确保按照约定期限完成工程建设。合同约定合同终止时,汇通公司须将奥凯公司应得的收益无条件返还奥凯公司,汇通公司分得3%的利润,奥凯公司分得97%的利润。如出现亏损,双方按上述比例承担亏损。合同签订后,奥凯公司履行了出资义务,汇通公司办理征地手续。为了项目办理买受人购房按揭贷款,以汇通公司名义在农业银行永清县支行开设一般账户,账号为50×××28,截至2015年3月30日账户余额为400,357.46元。2012年6月4日,永清县该小区项目以汇通公司名义在农业银行永清县支行开设按揭贷款保证金专用账户,账号为50×××18,截至2015年3月30日账户余额为1,581,421.82元。2012年6月26日,永清县该小区项目以汇通公司名义在工商银行永清县支行开设按揭贷款保证金专用账户,账号为04×××96,截至2015年3月30日账户余额为2,927,034.25元。江苏银行股份有限公司北京分行(以下简称江苏银行北京分行)申请执行汇通公司一案,廊坊市中级人民法院(以下简称廊坊中院)于2015年1月22日立案执行,执行中冻结了汇通公司上述三个银行账户的资金。2014年12月5日,奥凯公司在永清县人民法院(以下简称永清法院)对汇通公司提起民事诉讼。2015年1月21日,经永清法院调解,作出了民事调解书,内容包括:(1)解除奥凯公司与汇通公司于2010年11月15日签订的房地产项目合作开发合同;(2)奥凯公司以汇通公司的名义销售该小区未售出的住宅210套,地下室173间,商业门面房33套,车库22个,汇通公司协助办理销售过程中的具体手续,全部销售款归奥凯公司,相关税费由奥凯公司负担;(3)因开发该小区所产生的债权或债务全部由奥凯公司享有或负担,汇通公司不参与利润分成也不负担亏损,所涉房屋引发的房屋质量纠纷、建设工程合同纠纷、房屋买卖合同纠纷及其他一切合同纠纷均由奥凯公司负责处理并承担相关责任,汇通公司予以协助。案外人奥凯公司向廊坊中院提出执行异议称:依据永清法院民事调解书,执行法院冻结上述账户内的资金不属于汇通公司,请求裁定解除对上述账户的冻结。廊坊中院裁定驳回奥凯公司的异议。奥凯公司不服该裁定,向廊坊中院提起执行异议之诉。

裁判结果:廊坊中院认为,根据永清法院民事调解书第三项的内容,三个账号内的资金实际权利人应为奥凯公司,因此判决三个账号内的资金为奥凯公司所有,不得将上述三个账号内的资金作为汇通公司的财产予以执行。江苏银行北京分行不服该判决,向河北省高级人民法院(以下简称河北高院)提起上诉。河北高院认为,民事调解书是在奥凯公司提出执行异议之诉之前作出,依据《执行异议和复议规定》第26条的规定,该民事调解书作为本案判决的依据,符合法律规定。对于三个账号内的资金权属问题,货币作为民法上一种具有高度可替代性的种类物和消费物,其特性为占有即所有。故在本案所涉的开设在汇通公司名下的一般账户内的资金,汇通公司基于占有即所有原则,享有该账户内货币所有权,故江苏银行北京分行因对汇通公司享有合法债权从而执行该账户内资金,理据充分,该院予以支持。对于本案所涉的两个按揭贷款保证金专用账户,系奥凯公司为履行担保义务以汇通公司名义在贷款银行开设的专用账户,账户内资金具有专用保证金的担保功能,该账户内的款项已被特定化,丧失了货币的流通和消费功能。河北高院作出判决:停止在农业银行和工商银行永清支行开设的按揭贷款保证金专用账户内的资金的执行,许可江苏银行北京分行对在农业银行永清支行开设的一般账户内资金的执行。奥凯公司不服该判决,向最高人民法院申请再审。最高人民法院经再审审查后于2016年11月16日裁定驳回了奥凯公司的再审申请。

最高人民法院在该案件裁判理由中对银行账户资金归属的判断作了解释,认为:对于一般账户中的货币,应以账户名称为权属判断的基本标准;对于特定专用账户中的货币,应根据账户当事人对该货币的特殊约定以及相关法律规定来判断资金权属,并确定能否对该账户资金强制执行。对特定账户中的货币主张权利,符合法定专用账户构成要件及阻止执行条件的,可以排除对该账户的执行。在本案中,因为保证金账户内的资金已经特定化,作为担保物,因此具有排除执行的效果,但是对于一般账户的资金,则不能以借用人与出借人的内部约定对抗外部债权人的执行请求。

4. 股权或隐名合伙份额的实际出资人提起的执行异议之诉的处理

针对登记在被执行人名下的股权实施强制执行,案外人以其系作为执行标的的股权或者隐名合伙份额的实际出资人,提起执行异议之诉的,不予支持。但是,法院对股权采取执行措施,案外人以其已受让股权为由提起执行异议之诉,请求阻止执行,经审理同时符合下列条件的,法院予以支持:案外人与被执行人在股权冻结之前已签订股权转让合同;股权转让合同合法有效;案外人已按合同约定支付了股权转让价款;案外人提供证据证明公司其他股东半数以上同意其受让股权。[1]

(三)承租人提起的执行异议之诉的处理

根据"买卖不破租赁"原则,承租人租赁的标的物被法院执行拍卖时,并不必然导致租赁权消灭,因此,承租人并不当然有权提起执行异议之诉。如果法院在执行过程中并不否定承租人享有的租赁权,承租人只是对执行法院要求其腾退房屋的执行行为有异议的,属于《民事诉讼法》第 225 条规定的执行行为异议,应当通过执行复议程序予以救济。但是,如果执行法院否定承租人租赁权的成立或存续的,因涉及实体权利的争议,承租人主张其享有足以排除执行的租赁权的,有权提起执行异议之诉。

在承租人提起的执行异议之诉的审理中,对承租人租赁权的认定应当区分以下四种情形进行处理:(1)"先租赁后查封"。承租人在法院采取查封等保全或者执行措施之前已经与被执行人签订了合法有效的房屋租赁合同,且已经按照约定支付租金,并实际占有使用租赁物的,执行法院在对该租赁物采取拍卖等执行措施时,如果影响到承租人租赁权的行使,对承租人要求停止执行的诉讼请求应当予以支持。(2)"先查封后租赁"。承租人在法院采取查封等保全或者执行措施之后,与被执行人签订房屋租赁合同的,不得以其租赁权对抗申请执行人,其主张停止执行的,不予支持。(3)"先租赁后抵押"。承租人在债权人设立抵押权之前已经与被执行人签订了合法有效的房屋租赁合同,且已经按照约定支付租金,并实际占有使用租赁物的,执行法院根据抵押权人

[1] 参见高仁宝等编著:《执行异议之诉法律适用指引》,法律出版社 2018 年版,第 62 页。

的申请对该租赁物采取拍卖等执行措施时，如果影响到承租人租赁权的行使，对承租人要求停止执行的诉讼请求应当予以支持。(4)“先抵押后租赁”。承租人在债权人设立抵押权之后，与被执行人签订房屋租赁合同的，承租人不得以其租赁权对抗抵押权人，其要求停止执行的，不予支持。[1]

典型案例6-6　熊某章与无锡荣德有限公司等案外人执行异议之诉案[2]

基本案情和裁判结果：无锡荣德有限公司(以下简称荣德公司)与陈某等金融借款合同纠纷一案中，无锡市中级人民法院(以下简称无锡中院)于2014年3月28日对陈某位于福州市鼓楼区一处房产进行查封。该案进入执行程序后，准备对查封的房产进行拍卖，案外人熊某章提出异议，称陈某于2013年9月18日向其借款95万元，还款时间为2013年10月18日。后因无力偿还该借款，陈某于2013年12月1日向其出具承诺函将位于福州市鼓楼区的一处房产租赁给异议人熊某章以抵消所欠部分本息，双方于2013年12月3日签订房屋租赁合同，约定租赁期限自2013年12月3日起至2033年12月2日止，请求法院保护异议人熊某章对涉案房屋的租赁权，在拍卖时将20年的租赁权设定为拍卖条件。为支持其主张，熊某章提交借条、承诺函、房屋租赁合同及银行流水等证据用以证明借款及租赁情况。无锡中院于2016年2月22日进行了听证。2016年6月20日，无锡中院作出裁定，驳回了熊某章的异议。熊某章不服该裁定，向无锡中院提起执行异议之诉，但是未缴纳诉讼费，作为撤诉处理。后无锡中院通过司法拍卖处置了诉争房产，强制清偿，交付给买受人，处理完毕。

本案系典型的承租人以“买卖不破租赁”要求执行法院对执行房产带租约进行拍卖的情况。《执行异议和复议规定》第31条第1款规定：“承租人请求

---

〔1〕 参见王毓莹：《执行异议之诉案件的裁判思路》，载最高人民法院民事审判第一庭编：《民事审判指导与参考》(2016年第3辑)，人民法院出版社2017年版，第52页。

〔2〕 江苏省无锡市中级人民法院(2016)苏02执异25号执行裁定书。

在租赁期内阻止向受让人移交占有被执行的不动产,在人民法院查封之前已签订合法有效的书面租赁合同并占有使用该不动产的,人民法院应予支持。”因此承租人要求对抗人民法院执行的前提是“在人民法院查封之前已签订合法有效的书面租赁合同并占有使用该不动产”,本案中查封时间是 2014 年 3 月 28 日,直至异议听证,承租人都没有占有不动产,因此依据上述的规定,不能对抗法院执行。

(四)建设工程施工合同中执行异议之诉的处理

1. 案外人基于建设工程优先权提起执行异议之诉的处理

案外人以其享有建设工程优先权为由提起执行异议之诉的,如何处理,有两种观点:一种观点认为,建设工程优先受偿权作为一种特殊的权利应当予以特别保护,如果不赋予施工人提出执行异议之诉的权利,其优先受偿权将落空。因此,法院经审理认为案外人的建设工程价款优先受偿权确实存在,则应在确认案外人对建设工程享有优先受偿权的同时,判决不得对案外人所享有的优先受偿范围的工程款进行强制执行。另一种观点认为,建设工程优先受偿权的本质是以建设工程的交换价值担保工程价款债权的实现,即使法院对建设工程采取强制执行措施,该执行措施一般并不影响承包人优先受偿权的实现。此时,承包人可以声明参与分配或者由执行法院依职权列入分配。法院对案外人执行异议之诉不予支持,并告知其依照《民事诉讼法》第 225 条的规定主张权利,或者通过执行分配异议之诉的程序处理。[1]

本书赞同第一种观点,理由如下:建设工程优先受偿权属于法定优先权,属于实体权利,其清偿顺序先于担保物权。《合同法》第 286 条规定了承包人就工程价款债权而对工程享有的优先受偿权。案外人就执行法院查封或者执行的财产或款项主张工程款优先受偿权提起执行异议之诉的目的是阻却执行。案外人也可以通过执行分配方案异议之诉加以解决。

2. 实际施工人提起执行异议之诉的处理

法院针对建设工程发包人应给付承包人的工程款到期债权实施强制执

---

〔1〕 参见乔宇:《执行异议复议与异议之诉》,中国法制出版社 2018 年版,第 77 页;王毓莹:《执行异议之诉案件的裁判思路》,载最高人民法院民事审判第一庭编:《民事审判指导与参考》(2016 年第 3 辑),人民法院出版社 2017 年版,第 52 页。

行,实际施工人以其与承包人之间存在挂靠关系,其应享有工程款债权为由提起案外人执行异议之诉的,是否应当支持?有两种观点:一种观点认为,在建设工程存在违法分包、转包和挂靠的情形下,仍应坚持合同相对性的原则,实际施工人不能突破合同相对性直接向发包人主张债权,因此,应不予受理;另一种观点认为,实际施工人以其与承包人之间存在挂靠关系,其应享有工程款为由提起案外人执行异议之诉,经审理属实的,应予以支持。[1] 本书赞同第二种观点,理由是根据《最高人民法院关于审理建设工程施工合同纠纷案件适用法律问题的解释》第26条的规定,实际施工人有权对发包人直接主张工程款,系实际债权人,有权提起执行异议之诉,法院则主要审查案外人是否具备实际施工人身份以及工程款的实际数额。

典型案例6-7 九江市长山实业发展有限公司与张某华执行异议之诉案[2]

基本案情:2012年8月13日,江西省南昌市中级人民法院(以下简称南昌中院)受理九江市长山实业发展有限公司(以下简称长山公司)诉江西省赣能电力发展有限公司(以下简称赣能公司)、王某、何某借款纠纷一案,执行标的为7,058,188元。2015年5月19日,南昌中院向江西唐人房地产发展有限公司(以下简称唐人公司)进行调查取证,证据表明,该公司已协助法院扣划赣能公司在新余市抱石公园景观塔项目的工程款13,988,272.39元,上述款项已用于支付该院113号、145号、147号、148号案件,前三个执行案件已执行完毕,第148号案件执行到76万元,目前该项目工程款还剩829万元。南昌中院于2014年12月3日作出民事判决,判决赣能公司向张某华支付新余市抱石公园景观塔项目工程承包建设利润款7,491,250.88元。2015年1月28日,张某华以案外人的身份向南昌中院提出执行异议申请,认为南昌中院执行裁定书所冻结的款项应为张某华所有,请求

[1] 参见王毓莹:《执行异议之诉案件的裁判思路》,载最高人民法院民事审判第一庭编:《民事审判指导与参考》(2016年第3辑),人民法院出版社2017年版,第52页。

[2] 参见最高人民法院(2017)最高法民申4499号民事裁定书;江西省高级人民法院(2016)赣民终608号二审民事判决书。

法院予以解除该冻结,维护张某华的合法权益。南昌中院于2015年9月28日裁定驳回了张某华的异议申请。张某华不服,向南昌中院提起执行异议之诉。

裁判结果:南昌中院认为,本案的争议焦点是张某华对该院所冻结的赣能公司在唐人公司的新余市抱石公园景观塔项目工程款是否具有足以排除强制执行的民事权益。南昌中院民事判决书确认张某华与赣能公司系合伙关系,并判决赣能公司向张某华支付新余市抱石公园景观塔项目工程承包建设利润款7,491,250.88元。金钱虽具有种类物特性,但该工程款并非在赣能公司的账户上,而是在唐人公司账户上。新余市抱石公园景观塔项目尚余工程款829万元,张某系该项目合伙人,且经生效判决应分得利润款7,491,250.88元,故该项目尚余工程款中7,491,250.88元应属张某华所有。赣能公司只能以其自有资金偿还其自身对长山公司的债务。因此,张某华针对南昌中院冻结的赣能公司在唐人公司的新余市抱石公园景观塔项目工程款具有足以排除强制执行的民事权益。南昌中院作出判决:不得执行赣能公司在唐人公司的新余市抱石公园景观塔项目工程款7,491,250.88元。长山公司不服该判决,向江西省高级人民法院(以下简称江西高院)提起上诉。江西高院认为,张某华与赣能公司在《合作协议书》中约定,双方合伙承建的新余市抱石公园景观塔项目建成后,按照张某华40%、赣能公司60%的比例分配净利润。鉴于该工程款并非在赣能公司账户而是在唐人公司账户,由此张某华应分得该项目尚余工程款829万元的40%即331.6万元,而长山公司只能执行赣能公司应分得的60%即497.4万元以实现债权。故此,张某华对南昌中院所冻结的赣能公司在唐人公司的新余市抱石公园景观塔项目工程款中的331.6万元具有足以排除强制执行的民事权益。江西高院于2017年5月19日作出判决:不得执行在唐人公司账户上的新余市抱石公园景观塔项目工程款331.6万元。长山公司不服江西高院二审民事判决,向最高人民法院申请再审。最高人民法院再审认为,合伙经营积累的财产,归合伙人共有。根据二审查明的事实,案涉工程由张某华与赣能公司合作建设,双方系合伙关系,案涉工程的工程款829万元应由张某华与赣能公司共有，而非赣能公司一方所有，故本案不符合《执行异议和复议规定》第26条第2款规定的案外人依据执行标的被查封、扣押、冻结后作出的另案生效法律文书提出排除执行异议的情形，长山公司以此为由，主张江西高院支持张某华提出的执行异议错误，不能成立。最高人民法院于2017年12月4日裁定驳回了长山公司的再审申请。

本案的裁判要旨如下：合伙经营积累的财产，归合伙人共有。合伙一方自身所负的与合伙无关的债务应由其以自身资产进行清偿。案外人对其在共有财产中享有的相应财产份额具有足以排除强制执行的民事权益。一审法院只认定了张某华与赣能公司之间构成合伙关系，但并未对作为合伙财产的案涉工程款按照双方所占比例进行分割，而是直接判令不得执行全部案涉工程款，该判决结果只保护了张某华的利益，但却忽视了赣能公司债权人即申请执行人的合法权益。二审法院在认定案涉工程款属于张某华与赣能公司双方共有财产的前提下，根据《合作协议书》的约定对案涉工程款的份额进行了认定，并将该款项特定化为张某华占40%、赣能公司占60%的财产。

（五）离婚协议对于房屋产权的约定能否对抗申请执行人

离婚协议中已约定了房屋产权归属，在未进行产权变更的情况下，是否具有对抗申请执行人债权主张的法律效力，有以下两种观点：一种观点认为，婚姻法对于不动产的处分区别于一般的物权变动，虽然房屋的产权变更未作登记，但如果双方对于房屋权属的约定是明确的，双方也不是假离婚而逃避债务，则应当支持案外人停止执行的诉讼请求。另一种观点认为，物权具有公示公信力，对于房屋产权的认定应以登记为准。[1]

本书认为，因未办理所有权转移登记，不具有对抗第三人的效力，另一方以离婚协议约定其为权利人，主张排除执行的，不予支持。但是，基于司法实践中，双方离婚往往约定将房屋归属于负责抚养子女的一方，为防止对方再婚，通常不变更房屋的产权归属，如果允许执行，则其基本生活将无保障，因此，只要不是双方串通恶意逃债，且对未进行产权变更没有过错的，可以支持

〔1〕 参见高仁宝等编著：《执行异议之诉法律适用指引》，法律出版社2018年版，第44页。

其停止执行的诉讼请求。

典型案例6－8　钟某玉与王某光、林某达案外人执行异议纠纷案〔1〕

基本案情：钟某玉与林某达于1972年6月办理结婚登记，1996年7月22日签订离婚协议，约定双方离婚，某处房屋归钟某玉及子女所有，但只准居住，不准买卖，同年8月7日双方办理了离婚登记。此后该房产一直由钟某玉居住、管理。因该土地系林某达购买，因此在1997年办理房产证书及土地使用权证书时以林某达的名义办理了登记，但是一直未将房产及土地使用权变更到钟某玉名下。因林某达结欠王某光股权转让款，王某光起诉林某达并且申请上杭县人民法院查封了该处房产，该房产于2011年7月21日被查封，2011年12月15日法院作出民事判决，判令林某达应返还王某光已支付的转让款500万元，王某光于2012年12月23日申请强制执行，法院于2013年6月19日作出执行裁定：继续查封该房产。钟某玉于2013年12月5日提出了执行异议，执行法院以房产仍然在林某达名下为由，于2013年12月18日裁定驳回钟某玉异议。钟某玉向福建省高级人民法院（以下简称福建高院）提出执行异议之诉，要求确认房产归自己所有，停止强制执行。

裁判结果：福建高院认为，离婚达成的协议并非一般所有权分割协议，具有人身关系性质，有权要求法院停止强制执行，但是钟某玉要求所有权依据不足，于2015年3月2日判决停止法院执行，但是驳回了钟某玉的其他诉讼请求。王某光不服提出上诉，最高人民法院审理后于2016年1月10日判决驳回了王某光的上诉，维持原判。

该案件是典型的案外人不享有所有权，但是却有权阻却人民法院对争议标的的执行。本案系案外人钟某玉在王某光与林某达股权转让纠纷一案生效判决的执行中，对执行标的（讼争房产）提起的执行异议之诉，请求排除执行的

---

〔1〕参见《中华人民共和国最高人民法院公报》2016年第6期，第19～26页；最高人民法院（2015）民一终字第150号民事判决书。

理由为股权转让关系发生之前该讼争房产已在离婚协议中作为其与林某达夫妻共同财产进行处分归其和四名子女所有,因此,钟某玉对本案讼争房产是否享有足以阻止执行的实体权利是本案争议的焦点。最高人民法院认为,钟某玉对讼争房产享有足以阻却执行的权利。主要理由是,现有证据不能证明钟某玉与林某达之间存在恶意串通逃避债务的主观故意,解除婚姻关系及有关财产约定的意思表示真实。钟某玉享有依据离婚协议要求林某达办理变更登记的请求权,王某光也是享有要求林某达清偿债务的请求权,但是钟某玉的请求权系针对房产的请求权,而王某光的请求权系金钱债权,参照《买卖合同司法解释》第10条的规定,钟某玉的请求权优先于王某光的金钱债权。诉争房产具有为钟某玉及其子女提供生活保障的功能,与王某光的一般金钱债权相比,在伦理上也有一定的优先性。最高人民法院在公报刊登的裁判摘要中指出:《执行异议和复议规定》是关于执行程序中当事人提出执行异议时如何处理的规定。由于执行程序需要贯彻已经生效判决的执行力,因此在对执行异议是否成立的判断标准上,应坚持较高的、外观化的标准。这一判断标准,要高于执行异议之诉中原告能否排除执行的判断标准。故《执行异议和复议规定》第25条至第28条的规定应作如下理解,即符合这些规定所列条件的,执行异议能够成立;不满足这些规定所列条件的,异议人在执行异议之诉中的请求未必不成立。是否成立,应根据案件的具体情况和异议人的主张的权利、申请执行人债权实现的效力以及被执行人对执行标的的权利作出比较并综合判断,从而确定异议人的权利是否能够排除执行。

典型案例6-9 付某华诉吕某白、刘某锋案外人执行异议之诉案[1]

基本案情:付某华与刘某锋于1989年10月登记结婚,婚后于2000年和2003年分别购买了两处房产(一套登记为刘某锋所有,一套登记为付某华与刘某锋共有)。双方于2007年10月29日登记离婚,在离婚协议中约定,该两处房屋的所有权均归付某华所有,但是为减少按揭贷款转贷手续费(主贷款人系刘某锋)和缓缴交易契税,

---

〔1〕 参见《中华人民共和国最高人民法院公报》2017年第3期,第47~48页;上海市第一中级人民法院(2014)沪一中民二(民)初字第3号民事判决书。

暂未办理不动产变更过户手续。离婚后,付某华居住在其中的一套房产中。因刘某锋结欠吕某白股权转让款,吕某白于2012年诉至上海市第一中级人民法院(以下简称上海一中院),该院于2013年3月27日作出民事判决,判决生效后吕某白向上海一中院申请执行,该院查封了上述两套房产。付某华向上海一中院提出执行异议,该院于2014年6月19日作出执行裁定驳回付某华提出的异议。付某华向上海一中院提起执行异议之诉,要求确认两套房产归付某华所有,解除查封、执行措施。上海一中院于2014年7月14日立案受理了该案。

裁判结果:上海一中院审理后认为,本案系争房产是付某华和刘某锋夫妻关系存续期间所购买,属于夫妻共同财产,虽然双方离婚协议约定上述房屋产权均归付某华所有,这是刘某锋对自己在系争房屋产权中所拥有份额的处分,但是该处分行为未经产权变更登记并不直接发生物权变动的法律效果,也不具有对抗第三人的法律效力。因系争房屋的产权未发生变更登记,刘某锋仍为系争房屋的登记产权人,其在系争房屋中的产权份额尚未变动至付某华名下,故在刘某锋对外尚存未履行债务的情况下,吕某白作为债权人要求对刘某锋名下的房屋予以司法查封并申请强制执行符合法律规定。付某华依据《离婚协议书》对系争房屋产权的约定要求确认系争房屋的所有权属其所有并要求解除对系争房屋的司法查封、停止对系争房屋执行的诉讼请求,于法无据,不予支持。上海一中院于2015年2月9日作出判决驳回了付某华的诉讼请求。一审判决后,各方当事人均未提起上诉,一审判决已经发生法律效力。

最高人民法院在公报刊登的裁判摘要中指出:根据我国《物权法》规定,不动产物权变动原则上以登记完成为生效要件。夫妻双方签订的离婚协议中对不动产归属的约定并不直接发生物权变动的效果,一方仅可基于债权请求权向对方主张履行房屋产权变更登记的契约义务。在不动产产权人未依法变更的情况下,离婚协议中关于不动产归属的约定不具有对抗外部第三人债权的法律效力。本书认为,案例6-8、案例6-9这两个案件都刊登在《最高人民法院公报》并且公布了裁判摘要；情况基本相同，都是房产系夫妻共同财产，登记在一方名下，离婚时约定归另一方所有，但是未办理变更登记，离婚后对方占有、使用该房产；涉及的债务均系原配偶离婚后的债务，并非结婚期间的夫妻共同债务。在此情况下，最高人民法院判决有权阻却债权人对诉争房产的执行，而上海一中院则认为不能阻却执行；因房产未办理变更登记，最高人民法院和上海一中院均没有认定约定取得房产的原配偶享有诉争房产的所有权，但是对于在未取得房产所有权的情况下，能否对抗债权人对于房产的执行，却截然相反，这就涉及执行异议之诉的功能和阻却执行的标准问题。案外人异议之诉最直接的功能在于阻止、排除对执行标的的强制执行，故具有形成之诉的性质。同时，案外人所主张的实体法律关系是异议权的先决问题，案外人异议之诉中往往须对此问题先行解决，否则通常难以作出是否排除执行的判决。故案外人异议之诉同时具有确认案外人所主张的实体权利的功能，从而兼具确认之诉的性质。案例6－8中，最高人民法院判决的案件，对于离婚案件中约定房产归一方所有，尽管没有办理变更登记，不能基于物权法的规定取得所有权，但是取得房产的配偶在一定条件下可以排除原配偶的债权人对房产的强制执行，其理由是双方离婚往往约定将房屋归属于负责抚养子女的一方，为防止对方再婚，通常不变更房屋的产权归属，如果允许执行，则其基本生活将无保障。上海一中院判决的案例6－9中，基于贷款手续和税务负担暂时不办理过户，则不能对抗法院执行。

五、案外人执行异议之诉的裁判与效力

（一）案外人执行异议之诉的裁判

案外人提起执行异议之诉的目的是排除对特定执行标的的执行。法院经审查，如果案外人就该执行标的享有足以排除强制执行的民事权益，应当判决不得执行该执行标的；如果案外人就该执行标的不享有足以排除强制执行的民事权益，应当判决驳回诉讼请求。[1]

---

〔1〕《民事诉讼法解释》第312条第1款规定："对案外人提起的执行异议之诉，人民法院经审理，按照下列情形分别处理：（一）案外人就执行标的享有足以排除强制执行的民事权益的，判决不得执行该执行标的；（二）案外人就执行标的不享有足以排除强制执行的民事权益的，判决驳回诉讼请求。"

在作出判决前,法院首先要判断案外人对该执行标的是否享有实体权益;案外人对该执行标的享有实体权益的,则需要进一步判断案外人对执行标的所享有的实体权益是否足以排除强制执行,可以按照以下三个步骤进行审查:第一步,要判断被执行人是否对执行标的享有实体权益,如果被执行人对执行标的不享有实体权益,则应判决不得执行该执行标的。第二步,如果被执行人对执行标的也享有实体权益,则要判断案外人对该执行标的所享有的实体权益对于申请执行人根据执行依据所享有的债权是否具有优先效力。如果案外人对执行标的所享有的权利在效力上并不优先于申请执行人的债权,则应当判决驳回诉讼请求。所有权、共有权、他物权、优先权等权利的效力优先于普通债权。第三步,如果案外人对执行标的所享有的权利在效力上优先于申请执行人的债权,则要判断申请执行人实现债权的行为即申请法院对特定执行标的强制执行的行为是否会妨害案外人对该执行标的所享有的权利。如果法院的强制执行并不妨害案外人对执行标的享有的实体权益,则应当判决驳回诉讼请求。〔1〕 例如,案外人对执行标的物享有抵押权,法院依据申请执行人申请准备将该执行标的物拍卖,以所得价款清偿申请执行人。在此种情形下,案外人只能请求就拍卖价款优先受偿或者在担保债权的范围内进行提存;如果案外人提起执行异议之诉,请求排除对该执行标的的强制执行,就应当判决驳回诉讼请求。再如,根据买卖不破租赁原则,租赁权优先于普通买卖合同项下买受人的权利,但租赁权的行使并不受租赁物所有权转移的影响,法院的强制执行行为只要不影响租赁人对租赁物的使用,租赁人就无权请求排除对该租赁物的强制执行。

(二)案外人执行异议之诉的效力

一是不得对执行标的进行处分。〔2〕 大陆法系民事诉讼法理论一般认为,案外人提起执行异议之诉,原则上不应停止强制执行,但法院认为确有必要或者案外人申请停止执行并提供相应担保的,可以停止强制执行。德国《民事诉讼法》第775条、日本《民事执行法》第36条和我国台湾地区"民事诉讼法"第

〔1〕 参见沈德咏主编:《最高人民法院民事诉讼法司法解释理解与适用》,人民法院出版社2015年版,第821页。

〔2〕 《民事诉讼法解释》第315条第1款规定:"案外人执行异议之诉审理期间,人民法院不得对执行标的进行处分。申请执行人请求人民法院继续执行并提供相应担保的,人民法院可以准许。"

18 条都遵循了这一原则。停止强制执行可以有效避免法院判决支持案外人诉讼请求时的执行回转问题，也可以避免因为不能执行回转给案外人造成无可挽回的损失问题。既然法院已经受理了案外人的执行异议之诉，停止执行也更为合适。[1] 因此，法院可以继续维持查封、扣押、冻结等控制性执行措施，但不得对执行标的进行处分，即不得实施处分性执行措施如拍卖、变卖。如果申请执行人请求法院继续执行并提供相应担保的，法院可以准许。

二是撤销执行。法院认为案外人执行异议之诉成立并且判决不得对执行标的执行的，案外人执行标的异议裁定失效，执行程序就应停止，并且撤销已经实施的执行行为。但执行标的物拍卖程序如果已终结，而价金尚未交付债权人的，则不能撤销已终结的拍卖程序。[2]

三是案外人恶意提起执行标的异议、执行异议之诉，造成申请执行人权利无法实现，除可以在依法纠正的基础上采取执行回转措施外，还可以要求赔偿损失。[3] 申请执行人应当通过另行起诉的方式请求赔偿损失，因为是基于新的事实而产生的新纠纷，已不属于执行原生效法律文书的范畴。对案外人与被执行人恶意串通、阻碍执行的行为，法院应当根据情节轻重予以罚款、拘留，构成犯罪的，应当依法追究刑事责任。

六、案外人执行异议之诉的确权判项与另行提起确权之诉

（一）案外人执行异议之诉的确权判项

案外人提起执行异议之诉时，必须提出明确的排除对执行标的执行的诉讼请求，也可以同时提出对执行标的进行确权或者给付的诉讼请求。[4] 权属问题是认定能否阻却执行的前提，执行标的的“真实权属”和“能否阻止执行”两项内容都应纳入执行异议之诉的审查范围。但是，执行异议之诉的直接目

---

〔1〕 参见沈德咏主编：《最高人民法院民事诉讼法司法解释理解与适用》，人民法院出版社 2015 年版，第 844 页。

〔2〕 参见江伟、肖建国主编：《民事诉讼法》（第 8 版），中国人民大学出版社 2018 年版，第 470 页。

〔3〕 《民事诉讼法解释》第 315 条第 2 款规定：“被执行人与案外人恶意串通，通过执行异议、执行异议之诉妨害执行的，人民法院应当依照民事诉讼法第一百一十三条规定处理。申请执行人因此受到损害的，可以提起诉讼要求被执行人、案外人赔偿。”

〔4〕 《民事诉讼法解释》第 312 条第 2 款规定：“案外人同时提出确认其权利的诉讼请求的，人民法院可以在判决中一并作出裁判。”

的在于阻止执行,对于权属的判决受限于案外人的诉讼请求,如果案外人同时提出确认其权利的诉讼请求的,法院应一并作出裁判。[1]

在案外人执行异议之诉案件的审理中,司法实践中存在两大困惑:(1)是否要在执行异议之诉判决中作出确权判项?第一种观点认为,案外人执行异议之诉的根本目的是对案外人享有的权利能否排除执行作出判断,而非确权,判决中只需写明是否排除执行,确权判项是画蛇添足。第二种观点认为,案外人权利的确认与否是判断其是否排除执行的基础,判决中应当先作出确权判项,再作出是否排除执行的判项。第三种观点认为,是否作出确权判项,不能一概而论,应取决于案外人是否提出明确的确权的诉讼请求。(2)在执行异议之诉中的给付请求是否要在判项中予以明确?一种观点认为,执行异议之诉只解决是否排除执行的问题,不应扩大其审理范围,对于给付请求应不予受理,以避免案件拖延。另一种观点认为,为减轻当事人的讼累,应当在执行异议之诉中对于当事人的给付请求进行审理。[2]

《九民纪要》第 119 条规定:"【案外人执行异议之诉的审理】案外人执行异议之诉以排除对特定标的物的执行为目的,从程序上而言,案外人依据《民事诉讼法》第 227 条提出执行异议被驳回的,即可向执行人民法院提起执行异议之诉。人民法院对执行异议之诉的审理,一般应当就案外人对执行标的物是否享有权利、享有什么样的权利、权利是否足以排除强制执行进行判断。至于是否作出具体的确权判项,视案外人的诉讼请求而定。案外人未提出确权或者给付诉讼请求的,不作出确权判项,仅在裁判理由中进行分析判断并作出是否排除执行的判项即可。但案外人既提出确权、给付请求,又提出排除执行请求的,人民法院对该请求是否支持、是否排除执行,均应当在具体判项中予以明确。执行异议之诉不以否定作为执行依据的生效裁判为目的,案外人如认为裁判确有错误的,只能通过申请再审或者提起第三人撤销之诉的方式进行救济。"

民事诉讼奉行"不告不理"原则,是否在判决中作出确权判项,取决于案外

---

〔1〕 参见沈德咏主编:《最高人民法院民事诉讼法司法解释理解与适用》,人民法院出版社 2015 年版,第 838 页。

〔2〕 参见最高人民法院民事审判第二庭编著:《〈全国法院民商事审判工作会议纪要〉理解与适用》,人民法院出版社 2019 年版,第 603 页。

人是否有明确的诉讼请求。如果案外人在诉讼请求中明确要求确权,同时提出排除执行的请求,在判决书的理由阐述部分以及判项中对此问题都应予明确。如果案外人在诉讼请求中并未要求确权,而仅提出排除执行的请求,在此种情形下,在判决书中不应作出确权判项,仅需对于案外人享有的权利是否排除执行作出回应,案外人是否对于涉案标的享有权利,在判决书中的说理部分阐明即可。对于当事人给付的诉讼请求,判项中予以明确是否支持其请求。如果给付请求相对简单,可以就执行异议之诉请求一并审理一并判决。如果给付请求的审理相对复杂,为避免执行异议之诉案件过分拖延,可以就是否排除执行先行判决。

(二)案外人执行异议之诉与另行提起确权之诉

以不动产为例,实践中案外人另案诉请确权主要有以下六种情形:基于事实行为另案诉请确权;基于合作开发另案诉请确权;基于委托代理法律关系另案诉请确权;基于买卖法律关系另案诉请确权;基于投资法律关系另案诉请确权;基于债务抵偿关系另案诉请确权。[1]

案外人在提起执行异议之诉后,一审判决作出前,又向执行法院就相同执行标的提起确权之诉的,应当合并审理。案外人在提起执行异议之诉且同时对执行标的提起确权之诉后,又就相同执行标的向其他法院提起确权之诉的,受理确权之诉的法院应当将案件移送执行法院一并审理,执行异议之诉已经作出裁判的,则应当驳回起诉。如果案外人在提起执行异议之诉时没有一并提起确权之诉,执行异议之诉的裁判对执行标的权属并无既判力,案外人可以就确权纠纷另行起诉。

案外人也可以不提出排除对执行标的执行的诉讼请求,仅就执行标的确权或者给付进行起诉,这种情况就属于案外人另行提起了一个新的普通诉讼,而不是执行异议之诉。如果案外人在提出排除对执行标的执行的诉讼请求的同时,又提出对执行标的进行确权的诉讼请求,法院作出裁判后,案外人就不能再对执行标的确权另行起诉,否则就违反了一事不再理原则。案外人在执行异议之诉和另行起诉中有选择权。不能限制案外人的诉权。即使在执行程

---

〔1〕 参见范向阳主编:《执行异议之诉的规则与裁判》,人民法院出版社 2019 年版,第 39~40 页。

序中,案外人也有权不提起执行异议之诉,而对执行标的确权另行起诉。[1] 如果其诉讼请求得到支持,可再以该案中的生效法律文书为证据,向原执行法院提起执行异议或者申请执行回转。

案外人能否不在执行异议之诉中确权而另行提起确权之诉?对此,有以下两种观点:一种观点认为,民事诉讼法并未禁止案外人另案确权,因此,案外人可以另案确权;另一种观点认为,如果案外人已经提起执行异议之诉,应当在执行异议之诉中确权,不能另案确权。因为另案确权容易造成案外人与被执行人恶意串通、逃避执行的情况,且申请执行人并非另案判决的当事人,并不受该判决的约束。因此,应当在执行异议之诉中确权,一并解决案外人、申请执行人与被执行人之间的权利纠纷。案外人另行提起确权之诉的,人民法院应当裁定不予受理,已经受理的,应当裁定驳回起诉。[2]《执行异议和复议规定》第 26 条规定,案外人依据执行标的被查封、扣押、冻结后作出的另案生效法律文书提出排除执行异议,人民法院不予支持。根据《最高人民法院关于依法制裁规避执行行为的若干意见》第 9 条和第 11 条、《最高人民法院关于执行权合理配置和科学运行的若干意见》第 26 条的规定,案外人对已经被法院查封、扣押、冻结的财产主张确权,只能提起执行异议之诉,不能另行提起确权之诉,对另案提出的确权之诉,裁定不予受理,已经受理的,裁定驳回起诉。

典型案例 6-10　上诉人哈尔滨国家粮食交易中心与被上诉人哈尔滨银行股份有限公司科技支行等执行异议纠纷案[3]

基本案情:2000 年 5 月,黑龙江省粮油集团有限公司(以下简称粮油集团)等 20 余家客户将 3580 万元的资金汇入三力期货公司筹建账户中,哈尔滨国家粮食交易中心(以下简称粮食交易中心)为上述

[1] 参见沈德咏主编:《最高人民法院民事诉讼法司法解释理解与适用》,人民法院出版社 2015 年版,第 821 页。

[2] 参见最高人民法院民事审判第二庭编著:《〈全国法院民商事审判工作会议纪要〉理解与适用》,人民法院出版社 2019 年版,第 605 页。

[3] 参见最高人民法院(2013)民二终字第 111 号民事判决书。

20余家客户出具了“交纳交易或履约保证金”收据，三力期货公司于5月16日、6月20日将筹建账户中的3580万元资金以支票形式分别转给粮油集团2506万元、黑龙江龙粮贸易总公司（以下简称龙粮公司）1074万元。粮油集团和龙粮公司收到上述款项后，分别于收到次日将上述两笔款项作为投资款转回三力期货公司筹建账户中。2000年8月2日，三力期货公司取得《企业法人营业执照》，注册资本为3580万元，工商档案上载明的股东是粮油集团和龙粮公司，分别占70%和30%的股权。粮油集团、龙粮公司、中国华粮物流集团北良有限公司（以下简称北良公司）结欠哈尔滨银行股份有限公司科技支行（以下简称科技支行）贷款一案中，黑龙江省高级人民法院（以下简称黑龙江高院）于2009年9月27日作出执行裁定冻结了粮油集团和龙粮公司在三力期货公司的全部股权。粮食交易中心于2009年11月17日向黑龙江高院提起案外人执行异议之诉，请求判令确认粮食交易中心是三力期货公司的实际出资人、股东，停止对三力期货公司股权的执行。

裁判结果：黑龙江高院一审认为依法进行登记的股东，具有对外公示效力，即使登记股东与实质股东（隐名股东）不一致，在未经合法登记或变更之前，登记股东不得以自己非实际出资人或实质股东为由对抗公司外部债权人（第三人），于2010年4月11日判决驳回粮食交易中心的诉讼请求。粮食交易中心不服上诉至最高人民法院，最高人民法院作出（2010）民二终字第94号民事裁定，以原审判决违反法定程序、适用法律错误为由将本案发回重审，黑龙江高院重审后作出（2011）黑高商重初字第4号民事判决，粮食交易中心不服该民事判决，又向最高人民法院提起上诉。最高人民法院于2013年11月22日以同样的理由判决驳回了粮食交易中心的上诉。

提出执行异议之诉的粮食交易中心，其目的是阻却法院对登记在粮油集团、龙粮公司名下持有的三力期货公司的股权的执行，请求确认其为三力期货公司实际出资人、股东并享有投资权益，黑龙江高院一审中认为，当事人向人民法院起诉请求确认其股东资格的，应当以三力期货公司为被告，与案件争议股权有利害关系的粮油集团、龙粮公司作为第三人参加诉讼,科技支行并非适格被告;且本案系执行异议之诉,粮食交易中心在提起执行异议之诉的同时,又提起股东资格等的确认之诉,二者为不同的法律关系,不宜合并审理。黑龙江高院曾就此问题向粮食交易中心释明,但其仍坚持上述诉讼请求。鉴于粮食交易中心的此项诉讼主张不属于本案的审理范围,黑龙江高院对此不予审理,所以一审未对粮食交易中心是否享有股权的实体权利进行审查,只是按照《公司法》第 33 条第 3 款的规定,即"公司应当将股东的姓名或者名称及其出资额向公司登记机关登记;登记事项发生变更的,应当办理变更登记。未经登记或者变更登记的,不得对抗第三人",驳回了粮食交易中心的诉讼请求。二审中,最高人民法院坚持认为,粮食交易中心的一审诉讼请求中涉及两个法律关系:一是粮食交易中心与粮油集团、龙粮公司之间存在的股权确认关系;二是粮食交易中心对抗外部债权人对股权申请强制执行的执行异议法律关系。就其股权确认方面的请求而言,属于公司股东资格确认纠纷,根据《公司法》及《最高人民法院关于适用〈中华人民共和国公司法〉若干问题的规定(三)》的相关规定,粮食交易中心提起股东资格确认之诉,适格的诉讼当事人应当是三力期货公司、粮油集团和龙粮公司。因此,如粮食交易中心提起股东资格确认之诉,则该诉与科技支行和北良公司并不存在法律上的关系,科技支行、北良公司均不是该确认之诉适格的诉讼主体。本案系执行异议纠纷,根据我国民事诉讼法的相关规定,本案与股东资格确认纠纷不属于必要的共同诉讼,不应合并审理。故原审判决认定粮食交易中心提起的确认之诉不属于本案审理范围并无不当。粮食交易中心的该项上诉理由不能成立,法院不予支持,裁定驳回上诉,维持原判。最高人民法院的倾向性态度是不支持在执行异议之诉之外再以另行提起确权之诉的方式提出诉讼,并且以诉讼结果对抗人民法院对查封标的物的执行。本书认为,既然执行异议之诉需要实体审查异议人是否具备实体权利而不允许异议人另行提出确权之诉的情况下,应当实体审查是否具备显名条件,以判断是否足以阻却执行,而不宜仅以未显名不得对抗债权人这样有些简单且不周全的理由来判断。

典型案例6-11 谢某春与卢某生、江西鑫诚投资有限公司、赣州中盛房地产开发有限公司等案外人执行异议之诉案[1]

基本案情：赣州中盛房地产开发有限公司（以下简称中盛公司）于2010年11月9日成立，注册资金2000万元，股东登记为颜某才（出资额310万元，出资比例15.5%）、滕某明（出资额710万元，出资比例35.5%）、郭某生（出资额490万元，出资比例24.5%）、徐某忠（出资额310万元，出资比例24.5%）。2013年12月25日中盛公司章程修正为公司注册资本由2000万元修改为3000万元，股东颜某才（出资额515.2740万元，持股比例17.18%）、滕某明（出资额1180.2235万元，持股比例39.34%）、郭某生（出资额490万元，持股比例16.33%）、徐某忠（出资额814.5025万元，持股比例27.15%）。2010年11月9日，郭某生、徐某忠、谢某春、黄某永四方签订《联合竞买地块协议》约定四方联合竞买西城区F1-04-3地块，因已取得相应的地块，公司名称为中盛公司，郭某生、徐某忠邀请谢某春、黄某永投资入股，就前述协议进行补充修改，2011年1月2日又签订了《补充协议书》约定。2011年1月12日至14日，谢某春按照上述协议约定，以谢某红、谢某辉名义分15笔将1198万元付给郭某生。2011年1月14日，郭某生向谢某春出具出资证明书，写明收到1198万元投资款。徐某忠于2010年11月8日出具出资证明书认可收到谢某春495万元投资款，2011年1月14日出具出资证明书写明收到谢某春935万元投资款。卢某生、施某服、邓某珍与郭某生、刘某兰、江西鑫诚投资有限公司（以下简称鑫诚公司）民间借贷纠纷一案，江西省高级人民法院（以下简称江西高院）执行中于2014年1月17日查封了郭某生持有的中盛公司24.5%的股权，后在该院拍卖该股权的过程中，谢某春向江西高院提出执行异议申请书，要求中止对郭某生持有的中盛公司24.5%的股权的拍卖或保留属于谢某春4.5%的股权份额，该院驳回谢某春的异议。谢某春遂向江西高院提起执行异议之

[1] 参见最高人民法院（2016）最高法民终701号二审民事判决书。

诉。另外,谢某春诉郭某生合伙协议纠纷一案,谢某春主张解除双方相关的协议,并要求郭某生返还投资款1198万元及利息,江西省赣州市中级人民法院(以下简称赣州中院)于2014年11月19日作出判决,判决解除双方签订的协议,郭某生返还谢某春投资款1198万元及利息(按月利率2%计付)。郭某生向江西高院提起上诉。江西高院于2015年4月15日作出民事裁定,将该案发回重审。谢某春与郭某生合伙协议纠纷一案重审后,因江西高院正在审理谢某春提起的案外人执行异议之诉一案,谢某春向赣州中院申请中止审理。2015年11月9日赣州中院裁定谢某春与郭某生合伙协议纠纷一案中止审理。

裁判结果:江西高院认为:本案系执行异议之诉,谢某春在提起执行异议之诉的同时,又提起股东资格确认之诉,谢某春的诉讼请求中涉及两个法律关系:一是谢某春与郭某生、徐某忠、颜某才、滕某明之间存在的股权确认法律关系,二是谢某春对抗外部债权人卢某生、施某服、邓某珍对股权强制执行的执行异议法律关系。二者为不同的法律关系,不宜合并审理。谢某春已在赣州中院提起合伙纠纷之诉,故谢某春与郭某生等之间是债权债务关系还是代持股(隐名股东)关系,应另案解决。谢某春要求一并确认其股东资格的诉讼请求依法不能成立,该院不予支持。根据《公司法》第32条第3款之规定,依法进行登记的股东具有对外公示效力,隐名股东在公司对外关系上不具有公示股东的法律地位,其不能以其与显名股东之间的约定对抗外部债权人对显名股东主张的正当权利,判决驳回谢某春的诉讼请求。谢某春提出上诉,最高人民法院于二审判决驳回谢某春的上诉请求,维持一审判决。

本案争议的焦点:(1)谢某春主张确认其股东资格的诉讼请求是否应当在本案中进行审理?一审法院认为两个不同的法律关系不能在一个案件中合并审理,系审理大多数民事案件的一般性规则,其效力并不及于民事案件审理的所有领域,案外人执行异议之诉的审理程序即为特殊性规则。《民事案件案由规定》将案外人执行异议之诉列入适用特殊程序案件案由,《民事诉讼法解释》

将案外人执行异议之诉列为专门一章进行规定，均由此类案件特殊性所决定。《民事诉讼法解释》第312条规定："对案外人提起的执行异议之诉，人民法院经审理，按照下列情形分别处理：案外人就执行标的享有足以排除强制执行的民事权益的，判决不得执行该执行标的；案外人就执行标的不享有足以排除强制执行的民事权益的，判决驳回诉讼请求。案外人同时提出确认其权利的诉讼请求的，人民法院可以在判决中一并作出裁判。"按照该条规定，无论案外人是否对执行标的提出确权的诉讼请求，审查实体权利的归属和性质，都是判断能否排除执行的前提和基础，如果案外人同时提出确认其权利的诉讼请求，人民法院应当进行审理，且一并作出裁判。(2)谢某春主张确认其股东资格的诉讼请求是否成立？最高人民法院认为，谢某春提交的证据不足以确认其享有中盛公司的股东资格，一是现有证据不足以认定谢某春系中盛公司的实际出资人，二是谢某春不具备确认股东资格的法定要件。(3)谢某春主张停止执行郭某生持有中盛公司4.5%的股权的诉讼请求是否成立？谢某春的主张能否成立，取决于其对案涉执行标的是否享有足以排除强制执行的实体权利。对于郭某生持有的中盛公司4.5%的股权这一特定执行标的，郭某生本身即权利人，谢某春并不享有实体权利。无论从形式还是内容来看，谢某春与郭某生、徐某忠之间的协议只能约束签订人自身，其效力不能及于中盛公司或协议之外的其他当事人。如因履行协议发生纠纷，谢某春可向协议的相对方提起诉讼。事实上，谢某春就合伙协议纠纷向赣州中院提起了诉讼，该案尚未审理终结，谢某春对郭某生享有的债权未经判决确认，故谢某春不享有足以排除强制执行的其他民事权益。

参考文献

一、著作类

1. 最高人民法院民事审判第一庭编著:《最高人民法院新民事诉讼证据规定理解与适用》,人民法院出版社2020年版。

2. 最高人民法院民事审判第二庭编著:《〈全国法院民商事审判工作会议纪要〉理解与适用》,人民法院出版社2019年版。

3. 范向阳主编:《执行异议之诉的规则与裁判》,人民法院出版社2019年版。

4. 唐力等:《新民事诉讼法实施状况评估与对策建议》,中国法制出版社2018年版。

5. 贺小荣主编:《最高人民法院民事审判第二庭法官会议纪要——追寻裁判背后的法理》,人民法院出版社2018年版。

6. 景汉朝主编:《民事案件案由新释新解与适用指南》(第2版),中国法制出版社2018年版。

7. 江苏省高级人民法院编:《强制执行新实践》,法律出版社2018年版。

8. 乔宇:《执行异议复议与异议之诉》,中国法制出版社2018年版。

9. 高仁宝等编著:《执行异议之诉法律适用指引》,法律出版社2018年版。

10. 李舒、唐青林、吴志强编著:《保全与执行裁判规则解读》,中国法制出版社2018年版。

11. 刘贵祥、宋朝武主编:《强制执行的理论与制度创新:"中国执行论坛"优秀论文集》,中国政法大学出版社2017年版。

12. 宋朝武主编:《民事诉讼法学》,高等教育出版社2017年版。

13. 人民法院出版社编:《最高人民法院司法观点集成》(执行卷),人民法院出版社 2017 年版。

14. 国家法官学院案例开发研究中心编:《中国法院 2017 年度案例 · 执行案例》,中国法制出版社 2017 年版。

15.《日本民事诉讼法典》,曹云吉译,厦门大学出版社 2017 年版。

16.《意大利民事诉讼法典》,白纶、李一娴译,中国政法大学出版社 2017 年版。

17. 江伟主编:《民事诉讼法》(第 5 版),高等教育出版社 2016 年版。

18. 张卫平:《民事诉讼法》(第 4 版),法律出版社 2016 年版。

19. 马登科等:《案外人救济制度研究》,法律出版社 2016 年版。

20. 董少谋:《民事强制执行法学》(第 2 版),法律出版社 2016 年版。

21. 朱腾飞:《案外人异议之诉研究》,中国政法大学出版社 2016 年版。

22. 江必新、刘贵祥主编:《最高人民法院执行最新司法解释统一理解与适用》,中国法制出版社 2016 年版。

23.《德国民事诉讼法》,丁启明译,厦门大学出版社 2016 年版。

24. 沈德咏主编:《最高人民法院民事诉讼法司法解释理解与适用》,人民法院出版社 2015 年版。

25. 杜万华、胡云腾主编:《最高人民法院民事诉讼法司法解释逐条适用解析》,法律出版社 2015 年版。

26. 江必新主编:《最高人民法院民事诉讼法司法解释专题讲座》,中国法制出版社 2015 年版。

27. 江必新、刘贵祥主编:《最高人民法院关于人民法院办理执行异议和复议案件若干问题规定理解与适用》,人民法院出版社 2015 年版。

28. 江必新主编:《最高人民法院执行业务指导》,中国法制出版社 2015 年版。

29. 朱新林:《论民事执行救济》,中国政法大学出版社 2015 年版。

30. 蒋轲:《公证证明标准与责任》,北京大学出版社 2015 年版。

31. 杨卫国:《案外第三人撤销之诉研究》,中国法制出版社 2015 年版。

32. 肖建国主编:《民事执行法》,中国人民大学出版社 2014 年版。

33. 江必新、贺荣主编:《强制执行法的起草与论证》(三),中国法制出版社 2014 年版。

34. 江伟主编:《民事诉讼法》,高等教育出版社 2014 年版。

35. 江必新主编:《强制执行法理论与实务》,中国法制出版社 2014 年版。

36. 杨建华:《民事诉讼法要论》,北京大学出版社 2013 年版。

37. 全国人大常委会法制工作委员会民法室编:《民事诉讼法立法背景与观点全集》,法律出版社 2012 年版。

38. 全国人大常委会法制工作委员会民法室编著:《〈中华人民共和国民事诉讼法〉条文说明、立法理由及相关规定》,北京大学出版社 2012 年版。

39. 王胜明主编:《中华人民共和国民事诉讼法释义》,法律出版社 2012 年版。

40. 江必新主编:《新民事诉讼法执行程序讲座》,法律出版社 2012 年版。

41. 吴光陆:《强制执行法》,台北,三民书局股份有限公司 2012 年版。

42. 张卫平:《民事诉讼:回归原点的思考》,北京大学出版社 2011 年版。

43. [英]以赛亚·伯林:《自由论》,胡传胜译,译林出版社 2011 年版。

44. 陈瑞华:《法律人的思维方式》,法律出版社 2011 年版。

45. 最高人民法院执行局编:《法院执行理论与实务讲座》,国家行政学院出版社 2010 年版。

46. 陈娴灵:《我国民事执行异议之诉研究》,湖北人民出版社 2009 年版。

47. 孙宪忠:《中国物权法总论》(第 2 版),法律出版社 2009 年版。

48. [美]约翰·罗尔斯:《正义论》,何怀宏、何包钢、廖申白译,中国社会科学出版社 2009 年版。

49. [日]新堂幸司:《新民事诉讼法》,林剑锋译,法律出版社 2008 年版。

50. 肖建华主编:《民事诉讼立法研讨与理论探索》,法律出版社 2008 年版。

51. 黄国昌:《民事诉讼理论之新开展》,北京大学出版社 2008 年版。

52. 最高人民法院审判监督庭编著:《最高人民法院关于适用〈中华人民共和国民事诉讼法〉审判监督程序若干问题的解释理解与适用》,人民法院出版社 2008 年版。

53.《法国新民事诉讼法典(附判例解释)》,罗结珍译,法律出版社 2008 年版。

54. 赖来焜:《强制执行法总论》,台北,元照出版公司 2007 年版。

55. 全国人大常委会法制工作委员会民法室编:《〈中华人民共和国民事诉讼法〉条文说明、立法理由及相关规定》,北京大学出版社2007年版。

56. 全国人大常委会法制工作委员会民法室编著:《中华人民共和国物权法解读》,中国法制出版社2007年版。

57. 王利明:《物权法研究》(修订版),中国人民大学出版社2007年版。

58. 最高人民法院民事诉讼法修改研究小组编著:《〈中华人民共和国民事诉讼法〉修改的理解与适用》,人民法院出版社2007年版。

59. 田平安主编:《民事诉讼法原理》,厦门大学出版社2005年版。

60. 李浩主编:《强制执行法》,厦门大学出版社2004年版。

61. 翁晓斌:《民事执行救济制度》,浙江大学出版社2005年版。

62. 徐昕:《论私力救济》,中国政法大学出版社2005年版。

63. 冀宗儒:《民事救济要论》,人民法院出版社2005年版。

64. [日]高桥宏志:《民事诉讼法制度与理论的深层分析》,林剑锋译,法律出版社2003年版。

65. 陈荣宗:《民事程序法与诉讼标的理论》,台北,台湾大学法学丛书编辑委员会2003年版。

66. 吕太郎:《民事诉讼之基本理论》(一),中国政法大学出版社2003年版。

67. 毕玉谦:《证据法要义》,法律出版社2003年版。

68. 杨荣馨主编:《民事诉讼原理》,法律出版社2003年版。

69. 杨与龄编著:《强制执行法论》,中国政法大学出版社2002年版。

70. 陈计男:《强制执行法释论》,台北,元照出版公司2002年版。

71. 肖建华:《民事诉讼当事人研究》,中国政法大学出版社2002年版。

72. [日]谷口安平:《程序的正义与诉讼》(增补本),王亚新、刘荣军译,中国政法大学出版社2002年版。

73. 沈达明编著:《比较民事诉讼法初论》,中国法制出版社2002年版。

74. 刘敏:《当代中国的民事司法改革》,中国法制出版社2001年版。

75. [英]戴维·米勒:《社会正义原则》,应奇译,江苏人民出版社2001年版。

76. [法]让·文森、塞尔日·金沙尔:《法国民事诉讼法要义》,罗结珍译,中国法制出版社 2001 年版。

77. [日]中村英郎:《新民事诉讼法讲义》,陈刚、林剑锋、郭美松译,法律出版社 2001 年版。

78. 谭秋桂:《民事执行原理研究》,中国法制出版社 2001 年版。

79. 肖建国:《民事诉讼程序价值论》,中国人民大学出版社 2000 年版。

80. 邱联恭:《程序选择权论》,台北,三民书局股份有限公司 2000 年版。

81. 刘荣军:《程序保障的理论视角》,法律出版社 1999 年版。

82. 江伟主编:《中国民事诉讼法专论》,中国政法大学出版社 1998 年版。

83. 程燎原、王人博:《权利及其救济》,山东人民出版社 1998 年版。

84. [美]乔尔·范伯格:《自由、权利和社会正义》,王守昌、戴栩译,贵州人民出版社 1998 年版。

85. 李双元、温世扬主编:《比较民法学》,武汉大学出版社 1998 年版。

86. 刘家兴主编:《新中国民事程序理论与适用》,中国检察出版社 1997 年版。

87.《美国联邦民事诉讼规则·证据规则》,白绿铉、卞建林译,中国法制出版社 2000 年版。

88. 杨荣新主编:《民事诉讼法学》,中国政法大学出版社 2000 年版。

89. 陈瑞华:《刑事审判原理论》,北京大学出版社 1997 年版。

90. [日]兼子一、竹下守夫:《民事诉讼法》,白绿铉译,法律出版社 1995 年版。

91. 梁慧星:《民法总论》,法律出版社 1995 年版。

92. 刘家兴主编:《民事诉讼法学教程》,北京大学出版社 1994 年版。

93. 柴发邦主编:《民事诉讼法学新编》,法律出版社 1992 年版。

94. 徐显明主编:《公民权利义务通论》,群众出版社 1991 年版。

95. [英]科特威尔:《法律社会学导论》,潘大松等译,华夏出版社 1989 年版。

96. 北京社会与科技发展研究所组织编译:《牛津法律大辞典》,光明日报出版社 1988 年版。

97.《苏俄民事诉讼法典》,梁启明、邓曙光译,法律出版社 1982 年版。

二、论文类

1. 司伟、王小青:《执行异议之诉中不动产买受人排除强制执行的要件审查》,载《人民司法》2019 年第 23 期。

2. 刘东:《第三人撤销之诉的程序构建:现状、不足及完善》,载《法治研究》2018 年第 1 期。

3. 冯莹、张雅霖:《法院追加无独立请求权第三人参诉的界限与思路探析》,载胡云腾主编:《法院改革与民商事审判问题研究——全国法院第 29 届学术讨论会获奖论文集》,人民法院出版社 2018 年版。

4. 黄立嵘:《第三人撤销之诉的审查标准》,载《人民司法》2017 年第 22 期。

5. 刘东:《回归法律文本:第三人撤销之诉原告适格再解释》,载《中外法学》2017 年第 5 期。

6. 朱金高:《对第三人撤销之诉的异议》,载《政法论丛》2017 年第 5 期。

7. 李卫国、伍芳瑶:《论第三人撤销之诉与案外人申请再审的适用关系》,载《湖北社会科学》2017 年第 5 期。

8. 刘君博:《台湾地区第三人撤销之诉评述》,载《台湾研究集刊》2017 年第 4 期。

9. 庄诗岳:《附所有权保留负担财产的强制执行》,载梁慧星主编:《民商法论丛》(第 64 卷),法律出版社 2017 年版。

10. 王毓莹:《执行异议之诉案件的裁判思路》,载最高人民法院民事审判第一庭编:《民事审判指导与参考》(2016 年第 3 辑),人民法院出版社 2017 年版。

11. 夏婷婷、唐屾:《审执分离视角下的案外人执行异议之诉探析》,载刘贵祥、宋朝武主编:《强制执行的理论与制度创新》,中国政法大学出版社 2017 年版。

12. 张艳:《虚假诉讼类型化研究与现行法规定之检讨——以法院裁判的案件为中心》,载《政治与法律》2016 年第 7 期。

13. 肖建国、刘文勇:《论执行力主观范围的扩张及其正当性基础》,载《法学论坛》2016 年第 7 期。

14. 蒲一苇:《无独立请求权第三人参加诉讼的判决效力范围》,载《国家检察官学院学报》2016 年第 4 期。

15. 刘君博:《第三人撤销之诉撤销对象研究——以〈《民事诉讼法》解释〉第 296、297 条为中心》,载《北方法学》2016 年第 3 期。

16. 任重:《回归法的立场:第三人撤销之诉的体系思考》,载《中外法学》2016 年第 1 期。

17. 袁琳:《主体要件视角下的案外人申请再审制度与第三人撤销之诉制度研究》,载《西部法学评论》2016 年第 1 期。

18. 柯阳友、张佳薇:《执行复议制度新论》,载《河北工业大学学报》(社会科学版)2016 年第 4 期。

19. 陈娴灵:《执行异议、案外人异议与参与分配异议辨析》,载《中国民事诉讼法学研究会 2016 年年会暨民事执行的理论与立法研讨会论文集》,西安,2016 年 11 月。

20. 刘东:《论无独立请求权第三人的识别与确定——以"有法律上的利害关系"的类型化分析为中心》,载《当代法学》2016 年第 2 期。

21. 谢勇:《案外人和第三人民事诉权保护制度》,载《人民司法》2015 年第 17 期。

22. 刘贵祥、范向阳:《〈关于人民法院办理执行异议和复议案件若干问题的规定〉的理解与适用》,载《人民司法》2015 年第 11 期。

23. 房绍坤:《导致物权变动之法院判决类型》,载《法学研究》2015 年第 1 期。

24. 许尚豪:《程序审查与实体审理:第三人撤销之诉的二阶程序结构研究》,载《政治与法律》2015 年第 12 期。

25. 胡军辉:《论第三人撤销之诉与周边程序的协调》,载《政治与法律》2015 年第 8 期。

26. 张兴美:《我国第三人事后程序保障模式》,载《国家检察官学院学报》2015 年第 5 期。

27. 张娜、杨国香:《有独立请求权第三人的诉讼权利保护》,载《人民司法》2015 年第 8 期。

28. 潘剑锋、韩静茹:《第三人撤销之诉的性质定位与关系探究》,载《山东社会科学》2015 年第 7 期。

29. 郑金玉:《我国第三人撤销之诉的实践运行研究》,载《中国法学》2015 年第 6 期。

30. 潘剑锋:《论建构民事程序权利救济机制的基本原则》,载《中国法学》2015 年第 2 期。

31. 王亚新:《第三人参与诉讼的制度框架与程序操作》,载《当代法学》2015 年第 2 期。

32. 许少波:《第三人撤销之诉与申请再审的选择》,载《河南大学学报》(社会科学版)2015 年第 1 期。

33. 蒲一苇:《第三人撤销之诉适用范围的实体法分析》,载任重执行主编:《民事程序法研究》(第 13 辑),厦门大学出版社 2015 年版。

34. 蔡恒、王学棉:《利益受损案外人救济程序相互关系之探究》,载《法学杂志》2014 年第 8 期。

35. 李浩:《虚假诉讼与对调解书的检察监督》,载《法学家》2014 年第 6 期。

36. 任重:《论虚假诉讼:兼评我国第三人撤销诉讼实践》,载《中国法学》2014 年第 6 期。

37. 肖建国、刘东:《民事二审程序中的第三人问题》,载《国家检察官学院学报》2014 年第 5 期。

38. 王福华:《第三人撤销之诉的制度逻辑》,载《环球法律评论》2014 年第 4 期。

39. 吴泽勇:《第三人撤销之诉的原告适格》,载《法学研究》2014 年第 3 期。

40. 唐力:《案外人执行异议之诉的完善》,载《法学》2014 年第 7 期。

41. 孙宪忠:《不动产登记基本范畴解析》,载《法学家》2014 年第 6 期。

42. 唐力:《外国民事强制执行立法比较研究》,载江必新、贺荣主编:《强制执行法的起草与论证》(三),中国法制出版社 2014 年版。

43. 肖建国、刘东:《第三人撤销之诉的程序适用及制度完善》,载《山东警察学院学报》2014 年第 2 期。

44. 郑学林:《简论民事再审审查制度实施的若干问题》,载《中国政法大学学报》2014 年第 1 期。

45. 田平安、张妮:《试论第三人撤销之诉的完善》,载任重执行主编:《民事程序法研究》(第 11 辑),厦门大学出版社 2014 年版。

46. 唐力、谷佳杰:《论第三人撤销之诉制度的系统定位》,载任重执行主编:《民事程序法研究》(第 11 辑),厦门大学出版社 2014 年版。

47. 王亚新、刘君博:《有关第三人撤销之诉的另一种思考》,载任重执行主编:《民事程序法研究》(第 11 辑),厦门大学出版社 2014 年版。

48. 张永泉:《我国第三人撤销之诉的价值基础与功能定位》,载任重执行主编:《民事程序法研究》(第 11 辑),厦门大学出版社 2014 年版。

49. 王福华:《第三人撤销之诉适用研究》,载《清华法学》2013 年第 4 期。

50. 李浩:《调解归调解,审判归审判:民事审判中的调审分离》,载《中国法学》2013 年第 3 期。

51. 张卫平:《中国第三人撤销之诉的制度构成与适用》,载《中外法学》2013 年第 1 期。

52. 崔玲玲:《诉的类型新论:对诉的类型传统理论的扬弃》,载《河北法学》2013 年第 1 期。

53. 高民智:《关于案外人撤销之诉制度的理解与适用》,载《人民法院报》2012 年 12 月 12 日。

54. 陈刚:《第三人撤销判决诉讼的适用范围》,载《人民法院报》2012 年 10 月 31 日。

55. 张卫平:《第三人撤销判决制度的分析与评估》,载《比较法研究》2012 年第 5 期。

56. 王亚新:《第三人撤销之诉的解释适用》,载《人民法院报》2012 年 9 月 26 日。

57. 赵秀举:《论民事执行救济——兼论第三人执行异议之诉的悖论与困境》,载《中外法学》2012 年第 4 期。

58. 崔玲玲:《民事诉讼中第三人利益保护系统论——以诉为中心》,载《河北法学》2012 年第 4 期。

59. 蔡虹:《民事再审程序立法的完善——以〈中华人民共和国民事诉讼法修正案(草案)〉为中心的考察》,载《法商研究》2012 年第 2 期。

60. 蔡虹、冯娟:《案外人申请再审制度初探》,载《山东警察学院学报》2012 年第 2 期。

61. 卢正敏:《论案外人申请再审制度中的适格案外人》,载《厦门大学学报》(哲学社会科学版)2012 年第 1 期。

62. 张妮:《第三人撤销之诉研究》,西南政法大学法学院 2012 年博士学位论文。

63. 范向阳:《程序异议与实体异议的区分》,载最高人民法院执行局编:《执行工作指导》(2010 年第 4 辑),人民法院出版社 2011 年版。

64. 章武生、金殿军:《案外人异议之诉研究》,载《法学家》2010 年第 5 期。

65. 肖建国:《执行标的实体权属的判断标准——以案外人异议的审查为中心的研究》,载《政法论坛》2010 年第 3 期。

66. 百晓锋:《论案外人异议之诉的程序构造》,载《清华法学》2010 年第 3 期。

67. 董少谋:《执行程序中案外人之救济途径》,载《中国法学》2009 年第 5 期。

68. 肖建国:《论案外人申请再审的制度价值与程序设计》,载《法学杂志》2009 年第 9 期。

69. 唐力:《论民事执行的正当性与程序保障——以第三人异议之诉为中心》,载《法学评论》2009 年第 5 期。

70. 赵信会:《论民事执行异议之诉——对〈民事诉讼法〉关于执行异议之诉改革的评价》,载《政法论丛》2009 年第 3 期。

71. 张卫平:《案外人异议之诉》,载《法学研究》2009 年第 1 期。

72. 刘学在、朱建敏:《案外人异议制度的废弃与执行异议之诉的构建——兼评修改后的〈民事诉讼法〉第 204 条》,载《法学评论》2008 年第 6 期。

73. 邵明:《现代民事再审原理论——兼论我国民事再审程序的完善》,载《中国人民大学学报》2007 年第 6 期。

74. 胡军辉、廖永安:《论案外第三人撤销之诉》,载《政治与法律》2007 年第 5 期。

75. 董国庆、易斌:《无独立请求权第三人若干问题探微》,载《人民司法》2006 年第 8 期。

76. 李浩:《构建再审之诉的三个程序设计》,载《法商研究》2006 年第 4 期。

77. 肖建华、杨兵:《论第三人撤销之诉——兼论民事诉讼再审制度的改造》,载《云南大学学报》(法学版)2006 年第 4 期。

78. 邱联恭:《程序选择权之法理——着重于阐述其理论基础并准以展望新世纪之民事程序法学》,载《民事程序法论文选萃》,中国法制出版社 2004 年版。

79. 包万平:《无独立请求权第三人若干问题探究》,载《社会科学论坛》2004 年第 3 期。

80. 汪振林:《程序保障第三波探析》,载《云南大学学报》(法学版)2002 年第 3 期。

81. 马登科:《程序上的执行救济与实体上的执行救济》,载《湖北社会科学》2001 年第 8 期。

82. 肖建华:《主参加诉讼的诈害防止功能》,载《法学杂志》2000 年第 5 期。

83. 吴英姿:《判决效力相对性及其对外效力》,载《学海》2000 年第 4 期。

84. 肖建华:《论我国无独立请求权第三人制度的重构》,载《政法论坛》2000 年第 1 期。

85. 唐力:《论民事诉讼中的第三人》,载《西南政法大学学报》2000 年第 2 期。

86. 张卫平:《民事诉讼基本模式:转换与选择之根据》,载《现代法学》1996 年第 6 期。

87. 张晋红、易萍:《有独立请求权的第三人与必要共同原告的界限及其认定》,载《法商研究》(中南政法学院学报)1996 年第 5 期。

88. 陈计男:《第三人参与诉讼之研讨》,载陈计男:《程序法之研究》(二),台北,三民书局股份有限公司 1995 年版。

89. 林义全:《民事诉讼中的第三人》,载《西南民族学院学报》(哲学社会科学版)1995 年第 1 期。

90. 彭士翔:《正确适用民事诉讼法中第三人参加诉讼的规定》,载《法学评论》1985 年第 3 期。

91. 王宗桂、张文华、陈宪明:《关于正确适用民事诉讼中第三人的几点意见》,载《人民司法》1984 年第 8 期。

92. 刘家兴:《对运用共同诉讼制度几个问题的认识》,载《中国法学》1984

年第4期。

93. 肖胜善、薛林:《论民事诉讼中的第三人》,载《新疆社会科学》1984年第4期。

后　　记

本书的作者分工如下：

柯阳友：导论、第五章、第六章；

肖建华：第二章、第三章；

肖建国：第一章、第四章。

全书最终由柯阳友教授统稿、定稿。

特别感谢民事诉讼法学界知名学者肖建华教授和肖建国教授热情参与项目研究和撰写书稿。向两位肖教授致敬！

由衷地感谢河北大学孟庆瑜副校长和法学院陈玉忠院长对本书的鼎力支持。

本书能在法律出版社出版，我深感荣幸！对法律出版社编辑陈妮女士和其他同志在本书的编辑、出版过程中所付出的辛勤劳动，我们表示衷心的感谢。

虽然作者尽力写作，但错误和不妥当之处难免，恳请学术前辈、同仁及读者批评并提出宝贵意见。

柯阳友

2020 年 3 月 18 日于古城保定

图书在版编目(CIP)数据

案外人权利救济民事诉讼制度研究／柯阳友，肖建华，肖建国著. -- 北京：法律出版社，2020
(国家治理法治化研究文丛)
ISBN 978-7-5197-4796-1

Ⅰ. ①案… Ⅱ. ①柯… ②肖… ③肖… Ⅲ. ①社会救济－民事诉讼－研究－中国 Ⅳ. ①D922.182.34

中国版本图书馆CIP数据核字(2020)第135121号

案外人权利救济民事诉讼制度研究
ANWAIREN QUANLI JIUJI MINSHI SUSONG ZHIDU YANJIU

柯阳友
肖建华 著
肖建国

策划编辑 陈 妮
责任编辑 陈 妮 黄 筝 贾方武
装帧设计 马 帅

出版 法律出版社
总发行 中国法律图书有限公司
经销 新华书店
印刷 中煤(北京)印务有限公司
责任校对 王晓萍
责任印制 吕亚莉

编辑统筹 法治与经济出版分社
开本 710毫米×1000毫米 1/16
印张 15
字数 252千
版本 2020年10月第1版
印次 2020年10月第1次印刷

法律出版社/北京市丰台区莲花池西里7号(100073)
网址/www.lawpress.com.cn
投稿邮箱/info@lawpress.com.cn
举报维权邮箱/jbwq@lawpress.com.cn
销售热线/400-660-8393
咨询电话/010-63939796

中国法律图书有限公司/北京市丰台区莲花池西里7号(100073)
全国各地中法图分、子公司销售电话：
统一销售客服/400-660-8393/6393
第一法律书店/010-83938432/8433　西安分公司/029-85330678　重庆分公司/023-67453036
上海分公司/021-62071639/1636　深圳分公司/0755-83072995

书号：ISBN 978-7-5197-4796-1　**定价**：78.00元
(如有缺页或倒装，中国法律图书有限公司负责退换)